地域貢献事業
40の実践例

企画・準備・運営メソッド

地域貢献事業により社会福祉法人は
地域共生社会づくりの牽引役となる

　社会福祉法人は社会福祉事業を主たる事業とする非営利法人です。一方で，公的制度や市場原理では対応が難しい地域のニーズや個人のニーズに取り組む「公益的な活動」が求められています。

　このたび社会福祉法の改正により，社会福祉法人に「地域貢献事業（活動）」が義務づけられました。この事業は社会福祉法人が地域の「福祉拠点」となるだけでなく，新福祉ビジョンで示された「地域共生社会づくり」の牽引役を担うことを意味しています。

　地域貢献事業は社会福祉法人のニーズで行うわけではありません。地域の高齢者や障がい者，児童・生徒，母子・父子家庭，中高年就労者，地域住民などが抱える「福祉ニーズ」が対象であり，その内容は複雑および深刻化しています。また，地域の問題（例：人口減少と高齢化，コミュニティの衰退，子育て家族の減少，孤独死と自殺の増加，公共交通の撤退，シャッター通りの急増など）から生まれる「地域住民のニーズ」は多様化し，持続可能な地域社会を継続するためには急務の課題となっています。

　これらを従来の法律や各種制度で対応することには限界があります。そこに社会福祉法人が地域社会から求められている「社会的要請」があり，今日的役割としての「地域貢献事業」の意義があります。

　　１）社会福祉制度等のセーフティネットとしての役割
　　２）地域における公的法人としての役割
　　３）地域における福祉まちづくりのネットワーク拠点としての役割
　　４）地域が求める福祉ニーズに応える福祉サービスの創造
　　５）社会福祉法人と地域の関係機関・団体，NPOや企業との連携と協働のつなぎ役

これらの意義を踏まえた先進的な実践がすでに全国で行われています。

本書では，全国から集めた40事例を次の11に分類しました。

　　①介護教室　　　②カフェ活動　　　③障がいサービス　　④食事支援
　　⑤学校連携　　　⑥防犯連携　　　　⑦防災連携　　　　　⑧生活支援
　　⑨生活困窮支援　⑩地域サービス　　⑪ボランティア支援

　本事例集をもとに，さらなる地域貢献事業の取り組みが全国の社会福祉法人で展開されることを願っています。

2016年12月

執筆代表　高室成幸

目次

第1章
地域包括ケアへの第一歩
～地域活動を始めるにあたり～

高室成幸　ケアタウン総合研究所 代表／日本ケアサポートセンター 理事長

1. 「地域ニーズ」を発掘する ………………………………………………… 8
2. 地域との関係づくりと連携のコツ ……………………………………… 14
3. 「施設内調整」と企画の具体化 …………………………………………… 20

第2章
全国の地域貢献活動

介護教室

30　介護家族を支援する認知症介護家族会—よくふう・語ろう会
　　服部安子　社会福祉法人浴風会 ケアスクール 校長

35　地域住民に向けた看取り援助勉強会
　　内山彰吾　社会福祉法人ファミリー 特別養護老人ホームハピネスあだち 特養部門マネージャー

40　アクティビティプログラムを提供する出張型レクリエーション—喜楽会
　　比嘉充吉　社会福祉法人池上長寿園 経営本部 経営企画課 課長補佐

カフェ活動

45　多世代交流が生まれるIDOBATAカフェ

50　学生が中心となって運営するえんがわカフェ
　　森　賢一　社会福祉法人 京都福祉サービス協会 高齢者福祉施設本能 総務部長／介護部長

55　語り合える認知症カフェ—語らいカフェ
　　小原秀和　社会福祉法人あけぼの会 理事・統括本部長

61　地域交流や新しい楽しみを創出する男性サロン『友遊塾』
　　土田紘行　社会福祉法人やまがた市民福祉会 在宅サービス部 副主任

67　多職種が集うケア・カフェせんだい
　　加藤　誠　医療法人社団東北福祉会 介護老人保健施設せんだんの丘 統括部長

72　運動以外の活動を主としたサロン活動
　　佐藤ゆう子　医療法人社団東北福祉会 介護予防通所介護せんだんの丘ぷらす 作業療法士

障がいサービス

78　コミュニティサロンを活用した発達障がい児支援
大野真太郎　社会福祉法人四天王寺福祉事業団　四天王寺社会福祉研修センター　事務主任

83　地域で一緒に働けることを目指した障害者就労支援—白十字就労支援プロジェクト
鈴木剛士　社会福祉法人白十字会　運営管理担当部長

88　障害を持つ子どもと家族が交流を図れる場—ぷれいるーむらっこ
浜　洋子　NPO法人福祉コミュニティ大田　代表

93　子どものしたいことを引き出す放課後等デイサービス・児童発達支援
水流添　真　一般社団法人こもれび　理事

食事支援

99　安否確認や利用者の精神的支えとなる配食サービス
水野敬生　特別養護老人ホーム偕楽園ホーム　施設長／社会福祉法人一誠会　常務理事

104　デイサービスにおける夕食用持ち帰り弁当の販売サービス
尾形美香　社会福祉法人やまがた市民福祉会　特別養護老人ホームとかみ共生苑　管理栄養士

109　近所付き合いが生まれる施設内食堂—こもねランチクラブ
杉田美佐子　社会福祉法人小茂根の郷　施設長

114　顔なじみの関係をつくるコミュニティ食堂—よりあい食堂かよう
阿部敏哉　社会福祉法人武蔵野　高齢者支援部門・統括施設長（武蔵野市桜堤ケアハウス施設長）

119　地域の人が酒食を楽しむ施設内「居酒屋松ちゃん」
大槻勝也　社会福祉法人松寿苑　総務部　リーダー

学校連携

124　小学生への福祉授業　浴風会チャレンジ—福祉を未来につなげようプロジェクト—
工藤章子　社会福祉法人浴風会　第二南陽園　主任生活相談員

129　学校からの児童・生徒を受け入れる職場体験
西村　稔　社会福祉法人こうほうえん　ケアハウスさかい幸朋苑　施設長

134　高齢者理解を深める小学校児童による写生会
植木雄治　社会福祉法人浴風会　第二南陽園　園長

防犯連携

139　地域の子どもたちの安全を担保する下校見守り隊
中嶋健児　社会福祉法人こうほうえん　小規模多機能型居宅介護デイハウスあがりみち　管理者兼ケアマネージャー

144　認知症の理解を深める徘徊声かけ訓練
温井秀典　社会福祉法人やまがた市民福祉会　とかみふれあいセンター　センター長代行

防災連携

149　災害時に市の要請を受けて開設される福祉避難所
三浦広朋　社会福祉法人カトリック児童福祉会　特別養護老人ホーム　パルシア　生活相談員主任

154　地域防災体制の強化に向けた消防団への入団
水野敬生　特別養護老人ホーム偕楽園ホーム　施設長／社会福祉法人一誠会　常務理事

生活支援

159 介護タクシーを利用した白十字外出サービス
　　鈴木剛士　社会福祉法人白十字会　運営管理担当部長

164 地域の窓口として悩みを受け付ける24時間電話相談
　　水野敬生　特別養護老人ホーム偕楽園ホーム　施設長／社会福祉法人一誠会　常務理事

生活困窮支援

168 生活困窮者に家電などを無償で提供する取り組み―かぐでんネットワーク
　　松葉智子　社会福祉法人豊年福祉会　地域福祉サポートセンター
　　　　　　　コミュニティソーシャルワーカー／センター長

地域サービス

173 熱中症予防につなげるクールスポット
　　大槻勝也　社会福祉法人松寿苑　総務部　リーダー

178 近隣住民相互のつながりを目指した八国山フリーマーケット
　　鈴木剛士　社会福祉法人白十字会　運営管理担当部長

183 地域に存在感をアピールする産直市
　　浜　洋子　NPO法人福祉コミュニティ大田　代表

188 利用者，実習生が一緒に行う地域清掃
　　比嘉充吉　社会福祉法人池上長寿園　経営本部　経営企画課　課長補佐

191 利用者自ら企画し社会参加できる遊びに出かけよう倶楽部
　　小原秀和　社会福祉法人あけぼの会　理事・統括本部長

196 スポーツクラブをイメージしたリハビリ支援―あすなろクラブ
　　杉田美佐子　社会福祉法人小茂根の郷　施設長

201 プロの専門知識をお届けする地域生活応援セミナー
　　小原秀和　社会福祉法人あけぼの会　理事・統括本部長

206 介護予防のための自主グループ活動支援
　　多田友則　医療法人社団東北福祉会　介護予防通所介護せんだんの丘ぷらす　管理者
　　　　　　　リハビリテーション体育士／介護福祉士／生活相談員

211 「くらしの安心のーと」の普及活動
　　浜　洋子　NPO法人福祉コミュニティ大田　代表

216 地域住民参加型の施設見学―本能トレジャーハンター
　　森　賢一　社会福祉法人　京都福祉サービス協会　高齢者福祉施設本能　総務部長／介護部長

ボランティア支援

221 喫茶ひだまりにおけるボランティア活動支援
　　大野真太郎　社会福祉法人四天王寺福祉事業団　四天王寺社会福祉研修センター　事務主任

226 地域の困りごと解決に向けた地域住民扶助活動
　　―困った時のSOS支援活動，SOSふれあいサロン
　　小暮久美子　一般社団法人困った時のSOS　看護師／介護支援専門員

第1章

地域包括ケアへの第一歩
～地域活動を始めるにあたり～

高室成幸
ケアタウン総合研究所 代表
日本ケアサポートセンター 理事長

社会福祉法の改正により，社会福祉法人に「地域貢献活動」が義務づけられました。これは社会福祉法人が地域の「福祉拠点」となるだけでなく，地域の福祉ネットワークのハブ機能を持ち，地域包括ケアシステムの重要な役割を担うことで，地域共生社会づくりの牽引役を担うための活動になります。

1. 「地域ニーズ」を発掘する

　地域貢献活動は，社会福祉法人のニーズで行うわけではありません。高齢者や障がい者が抱える「福祉ニーズ」に応えるだけでなく，地域の問題（例えば，高齢化によるコミュニティの衰退，少子化による子育て家族の減少，公共交通の不足，シャッター通りの急増など）から生まれる「地域住民のニーズ」に応えることを目指します。

1）地域貢献活動が求められる背景・要因

　これまでの社会福祉法人は，福祉サービスの利用者（障がい者，要介護高齢者，幼児，児童など）のみを対象としてきました。厚生労働省の規制改革会議において，介護・障がい・保育事業等において民間事業者との「イコールフィッティング」が模索され，その経緯の中で企業が「企業の社会的責任（Corporate Social Responsibility：CSR）」として行っている「社会貢献活動」に通ずる「地域貢献活動」の義務化が，社会的に求められることになりました。

　では，社会福祉法人だからこそ行える「地域貢献活動」がなぜ今求められるのでしょうか。そこには，次のような社会的要請があります。

●**各種制度の狭間，各種制度につながらない生活課題を抱える人の急増**
　引きこもり，孤独死，社会的孤立，生活困窮，ゴミ屋敷，家庭内虐待・DV（幼児，児童，高齢者），育児困難，ネグレクト（幼児，児童，虚弱・要介護高齢者），未就職の若者・中年，再就職困難など

●**各種制度を利用するまでに対応を要する課題の頻発**
　家族機能の低下，地域の支え合い機能の低下により発見・対応が遅れる，制度利用の手続きが行えない，申請をしても利用できるまで地域で暮らせない，状況の変化に柔軟に対応できないなど

●**市場原理（民間サービスなど）で満たされない課題の増加**
　契約行為が困難なために民間サービスが利用できない，生活困難な人へのサポートとしてニーズはあるが，民間サービスの事業としては赤字のため実施できないなど

```
┌─────────────────────────────────────────────┐
│              ❶                              │
│         社会福祉制度の                        │
│  ❷      ネットワーク          ❺             │
│ 福祉まちづくり                専門性，モノ資源， │
│  の中核        地域貢献       ヒト資源の地域還元│
│                 活動                        │
│      ❸              ❹                       │
│  福祉まちづくりの    福祉サービスの            │
│  ネットワーク拠点    創造と支援               │
└─────────────────────────────────────────────┘
                      ↓
┌─────────────────────────────────────────────┐
│                                             │
│    地域の声    →    地域の                   │
│  (困り事・心配事)      ニーズ化              │
│                ↑                            │
│  ・アンケート  ・対面ヒヤリング  ・グループヒヤリング │
└─────────────────────────────────────────────┘
                      ↓
┌─────────────────────────────────────────────┐
│  「10」の地域貢献活動                          │
│                                             │
│   住民交流      貸し出し      セミナー         │
│    活動          活動         活動           │
│                                             │
│   買い物        配食         子育て          │
│    支援        サービス       支援           │
│                                             │
│  見守り    消防    環境美化    福祉           │
│   活動     活動     活動     避難所          │
└─────────────────────────────────────────────┘
```

これらを踏まえ，社会福祉法人の今日的役割として，「地域貢献活動」の意義を次のように5つに整理することができます。

> ① **社会福祉制度のセーフティネットとしての役割**
> 　各種の制度や市場原理では満たされない個人や地域のニーズに応える
>
> ② **地域における公的法人としての役割の再認識**
> 　地域の「福祉まちづくりの中核的役割」を担い，多くの困難や課題を抱える地域や個人にアウトリーチしていく
>
> ③ **地域における福祉まちづくりのネットワーク拠点としての役割**
> 　地域の利用者や住民，団体，機関，多様な主体（企業，事業主，NPO）が参画する「場」を提供すると共に，情報の把握・分析・発信を行う
>
> ④ **地域が求める「福祉ニーズ」に応える「福祉サービス」の創造と支援**
> 　地域にとって社会福祉法人も「地域の社会資源」。地域にとってなくてはならない存在になるため，福祉サービスの拠点としての立ち位置を確立する
>
> ⑤ **社会福祉法人が持つ専門性，設備・備品，人的資源等を活用し，他の社会福祉法人や地域の関係機関・団体，NPOや事業主，企業と連携した事業を起こす**
> 　地域貢献活動を原動力として，市町村の地域包括ケアシステムの構築に貢献することを目指す

2）「地域のニーズ」や「地域の声」をどのように拾うのか 〜ニーズの発掘〜

　制度の枠組みから行う支援は「制度のタテ割り」を越えることはできず，「制度の狭間」を生むことになります。対象を限定しない相談支援活動は，「本人支援」を軸に必要な支援を考えることができます。制度で対応できないなら，新たなサービスや支援を創造するきっかけにできます。

　社会福祉法人が行う地域貢献活動は，地域のニーズや地域の声に基づいて行われなければいけません。では，どのような地域貢献活動が想定できるでしょうか。具体的には，大きく次の10通りに分類することができます。

> ①住民交流活動（例：居場所づくり，○○教室，地域○○サロンなど）
> ②スペースや備品を貸し出す活動（例：施設内コンサート，ピアノ・車いす・送迎車の貸し出しなど）
> ③地域住民対象のセミナー活動（例：介護教室，料理教室，終活セミナー，転倒予防教室など）
> ④地域の高齢者・障がい者向け買い物支援（例：買い物送迎など）
> ⑤地域の高齢者，障がい者向け配食サービス（例：一人暮らし配食など）
> ⑥地域の子育て支援（例：おもちゃ図書館，親子の広場など）
> ⑦地域の見守り活動（例：学童見守り活動）
> ⑧地域の消防活動（例：職員の消防団加入など）
> ⑨地域の環境美化活動（例：空き缶拾い，ゴミ屋敷清掃，空き家清掃など）
> ⑩災害時の福祉避難所（例：災害時の緊急時受け入れ，炊き出しなど）

　注意しなければならないのは，これらの活動からサービスの種類を考えるのではなく，地域の声からニーズを発掘し，活動メニューにつなげていくというスタンスで取り組むことが大切です。

（1）ディマンドからニーズを拾い出す

　ディマンドは「訴え（言葉）」であり，ニーズは「必要なこと，求められる姿」です。地域の住民から聞こえてくる切実な言葉の多くは，「不満，不安，愚痴，嘆き，後悔，怒り」などです。地域特性や地域の気質に配慮し，それらをいかに「ニーズ化」できるかがポイントとなります。

> 〈ディマンドをニーズに転換する：例〉
> 「ここの集落は年寄りばかりで集まることが少なくなってね。さみしいね」
> 　→「集まる場所や機会が欲しい」 ⇒ ○○集落の地域サロン
>
> 「妻の介護をしているが，料理づくりが最も手間で苦労している（笑）」
> 　→「妻においしい料理を食べさせたい」 ⇒ 男の料理教室○○
>
> 「発達障害の長男（30歳）が職場になじめずにすぐにやめてしまい，ずっと引きこもっていて困っている」
> 　→「長男が働ける場所が欲しい」 ⇒ 農業体験教室○○

（2）どこで「地域の声」を拾うか

　地域の声は，施設の中だけでは拾えません。マクロ的な地域の声だけでなく，暮らしに寄り添った「ミクロ的な声」を拾いましょう。施設の職員は，デイサービスの利用者やその家族から「聞き取り」を行います。また，生活相談員や施設ケアマネジャーなど地域に出向く機会のある職員が地域を歩き，次の人たちに聞き取りを行います。

> 〈聞き取り対象：例〉
> 　地域住民，町内会役員，民生委員，児童委員，老人会役員，消防団・消防署，
> 　商店街店主，商工会，タクシー会社，宅配便事業所，市町村議員，
> 　保育園や小学校の保護者会，学校の教職員，スクールソーシャルワーカー，
> 　学童保育，生活協同組合，農業協同組合，各職能団体，
> 　介護サービス事業所，障がい者施設，障がいのサービス事業所，
> 　当事者グループ，セルフヘルプグループ，家族会，保護司，
> 　医療機関（病院，クリニック），消費生活センターなど

　聞き取りにあたり，その対象者が地域貢献活動の支え手（応援団，協力者），広げ手（広報役，口コミ役），担い手（ボランティア，スタッフ）になってもらえる人かどうか，またそのような人を知っているかどうかも視野に入れて，地域の声の聞き取りを行います。

（3）どのような「地域の声」を拾うのか

　地域の声は，聞き取り対象に挙げたさまざまな人や団体から拾いましょう。地域の声は，「地域別，世代別，職業別」に異なります。地域別は「中心市街地，集落，旧小学校区」ごとに行い，世代別は「幼児，児童，中・高校生，20代，30代，40代，50代，60代，70代，80代」などに分類しましょう。職業別は「製造業，販売業，農業，漁業」などに分類することで，事業者が抱える問題を拾うことができます。

> 〈地域の困り事，心配事：例〉
> 　産後・育児ノイローゼ，子育てストレス，幼児・育児虐待，発達障害，
> 　いじめ，不登校，ひきこもり，学習障害，同居介護，徘徊，行方不明，
> 　近隣トラブル，介護ストレス，万引き，生活困窮，過疎化，孤立化，
> 　災害避難，介護離職，介護休職，消費者の高齢化など

（4）どのように「地域の声」を拾うのか

「地域の声」の拾い方は，「Face to Face」が基本です。また，住民の心配事の傾向を知るうえで，アンケートも有効です。地域包括支援センターが行う地域の健康教室や町内会・老人会，職能団体などの集まり，職場などでアンケートを実施するのもよいでしょう。時間はかかりますが，できるだけ「聞き取りスタイル」を活用して，じっくりとニーズを拾い上げることを試みましょう。

〈把握方法〉
- アンケート（記名，無記名）　・ヒヤリング（対面式の聞き取り）
- グループヒヤリング（グループディスカッションを文字化する）

3）社会福祉法人のソーシャルワーク機能と専門職の役割

地域貢献活動は，社会福祉法人のソーシャルワーク機能を地域包括ケアシステムと地域共生社会構築のために地域で実践することです。従来の利用者（家族）ではなく，地域そのものを「クライアント」とする新しい地域コミュニティ実践です。次に挙げる職種が，社会福祉法人内の主体的な担い手（リーダー）および地域で連携して取り組むことになる専門職（専門的役職）です。

〈社会福祉法人所属〉
- 生活相談員　　・社会福祉士　　・精神保健福祉士
- 介護支援専門員　・相談支援専門員　・児童自立支援専門員
- 家庭支援専門相談員

〈社会福祉協議会所属〉
- 生活支援コーディネーター　　・地域福祉コーディネーター
- ボランティアコーディネーター　・コミュニティソーシャルワーカーなど

〈教育委員会等所属〉
- スクールソーシャルワーカー　　・学童保育指導員など

社会福祉法人内では，ソーシャルワークの専門職として，どのように地域貢献活動に協力していくかを話し合う場が持たれることが理想です。

また，社会福祉協議会に所属する各種コーディネーターは地域福祉のネットワークづくりの実践者であり，地域福祉の主体づくりを担っています。とりわけコミュニ

ティソーシャルワーカーは、生活困窮者対策においてリーダー的な役割を担っています。まさに「対立する関係（タテ割り）」ではなく「協力・連携する関係（ヨコ展開）」となることで、ダイナミックな事業展開が可能となります。

教育委員会等に所属するスクールソーシャルワーカー（社会福祉士、精神保健福祉士）や学童保育指導員は、子どもたちが抱える家庭問題や子どもの貧困、いじめや不登校の実態をつぶさに知っています。学習が遅れがちな児童への学習支援や、ひとり親家庭の児童への子ども食堂活動なども急務となっています。

これらの専門職と積極的に関係をつくり、地域や親とのネットワークのつくり方やサービスメニューの開発に助言・協力を求めましょう。

これらのプロセス一つひとつが「顔の見える関係」づくりとなり、実のある地域貢献活動の展開につながります。

2. 地域との関係づくりと連携のコツ

社会福祉法人の地域貢献活動は「地域づくり」であり、「福祉のまちづくり」につながるものです。社会福祉法人が地域に出かけ、地域と地道な関係づくりを行い、地域住民や地域団体・地域サークルと連携・協力関係をつくることによって、「持続可能性のある地域貢献活動」を展開することができます。

そのためには、次の3つのステップでアプローチします。

3つのアプローチ
- ステップ1　関係性をつくる
- ステップ2　関係性を強める
- ステップ3　協力を求める

ステップ1　地域（近隣、校区）の公的団体、地域サークル、商工会、商店会、自治体などと関係性をつくる

関係性の始まりは、「顔の見える関係」づくりです。地域には、社会福祉法人が障がいを持つ人や要介護高齢者への福祉サービスを提供していることは知られていても、地域づくりである地域貢献活動に積極的に取り組むことはあまり知られていません。

関係づくりの最初のプロセスでは、社会福祉法人としての地域貢献活動について、広報活動やさまざまな機会にプレゼンテーションを行いましょう。

関係づくりは，次の3つのプロセスで行います。

プロセス1　地域のさまざまな団体・組織を「名簿化」して見える化しよう

　連携・協力関係をとりたい地域団体やサークル，職能団体，企業などの情報を集め整理を行います。その名簿化の作業を通じて「地域の力」の種類と数量，活動エリア，活動内容などを把握しましょう。

〈把握内容〉
- ・名称　　　　・連絡先　　・代表者　　・会員数　　・歴史（創立）
- ・活動内容と特徴　・活動場所　・活動頻度　・活動エリア　・会員エリア

※情報収集（例：公民館，図書館，地域センターなどで団体やサークルの会員募集チラシ，活動ニュースから把握する）

プロセス2　組織図をつくって全体像を把握しよう

　どのような団体やサークルも「組織」として活動しています。まずは分かっている情報を基に，ジェノグラムのような「簡単な組織図」を書いてみましょう。

- ・代表者　・副代表者　・事務局（連絡・調整係）　・各委員会　・活動内容
- ・活動日　・総会

※決定方法（例：総会，三役会，代表一任）も把握しておく

プロセス3　地域のイベントで団体・サークルやキーパーソンなどと「顔見知りの関係」になる

　地域で活発に活動する団体やサークルは，地域のイベントに積極的に参加・協力しています。また，イベントそのものが発表の場だったりします。次に挙げる各種のイベントに足を運び，イベント一覧を参考に「名刺交換」を行い，顔の見える関係づくりをしましょう。デジタルカメラで活動の様子も記録しましょう。

- ・市民・町民祭り　・市民・町民文化祭　・○○発表会　・市民・町民運動会

※このような場には，代表者や三役クラスの人は必ず参加しているので，関係づくりにはまたとないチャンスです。どのようなスタイルで参加・協力をしているか（例：発表展示，事務局スタッフ，模擬店，演奏など）もじかに聞き取れるので，「協力依頼できること」を具体的にイメージすることができます。

ステップ2　関係性を強めるためのアプローチの方法

　地域貢献活動を展開するうえで団体やサークル，キーパーソンと関係性を強めていくことはとても大切なことです。しかし，いくら地域貢献活動が地域にとって意義あるものでも，いきなり「何かを頼める，一緒に何かをする関係」になることはできません。それぞれの団体やサークルには，日常的に行っている活動があるからです。

　関係性を強めるために提携・連携することだけを模索するのではなく，先方の活動の理解者・協力者として応援することも地域貢献活動の一環であり，そのことで信頼関係はより深く強いものとなります。

　そこで，次の4つのプロセスによって関係性を強めていきましょう。

プロセス1　3回会って「顔見知り」から「知り合い」の関係になる

　地域団体やサークル，キーパーソンに会うには，「集まっている場所」で知り合いになることが効率的です。そうすれば，別の機会に再度会っても，同じ話題で盛り上がることができます。また，集まるイベントや研修会・講演会のコンセプトから，先方の関心や価値観を知ることができます。

　初対面でのあいさつは「はじめまして」ですが，2回目は「あの時は○○でしたね」と共通の話題を話し，3回目では1・2回目の話題だけでなく，先方にとって役に立つと思える情報なども話題にできるよう用意しておきましょう。

　この時に「共通の知り合い」の名前を話題に出すと，関係はさらに強まります。

プロセス2　団体・サークル，キーパーソンの活動に興味・関心を持って聞く

　一般的に自分の活動に興味を持ってくれる人に私たちは「好感」を抱きます。話を聞く時は，対象となる先方の団体やサークルの活動の場や構成員，活動内容などを関心を持って質問をしましょう。

場所：「いつもどこで活動をされているのですか？」
会員：「会員の方は何人いらっしゃるのですか？　どこから参加されているのですか？」
内容：「普段はどのような活動をされているのですか？」
エリア：「活動範囲はどのあたりまでですか？」
歴史：「いつごろから活動をされているのですか？」

　話を聞く時は相手と目を合わせ，うなずきと相づちを行います。一般的な質問だけでなく，苦労話や成功した話などを共感的に聞き取りましょう。

活動上の課題：「最近の活動では，どのようなことに困っていらっしゃいますか？」

地域の課題：「最近，地域の方からの声として，どのような困り事が増えましたか？」
　これらの苦労話は，地域貢献活動のサービス開発のヒントやメニューづくりの「ネタ探し」にもなります。

プロセス3　先方の役に立つことを聞き取る

　とかく連携となると「お願いできる先，依頼できる先」を想定しがちです。ところがそれは，こちら側の一方的な都合でしかありません。地域貢献活動がいかに福祉のまちづくりにとって意義あることでも，先方にとっては単なる頼まれ事だったりする場合があります。

　たとえ小規模のサークルやNPOであっても，連携の関係は「対等，公平」でなければなりません。関係性を強めるためには，まず「先方の役に立つ」ことを聞き取り，それに協力することがコツです。

困り事：「そちらの○○サークルでは，どのような困り事がありますか？」
役に立てること：「そちらの○○会にとって，当社会福祉法人△△がどのようなことを協力すれば，お役に立てますか？」

プロセス4　キーパーソンの影響力を使う

　数千人の人口規模では，地域のキーパーソンの多くは複数の組織にかかわっています。数万人〜10万人規模の市などでも，介護・福祉業界での人脈はつながっています。また町内会や老人会，民生委員のネットワークにはじまり，商工会議所や商工会，商店街のネットワーク，消防団や農協のネットワークなど「人脈マップ」を描くと，キーパーソン同士が知り合い，あるいは別の団体では同じ組織に所属している（例：ライオンズクラブ，商工会議所青年部，青年会議所）ことはよくあります。

　関係性を強めるために，「キーパーソン」と知り合いであることは重要な武器になります。社会福祉法人であれば，理事長をはじめとした理事の面々は地域の名士（例：議員，経営者，町内会長など）で占められています。理事の顔ぶれを先方に示すことで，関係性を深めることをしてみましょう。

ステップ3　地域貢献活動への協力依頼のポイント

　関係性が強く深まり，いよいよ地域貢献活動について協力を依頼することになります。ここでは，どのような団体やサークル，事業所にどのような協力依頼をすればよいのかを解説します。連携・協力を依頼する際も，先方の意思決定のスケジュールを

意識し，具体的には次の5つのプロセスを心がけましょう。

プロセス1 「3つの連携スタイル」を示す

「きょうどう」には，「共同，協同，協働」の3つの意味があります。どのような連携が組めるのかは，最終的には先方に意思決定してもらいます。

> ●共同
> この共同は「ともに同じことをする」ということ。メンバーに参加案内の広報などをしてもらうなど，かなりゆるやかな協力内容となります。
>
> ●協同
> この協同は「役割分担をボランティアでする」ということ。同じことではなく，それぞれの団体やサークル，個人が得意とすること，できることを負担のない範囲で分担することです。
>
> ●協働
> この協働は「役割分担を責任を持って行う」ということ。協力関係のもとに「働く＝仕事」の関係となるので，「できる範囲」でなく「決まったことは責任を持って行う」ことになります。団体やサークル，個人も結果に責任が持てる「仕事力」（専門性）が求められ，地域貢献活動といえど一定の謝金や金銭の支払いが生じます。

いきなり協働レベルを求めるのではなく，まずは共同の関係からスタートし，数回のかかわりを経て，協同・協働の関係に発展することを目指しましょう。ただし，地域の企業・事業所に「仕事として依頼する」（例：配食サービスの食材準備や配送，空き家のリフォーム，水道・電気工事，音響設備工事など）場合は，最初から協働の関係として依頼することとなります。

プロセス2 「3つのボランティアスタイル」を示す

ボランティアといっても，一般的なボランティアスタイル（自発性，利他性，無償性）だけでなく，専門職ボランティア，本業ボランティアの3つがあります。

地域貢献活動においては，職員を含めた地域住民の方々にさまざまなボランティアスタイルで参加してもらうことにこそ意味があります。

●**一般のボランティア**

　特に専門性はないが，興味が湧いたので手伝いたいという人から，少し経験があるのでかかわりたい，自分も困っていること（例：育児ストレス）なので何かヒントを得たい，仲間が欲しいなどの動機から参加を希望する人たちです。

　社会の役に立つことなら，自分の生活に無理がかからない程度で自発的に取り組みたいという人たちの存在は貴重です。介護・福祉業界にネットワークを持たない人も多く，各戸のポスティングや新聞の折込チラシ，スーパーの掲示板などに募集広告を出すことからつながりが始まる人たちです。

●**本業ボランティア**

　これは地域で仕事や商売として本業（例：喫茶店，ケーキ屋，調理師，マージャン店，フィットネストレーナーなど）を持っている人たちに，本業ボランティアとして地域貢献活動で活躍してもらいます。配食サービスを活かした調理指導（調理師），地域のサロン活動でのコーヒー・紅茶の提供（喫茶店オーナー），健康教室での体操トレーナーなど，本業ボランティアですので，有償ボランティアとして一定の謝礼を払うことも想定した方がよいでしょう。

●**専門職ボランティア**

　医療や介護・福祉などで活躍する専門職（例：看護師，介護福祉士，ホームヘルパー，保育士など）の人たちに，地域貢献活動において専門性を生かして，○○健康教室の講師（看護師），家族介護教室の指導員（介護福祉士），育児ストレス解消講座のミニ先生（保育士や保健師）などで活躍してもらいます。法人内で協力してくれる職員だけでなく，法人の人脈で探し出すこともやってみましょう。法人内の職員が行う場合は，残業代の支出や勤務シフトの工夫，代休を認めるなどの配慮が大切です。

プロセス3　テーマ別に「4つの顔」で参加を促す

　みなさんが地域で出会う人は，「3つ～4つの顔」（個人，家族，地域，仕事，団体）を持っています。1つのかかわりの選択肢がなくなっても，「○○の立場で協力いただくことは可能でしょうか？」と一歩踏み込むことが大切です。

「地域の老人会では協力できないけど，自分の家族と顔を出してみたい」

「職能団体では協力できないけど，地域の町内会ならば協力できる」

みなさんが最初に会うのは「ある立場の顔」です。例えば，仕事の本業ボランティアで協力の合意が得られる場合は，次の問いかけをしてみましょう。
「例えば○○地区では，どの方に声かけをすればよいでしょう？」
「○○をするなら，どこのサークルが協力していただけるでしょう？」
　参画の幅，ネットワークの幅を広げるチャンスはどこにでもあります。なお，個人で協力してもらう場合は，「個人の好み（趣味），個人の能力，使える時間」などに合った無理のない参加（かかわり）をしてもらうことが長続きのコツです。

プロセス4　意思決定までのプロセスを把握する

　地域貢献活動への協力となれば，個人の意思決定のみで済むことはありません。個人なら，家族などへの相談が必要となる場合もあるでしょう。サークルや団体，組織ならば，三役会や定例会・総会が意思決定する場となります。意思決定の話し合いについて，すべてを相手に任せてしまうと，どのように説明しているかが分かりません。できるなら，直接出向いてプレゼンテーションをする旨を申し出ましょう。

プロセス5　地域貢献活動の呼びかけは広く行う

　地域貢献活動の協力者探しは，「内々」でなく「外々」に向けて行うことがポイントです。広報活動も折込チラシ，団体・サークル回り，地元新聞や地元テレビの取材にはじまり，活動お知らせポスターやニュースチラシは，公民館・市民会館・図書館・カルチャースクール，地域包括支援センターなどに設置されているお知らせ板などに掲示しましょう。これらのPR活動が地域貢献活動を地域に知らしめ，さらなる「新しい活動の波」をつくることにつながります。

3.「施設内調整」と企画の具体化

　今回，厚生労働省が示した地域貢献活動を，社会福祉法人の使命としてこれまで取り組んできた社会福祉法人と，まったく実践経験のない社会福祉法人では，法人内の調整にかかる時間もポイントも異なります。職員全体の合意形成を現場の職員レベルからボトムアップ式で行うのか，理事長・施設長・事務長などの「三役レベル」の話をトップダウン式で現場に伝えるのか，いずれが効果的かどうかを確認するには十分な検討が必要です。トップダウン式は短時間で現場に伝えられますが，どうしても自

主性・自発性が生まれにくい面があります。ボトムアップ式では「できない, 忙しい, 今は無理」などの後ろ向きの声ばかりが集まり, 初動にとても苦労することになります。

では, どのように法人内・施設内調整を行いながら企画を具体化していけばよいでしょうか。

1）地域貢献事業のコンセプトづくりとサービス内容の企画プランニング

どのようなプロジェクトを進める場合も, まずは「動機と目的」が何よりも大切です。社会福祉法人に事業理念があるように, 地域貢献事業にも動機と目的を分かりやすく表現した「事業コンセプト」が必要です。これを作っておくと, 話し合いの時の合意形成に役立ちます。むしろ事業コンセプトを作っておかないと, 「なぜ私たちは取り組むのか」が曖昧になり, 具体的な展開を話し合う場や実践時のブレーキになってしまいます。

事業コンセプトはトップダウン式で現場に一方的に示すのではなく, あくまで「叩き台」として現場で話し合ってもらい, 法人・施設の合意形成の「道具」として効果的に活用しましょう。

〈事業コンセプト：例〉
- 私たち社会福祉法人○○は地域貢献事業を通して, ○○市の福祉拠点を目指すと共に, ○○市の福祉まちづくりの一翼を担う
- 私たち社会福祉法人○○は地域貢献事業を通して, ○○市の地域の福祉力の向上を目指し, 地域のあらゆる住民の「笑顔づくり」に貢献する
- 多様化し複雑化する福祉ニーズに向き合い, 公的サービスで対応できず制度の狭間で困難を抱える人たちに多職種連携の地域貢献活動を行う

事業コンセプトが決まったら, サービスの開発は次の4つの視点でプランニングを行います。

①地域の声や地域のニーズからサービスを開発しネーミングも工夫する
②制度の狭間で公的サービスを受けられない人に対する支援の視点から開発する
③市町村などの自治体からの要請や委託事業として開発する
④社会福祉法人が持つ資源の「ヨコ展開, 足し算展開, かけ算展開」の視点から開発する

（1）地域の声や地域のニーズからサービスを開発しネーミングも工夫する

地域では少子化, 働き手の減少, 地元の行事ができないほどの高齢化など, さまざまな困り事や問題が増えています。自動車免許証の返還は, 「買い物・通院の足」不

足を招いています。これらの「悩みやつぶやき」は，サービス開発のヒントになります。

　また，地域に「かつてあったコト（例：寄り合い，お祭り，おすそ分け，井戸端会議）」や「あればいいコト（例：集える場，歌える場，会食の場）」，「なくては困るコト（例：買い物・通院の足）」などもサービス開発のヒントにできます。

　困り事を「願い事」に変えることで，サービス開発の種にすることができます。また，地域住民に分かりやすい・協力が得られやすい・使ってみたくなるために，「サービスのネーミング」はちょっと工夫しましょう。カッコよさを求めるより少々ダサい，なじみの土地・建物を連想させる，地元気質を彷彿させる方が親しみがあって好感を持たれます。名称からインスピレーションが湧く「物語性」も大切な要素です。

〈ネーミング例〉

- 子育て支援————おもちゃ図書館○○，パパママおしゃべりサロン
- 障がい児家庭支援—みんなニコニコ広場，ひだまり○○
- 放課後支援————学び舎○○，キッズサロン○○
- 地域集い支援————縁側サロン○○，シニアサロン○○，しゃべり場○○
- 伝承技術支援————懐かし川遊び○○，名人達人塾，ふるさと技術塾○○
- スペース支援————地域の公民館○○，交流スペース○○
- 見守り支援————学童安全パトロール，シニア見守り隊，徘徊声かけ訓練
- 介護予防—————○○健康教室，○○体操教室，太極拳・ヨガ教室○○
- 楽しみ支援————カラオケ教室○○，手作り小物○○
- 介護教室—————男の介護○○，男の介護料理教室，お宅で介護指南
- 災害時支援————災害時救急訓練，災害時避難訓練，炊き出し教室

（2）制度の狭間で公的サービスを受けられない人に対する支援の視点から開発する

　社会福祉の各種制度は，基本的に「申請主義」をとっています。しかし，制度の制約のために「狭間」で公的サービスを受けられないだけでなく，そもそも申請の手続きに困難を来している人たちがいます。

　このような困難を抱える人たちへのアウトリーチも，地域貢献事業として社会福祉法人が行うべきことです。困難を抱える人の問題とは，例えば次のようなことです。

- 不登校
- 発達障害
- 閉じこもり
- 失職
- 介護・育児虐待
- 触法者の社会復帰
- 引きこもり
- 障がい児
- いじめ
- 再就職困難
- 低所得高齢者
- 育児ストレス
- ひとり親家庭の貧困
- ホームレス
- 自殺
- 孤立高齢者
- LGBTQ
- 子育てストレス
- 家庭内DV
- 生活困窮
- 介護ストレス
- ゴミ屋敷
- 中間的就労

（3）市町村などの自治体からの要請や委託事業として開発する

　市町村の介護保険事業計画や地域福祉計画，さらに新総合事業では地域包括ケアシステム構築のために，地区別の「介護資源，福祉資源」の配置目標を掲げています。とりわけ中山間地域や島しょ地域では民間の介護サービスが届かない事態も発生しており，「基準該当サービス」に準ずる介護資源の担い手の育成が急務となっています。

　社会福祉法人は，公的財源（税金，保険料）により運営を保障された公的法人です。新福祉ビジョンの流れの中で，高齢者を主な対象とした「地域包括ケアシステム」から，幼児・児童・障がい者なども含む「地域共生型社会システム」の構築がこれから求められます。

　市町村の各事業計画で示される地区別の介護・福祉資源開発や，予算化される委託事業などに積極的に協力することも地域貢献活動として求められています。

　サービス開発にあたり，次の視点で整理をすると「どこのエリアにどのようなサービス」を展開すればよいかが浮き彫りになります。

- 地区別（旧小学校区，旧中学校区）に足りない福祉・介護サービス
- 対象別（幼児，児童，子育て家庭，引きこもり，障がい者，要支援・要介護高齢者，とその家族など）に足りない福祉・介護サービス

（4）社会福祉法人が持つ資源の「ヨコ展開，足し算展開，かけ算展開」の視点から開発する

　社会福祉法人がすでに持っている資源を，4つの領域で分類・整理を行います。

人的資源：保育士，介護福祉士，社会福祉士，看護師，栄養士，保健師，ケアマネジャー，相談支援専門員，送迎ドライバー，調理師など

建物資源：食堂，ホール，駐車場，空きスペース，庭など

資金　　：内部留保金，地域貢献事業費，寄付金など

ノウハウ：育児方法，介護方法，看護方法，健康づくり，乳児食・介護食・治療食づくり，ケアマネジメント，ストレスマネジメント，看取りなど

　次に，これらの4つの資源をどのように地域貢献事業に活かすことができるか，「ヨコ展開，足し算展開，かけ算展開」の視点で話し合いましょう。

- 専門性を施設外でボランティア展開する（ヨコ展開）
- 専門性を地域で展開する（ヨコ展開）
- 法人が持つモノ資源を地域にレンタルする（ヨコ展開）
- 法人が持つヒト資源を地域に出張展開する（ヨコ展開）
- 専門職＋地域ボランティア・民間サービスで展開する（足し算展開）
- 専門職×他の専門性（小中学校，高校，大学，消防署，消費生活センターなど）とコラボレーションして，新たなサービスを生み出す（かけ算展開）

2）「ヒト，モノ，カネ，情報」の資源探しと資源づくり

　地域貢献活動の事業コンセプトが固まり，サービスメニューの企画が絞り込まれたら，次の段階は「ヒト，モノ，カネ，情報」のプランニングです。社会福祉法人内のすべての施設や事業所を対象に資源探しを行い，見つからない場合は期間を決めて「資源づくり」を行います。

（1）ヒト資源

　社会福祉法人には，介護・障害・保育・保健などの専門性を持つ専門職が働いています。専門職ボランティアを行うには，法人内にどのような部門（フロア，事業所ごと）にどのような専門職が働いているかが分かる一覧表を作りましょう。

〈専門職〉

ケア職：介護福祉士，介護ヘルパー，保育士など

相談援助職：社会福祉士，精神保健福祉士など

医療職：医師，看護師，保健師，理学療法士，作業療法士，言語聴覚士など

その他：栄養士，調理師，音楽療法士など

　また，法人が提携・連携先である病院やクリニック，専門医，歯科，薬局，タクシー会社などの専門職も「ヒト資源」に盛り込みましょう。

　高齢・障がい施設や事業所で働く職員の中には，さまざまなノウハウを持っている人が意外と大勢います。みなさんの施設職員を，次の視点に基づいて分類してみましょう。

〈多様なヒト資源探し〉
- 小・中・高校時代にどのようなクラブ活動をやっていたか
- どのようなことに夢中になるか（例：趣味，好み，○○ファンなど）
- どのようなことが「得意，特技」か（例：演奏，歌唱，ダンス，イラスト，習字，大工仕事，裁縫，刺繍，文章，写真撮影，朗読，お菓子づくりなど）
- 福祉・介護に就職する前の仕事歴は何か（例：営業，販売，調理，製造，運送，塾講師，建築関係，デザイナー，ミュージシャンなど）

　社会福祉法人によっては，職員の6～7割が他業界からの転職組ということがあります。数年の職業歴（アルバイト含む）でもそれを本業としているのであれば，その人の中に何らかの「魅力的なノウハウと人脈」が埋もれている可能性があります。そのノウハウを地域貢献活動でどのように活かせるか，前職時代のネットワークで協力してくれる人はいないか，と発想してみると，意外な人物や有力者とつながることができます。

〈ヒト資源づくり〉
　目的のヒト資源がなければ，資源づくりに発想を切り替えます。活動内容から，それを担える人材をいつまでにどのようにして育成するかを考えます。
- ほかから講師に来てもらい，ひとり立ちできるまで協力をしてもらう
- ほかの実践事業所に出向き，見学・体験・修行をする
- 必要な知識・ノウハウを身につけるために，カルチャーセンターなどのスクール（例：コーヒー教室，ドライフラワー教室，野菜づくり教室）に通う

　法人内に「○○をやってみたい人，募集中！」というポスター掲示や法人内ニュースで知らせると思わぬ人がキャッチできたり，職員からの推薦があったりします。

（2）モノ資源

　「モノ資源」探しは，施設内と施設外の視点で探します。

〈施設内のモノ資源探し〉
　備品：福祉用具（車いす，杖など），送迎バス，テント，テーブル，いす，カラオケセット，マイクセット，ピアノなど
　建物：ホール，スペース，駐車場など
　Web：ホームページ，SNS（フェイスブック等）など

〈施設外のモノ資源探し〉
　建物：空き店舗，空き家，廃校，空き病院，空き診療所，公民館など

> 土地：空き地，耕作放棄地，荒れ地
> 備品：農業器具，農業機器，テント，テーブル，いす，音響セットなど

　施設外のモノ資源探しは，提携・連携する医療機関以外に地域貢献事業のコンセプトに共感・協力してくれる団体や事業体に相談しましょう。また，有料施設であっても貸し出し費用の減額，使用条件の緩和などの交渉も試みましょう。協力が可能となれば，案内チラシやパンフレットに「協賛，協力，共催」などの名目で，団体名や事業体名を必ず印刷します。

（3）カネ資源

　「カネ資源」は，地域貢献事業を継続的に行っていくうえで大切な要素です。すでに法人内で予算化された費用をあてるだけでなく，市町村の補助金や委託事業費をあてる，少額の参加費や事業売上金をあてるなどの工夫をしましょう。

> 〈法人内のカネ資源探し〉・法人の内部留保金　・法人の年度予算など
> 〈法人外のカネ資源探し〉市町村：補助事業費，委託事業費など
> 　　　　　　　　　　　　団体など：寄付金
> 　　　　　　　　　　　　利用者：参加費，利用料，事業売上金など

（4）情報資源

　プロジェクトを円滑に進めるために，「情報」はとても重要です。地域貢献事業にかかわる情報だけでなく，行うサービス内容に関する情報も広く集めましょう。さらに情報の発信側として，地域貢献活動をさまざまなメディアを通じて発信しましょう。

〈情報を集める，発信する〉
・実践事例集　・地元新聞　・地元テレビ　・ケーブルテレビ　・Web検索　・視察，見学

3）施設内での合意形成と調整作業
　　～会議，委員会，予算化～

　事業コンセプトも決まりサービス内容も確定し，「ヒト，モノ，カネ，情報」についてプランニングのメドが立ったなら，実施にあたっての法人内・施設内の合意形成と調整作業に入ります。

　地域貢献事業は一部の担当者のみが分かっていればよいのではなく，法人・施設全体がこの事業の意義を理解し，社会福祉法人が地域の福祉まちづくりと地域共生型社

会の一翼となることが求められています。

では，施設内での合意形成と調整作業をどのように進めればよいでしょうか。

（1）法人内・施設内の「合意形成」の作り方

合意形成には，一定の期間が必要となります。合意形成の方法として，次の手法があります。

- **法人ニュース，施設ニュース，ホームページで知らせる**

  ニュースだと，一方的に知らせるだけになりがちです。記事内容は，地域貢献事業の意義と目的，サービス内容の概要，実施時期や実施場所など以外に，「理事長・施設長の言葉，担当者・担当チームの決意，職員の期待する声」などを掲載しましょう。

- **法人・施設内研修会を行う**

  講師を招き，職員向けに地域貢献事業の研修会を行います。参加できない職員向けにビデオ収録し，全員が見ることができるように工夫をします。また，研修会の内容を法人・施設ニュースやホームページに写真入りで掲載するのもよいでしょう。参加した職員の感想なども，顔写真入りで掲載しましょう。

- **地域貢献事業をテーマにしたシンポジウムを行う**

  研修会になると，講師の一方的な説明になりがちです。シンポジウムならば考え方や意見を「話し合う」スタイルになり，より実践的なことが語られるので，とても理解しやすいというメリットがあります。

  シンポジストは法人の理事長，施設長，担当チームリーダーにはじまり，実施する貢献事業に高い関心を持っている地域住民（例：限界集落の住民，空き店舗が多い商店主）や地域団体の代表（例：民生委員，老人会，商工会，商店街，農協，消防署，警察署など）に参加してもらいましょう。

（2）特別委員会の設置（担当者方式とプロジェクト方式）と三役会

地域貢献事業を進めていくうえで「誰」に担当してもらうかは，とても重要なポイントです。方法としては，すでにいる担当者（例：生活相談員）に任せる場合と，各フロアや専門職などから選抜されたメンバーで構成するプロジェクト方式の特別委員会の2種類があります。

法人・施設全体の合意形成と全体の取り組みにするなら，選抜式のプロジェクト方

式がよいでしょう。また，機動性を考慮するなら生活相談員と事務長と数人で特別チームを作り，実際に始まったら現場の職員に広く協力してもらう進め方もあります。

なお，地域貢献事業そのものを地域住民や団体・サークルの「参画型」で進める場合，メンバー構成も異なってきます。プロジェクトチームそのものを連携型で進めることで地域への発信力は強くなり，よりダイナミックな取り組みが可能となるでしょう。

なお，施設メンバーの中でこのような取り組みに不慣れな職員でチームを作るしかない場合は，準備・立ち上げから軌道に乗るまでの数カ月間，外部のアドバイザーに入ってもらうことも検討しましょう。

委員会で決定した内容について，法人・施設の三役会に提案を行い承認を受けます。理事会では，活動内容を分かりやすく報告しましょう。

(3) 取り組みの「見える化」～ガントチャートと担当一覧表～

取り組みをガントチャートや担当一覧表で見える化しましょう。スケジュール管理と共に，プロセス管理ができるのでとても便利です。

― 第 2 章 ―

全国の地域貢献活動

40のサービスの始め方，企画の仕方，準備・運営の詳細な手法がわかる！

全国のさまざまな高齢者施設・事業所で実践されている地域貢献活動について，企画から準備，運営の手法を40事例紹介します。地域包括ケアの実現に向け，事例を参考にしながら，地域住民や関係機関と顔の見える関係性をつくり，共存した地域づくりを展開してみてはいかがでしょうか。

介護教室

介護家族を支援する
認知症介護家族会―よくふう・語ろう会

主催：社会福祉法人浴風会ケアスクール　　**住所**：東京都杉並区高井戸西

地域の特徴：杉並区は人口55万人（2015），高齢化率20.1％（2013），単身者所帯の割合56.2％（2008）と多い。大都市圏にあるため地域社会の隣人関係が希薄で，認知症の人を介護する家族が孤立しやすい環境にある。

- ●活動時期：通年　●実施頻度：月1回（毎月第2水曜日）　●活動場所：施設内会議室
- ●開催時間：10：30～12：00（原則1.5時間）　●対象者：認知症の人の介護家族
- ●1回あたりの参加者の人数：約30～40人　●活動予算：約1万円/回
- ●活動経費：約1万円/回　●収支：約0円/回　●活動までの準備期間：1日間（開催前日）

　この会は，認知症の人の介護で悩む家族の苦悩に応え，より具体的に家族を支援できるように，介護についての小規模セミナーや出張講座を経て2006年にこの認知症家族会を発足しました。参加家族によっていつしか「よくふう・語ろう会」と名付けられ，2015年9月で100回目を迎えました。

　現在，毎月1回，第2水曜日の午前中に当法人内で開催しています。入所，入院，在宅，区外を問わず，認知症の人の介護者が毎回30～40人ほど参加され，ほかの家族会より男性参加者が多いのも特徴です。ここでは，"話すだけで心は軽くなる"として，ミニ講座，個別相談，ピアカウンセリング，グループセラピーを通して，直面している問題や介護のつらさなどを話す情報交換の場を提供すると共に，介護者へのエンパワメントを取り入れた「介護者の個性・職業などを尊重したその人らしさ」の再現と維持についても支援しています。

開催までの流れ

❶ 地域の介護家族の声

　最初のきっかけは，地域で徘徊していた認知症の人とその家族との出会いでした。家族と杉並区の話では，「徘徊が激しいと，デイサービスなどの施設利用を断られる」という介護支援の矛盾点，そして認知症や家族介護への公的支援に関する情報・認識不足のために，「家族が認知症の人を周囲に隠すような傾向がある」ことが明らかとなりました。

　その後，認知症高齢者介護家族支援事業の一環として，本会が2005年度に周辺地域

（杉並区・世田谷区）の認知症の人の家族（350世帯，有効回答率52.9％）へのアンケート調査を行いました。アンケート結果では，家族は自分の自由時間がないこと，介護負担の大きさや体力の消耗など，さまざまな負担を感じていました。周囲の人たちや近親者の言動で悩んだり，医療の現場でも認知症の人の暴力などで介護や入院できる場所がないなどの苦悩を抱えていることも明らかとなりました。

このような悩みの相談では，認知症に関する専門的かつ具体的な助言や情報を求めている人が多くいました。そして，些細なことや身内の情報を話せる，ゆっくり話を聞いてくれる，近くで相談できる，場や相談員を望んでいました。このアンケート結果の報告会（200人程度）においても，家族の支援の場を具体的に実現していくべきという強い要望がありました。

❷ セミナーや講座の企画

認知症の人の家族のさまざまな悩みに対する情報伝達・支援・相談を行うべく，まず本会の集会ホールで介護家族向けに認知症の知識や対処方法などについて，小規模家族セミナー（定員50人）を3回シリーズで2クール実施しました。

また，認知症に対する理解を深めてもらうため，地域の空き店舗を利用した「談話室・よくふう」（2006年開設：相談はもちろんのこと，認知症の人，介護家族，地域の人が気軽に集えて談笑できる場）を開設しました。この談話室は，現在の認知症カフェの先駆的事例とも言えるものです。

よくふう・語ろう会は，上述した単発的なセミナー・談話室での参加家族の要望を受けて，2006年3月から月1回水曜日に定期開催するようになりました。

このように，介護家族会は，まず地域でテスト的に小規模セミナーや講座などを行って，その中で家族の要望などを理解・勘案しつつ実現させたものです。費用的には，会場費・人件費（本会の施設・人員のため無料）を除くと，連絡用の通信費，資料代，お茶代が必要になりますが，その負担はそれほど大きいものにはならず，どこの事業所でも実現可能と思われます。

❸ 施設内調整・予算確保

当初の単発的な小規模セミナーなどの開催や現在の介護家族会「よくふう・語ろう会」の定期開催を実現するにあたっては，本会の幹部会議において，次の項目について説明し了解を得ました。

よくふう・語ろう会の案内チラシ

- 開催までの経緯
- 開催の意義，地域家族の要望
- 開催の頻度，内容
- 本会施設の利用，職員の派遣・従事
- 経費支出

　本会での介護家族会の開催経費（会場費・人件費除く）は1回当たり約1万円（主に主催者への開催案内ハガキ代，資料代）で，本会の公益事業経費として支出しています。

④ 準備・役割分担・広報

　運営する主催者側の役割は，①受付（昼食会参加の場合は弁当代実費540円徴収），②司会，③ミニ講座の講師，④参加者の個別相談者となっており，職員2～3人で対応しています。担当者②，③，④は一人で対応することもあります。

　家族会開催までの準備は，①連絡希望者への開催案内はがきの送付，②開催日の会議室の確保，③ミニ講座のテーマ決定，資料作成という手順で行います。

　広報は，開催案内ハガキ（毎回100枚作成）と浴風会会誌に告知，インターネットのホームページ「よくふう・語ろう会のご案内」です。本会の位置する杉並区の「介護者の会」，病院，地域包括支援センターを通じて介護家族への周知をお願いしています。募集については申し込み不要としているため，特に事前の受付などはしていません。

⑤ 当日の運営と活動の効果

　家族会の開始は10：30からで，その前に受付とお茶の支度をします。受付では，初めての人には名簿に住所・氏名などを記入してもらい，お茶の支度・配布は参加者に手伝ってもらいます。司会は，開始前に初めて参加される人を紹介して仲間入りのサポートを行うと共に，会で話すことは個人情報のため，漏洩しない

よくふう・語ろう会　一日の流れ

受付
① 第一部：全体ミニ講座
② 第二部：グループ別カウンセリング
　　　　◆立場（夫・妻・子ども）
　　　　◆介護度　◆介護年数　など
③ 昼食：お弁当
④ 気の合った仲間と…

ようにお願いをしています。

　第一部は，認知症や介護のことについて，参加者のニーズに合わせたミニ講座を行います。質疑応答も含んで30分程度行います。

　第二部は，認知症の人の介護度や介護年数，そして介護者の立場（夫，妻，子ども）に応じたグループごとに分かれてもらい，ピアカウンセリング，グループセラピーを60分程度行い，この間に介護の悩みや問題についての相談を職員が個別に受け付けて話をします。

　12時に終了した時に，次回の開催案内のチラシ配布と日時などの確認をします。また，希望者には昼食会に参加いただき，その後も施設内レストランへ移動し，介護家族だけの自主グループにてお互いの悩みや情報交換など，引き続き話し合っています。

活動の効果

　このような介護家族会という場を設けて支援活動を行ってきた結果，次のような効果が得られたと考えられます。

- ミニ講座を通じて，認知症とその対応方法の理解を深めることができた。
- グループ別のカウンセリングにより，自分だけが苦しんでいるのではないことを認識し，どのように介護に向き合っていくかを考えることができた。
- 個別相談により，認知症の人の問題に対する適切な解決方法を明示して具体的な後押しをすることで，家族の安心を得ることができた。
- 介護家族同士で昼食やおしゃべりを共にすることで，本音で語り，寄り添い，支え合うという仲間意識と孤独感の解消につながった。

よくふう・語ろう会（介護家族会）の参加状況

この日のお弁当は桜の下で

参加者の声

- 悩んでいるのは自分だけではないことが分かった。同じ介護の悩みを抱える仲間に励まされて心が楽になった。
- 認知症という病気について知識を得ることができ，認知症の家族の言動に対して冷静に適切な対処ができるようになった。
- 介護になったからと言って「糟糠の妻」となることはなく，介護者の人生をも大切にすることを教えていただいた。

まとめと今後の課題

　よくふう・語ろう会（介護家族会）の開催は，2006年の開設以来，現在110回（2014年10月）を超え，ミニ講座，グループカウンセリング，昼食会（とその後のおしゃべり）の3部構成のプログラムやその内容については好評を得ています。このような集まりは，今後の高齢化に伴う認知症の増加を考えると，よりいっそうの充実が望まれると考えられます。

　一方，集まりを支える主催者側の職員構成は，通常の介護施設と同様，十分な知識・経験を有する人材が不足しており，近い将来にはミニ講座や個別相談の存続も危ぶまれる状態にあります。このため，人材の育成・確保が最重要課題と認識しています。

　今後は，現在の介護家族会の会員それぞれが核となって，かゆいところに手の届く形で，小規模な地域ごとの介護家族会が分散形成されていくことが望ましいと考えています。そして，本会がこれら家族会に支援していく形をとることで，より多くの介護家族へ安心をお届けすることができると考えています。

社会福祉法人浴風会 ケアスクール

施設紹介：ケアスクール，併設施設として養護老人ホーム・特別養護老人ホーム・軽費老人ホーム・グループホーム（定員約1,100人），病院（13科250床），介護老人保健施設（定員100人）および各種在宅・福祉サービス業務（地域包括支援センター，在宅サービスセンター，居宅介護支援事業所），認知症介護研究・研修東京センター

設立：1925（大正14）年1月　　職員数：850人（ケアスクール：常勤2人，非常勤1.5人）

ホームページ：http://www.yokufuukai.or.jp/careschool/index.html

服部安子　社会福祉法人浴風会　ケアスクール　校長

障害児福祉，老人福祉に長きにわたり携わる。特別養護老人ホーム・介護老人保健施設の開設本部長，法人老人部門統括長（兼務），副施設長（兼務），相談室室長（兼務），運営部長（兼務），施設管理者（兼務）等を経て，2005年より現職。日本大学歯学部医療人間科学教室・日本社会事業大学専門職大学院の非常勤講師。社会福祉士・精神保健福祉士・介護支援専門員・第三者評価委員・介護認定審査委員。主な著書：「DVD 認知症の人といっしょに生きる」など多数。

介護教室

地域住民に向けた看取り援助勉強会

主催：社会福祉法人ファミリー特別養護老人ホームハピネスあだち　　**住所**：東京都足立区江北

地域の特徴：足立区は東京都の北東部に位置しており，四方を荒川や隅田川などの川に囲まれている。人口は2016年4月1日現在で約68万人，第一号被保険者数は約16万4千人，高齢化率は24.55％となっており，2010年以降毎年，第一号保険者数，高齢化率ともに増加し続けている。中でも当施設が位置する江北地区は，高齢化率32.82％と区内で最も高くなっている。

- 活動時期：毎年6〜11月　●実施頻度：月1回　●開催時間：14:00〜15:00
- 対象者：特別養護老人ホーム入居者の家族，地域住民
- 1回あたりの参加者の人数：約30人　●活動予算：0円　●活動経費：0円
- 収支：0円　●活動までの準備期間：2カ月

　2008年，当施設では看取り援助に取り組み始めました。入居者や家族から，「病院には行きたくない」「慣れ親しんだハピネスあだちで最期を迎えたい」という希望が聞かれたことがきっかけです。どのようにすれば，当施設で最期を迎えていただくことができるのかを考えました。

　看取り援助を実施する中で，家族向けに情報を提供する必要性を感じ，2012年度から家族向け「看取り援助勉強会」を開催（年10回），翌年から地域住民にも対象を広げ開催（年5回）しました。その看取り援助勉強会の目的は，次のとおりです。

①情報の提供により，参加者の知識量が増加する
②事前に入手した情報により，最期をどのように迎えるかの選択肢が増える
③早めに意向を固めることにより，意向に沿った支援を提供できるようになる
④地域住民に対し，施設を身近に感じてもらう

開催までの流れ

❶ 看取り援助委員会の設置

　当施設で看取り援助を行うにあたり，初めに行ったことが「看取り援助委員会」の設置です。委員長を施設長が担い，施設全体で取り組むという姿勢を打ち出しました。その他の委員は嘱託医，看護師，介護職員，生活相談員，管理栄養士，機能訓練指導員，事務員などで，毎月1回開催しています。「看取り援助勉強会」では，実行委員会の役割を果たしています。

❷ 看取り援助に関する情報提供方法の検討

　当施設では，現在までに180人以上の入居者が看取り援助にて旅立たれました。多くの看取り援助を経験する中で感じたことは，入居者や家族が「人生の最期」に対して考えていない，あるいは考えてはいるけれども，明確な答えは出せず悩んでいるということです。もちろん，「最期はこのようにして迎えたい」としっかりとした意向を持っている人もいます。しかし，「看取り」という言葉に対し，なんとなく聞いたことがあるけど，どのような取り組みなのか，よく分からない人も多くみられます。よりよい看取り援助を行うためには，施設と入居者および家族の双方が情報を共有し，しっかりとした知識を持つことが欠かせません。

　そこで，どのようにしたら入居者・家族に情報を持ってもらうことができるのかを看取り援助委員会にて検討した結果，当施設が勉強会を開催することが最善だということになりました。こうして現場の意見から，看取り援助勉強会が企画されました。

❸ 看取り援助勉強会の企画

　看取り援助委員会で企画を練り，次のように勉強会を開催することとしました。
期間：2012年度は6月から翌年3月にかけて，毎月1回（年10回）開催。回数を多く行うことにより，多忙な人でも参加しやすいように配慮する。
対象者：初年度は，対象者を当施設の入居者および家族とする。入居者への声かけは家族の意向などもあり，慎重に進める。家族に案内をする際，希望があれば入居者も参加できることを伝えた（入居者の参加はほとんどなかった）。
テーマ：「ハピネスあだちの看取り援助とは？」「歳をとったら，身体はどのような変化をするの？」など，回ごとにテーマを設けた。
家族会との共催：家族会と協議を行い，家族会と共催で開催することにした。

❹ 家族向け看取り援助勉強会の開催

　開始初年度（年10回）の平均参加者は34人。多い時で44人が参加されました。次に，勉強会の内容の一部を紹介します。

〈家族による講演〉

　実際に看取り援助を経験された家族に協力いただき，「看取り援助」に至るまでの思いや心の変化，「看取り援助」を経験した時の思いなどを講演いただきました。参加者からは，「揺れ動く家族の気持ちが痛いほど理解できた。最期を考えるのはつらいけど，父のため，しっかり考えなくてはいけないと感じた」などの意見が聞かれました。

〈現場職員による事例発表〉

　職員による事例発表です。生活相談員や介護のリーダーが家族に説明を行うことも重要ですが，実際に生活援助を行うのは現場の介護職員です。その介護職員が思いを語ることで，家族には安心感を提供することが可能となります。また，看取り援助を振り返り，発表することにより職員の育成にも効果が見られました。

〈葬儀会社による講演〉

　葬儀会社による講演です。実際に葬儀会社の職員に，葬式を行うにあたってのポイントや，「終活」に関する情報提供をしてもらいました。生前から葬儀会社による話を聞くことにより，最期を迎えるにあたって何を準備すればいいのかを考えてもらう機会となりました。

❺ 参加対象を地域住民に広げることの決定

　勉強会の終了後，看取り援助委員会で勉強会の振り返りをしました。参加者のアンケートからも開催の継続を望む意見が多く，どのように開催すべきかを話し合いました。その中で，勉強会で提供する情報は，地域住民にとっても意義がある情報なのではないかという意見があり，次年度より参加者の対象を地域住民にも広げることとなりました。また勉強会のテーマも再考し，年5回の開催としました。

❻ 準備・募集

　このようにして地域住民に対象を広げた看取り援助勉強会ですが，準備に関しては次のようなことを行いました。

会場：施設にあるホールを利用。参加者数を毎回30人前後と予測して机といすを用意し，スライドを利用する講義が多かったためスクリーンも用意する。

飲み物：参加者にペットボトルのお茶を提供。家族会と協議し，用意してもらう。

講師：テーマごとに講師を専任。施設職員が担うことも多かったが，葬儀会社や家族にも講義してもらった。その際は，事前に生活相談員や介護リーダーから依頼。

その他の役割：受付係，会場係，司会，カメラなどの係を職員が受け持つ。1人の職員（特に生活相談員）の負担が大きくなりすぎないよう，年度初めに1年間の予定を組み，「●月は□□▲▲」と担当者を事前に決める。

募集：募集方法は，次のとおり。

- ショートステイ，デイサービスなど施設に併設されているサービス利用者およびケアマネジャーへ文書にて通知（約50枚作成）

| 講義後は参加者同士で情報交換が行われる |

- 地域の自治会会長に対して参加者募集の依頼をすべく訪問（3件訪問）
- ホームページへの掲載
- 福祉系の大学や専門学校への案内文送付（約5校送付）
- 特養入居者の家族への案内文送付
- ボランティアなどへの案内（約10通）

❼ 当日の運営と活動の紹介

運営者：6人（司会1人，講師1人，受付2人，会場兼カメラ担当2人）

〈スケジュール〉

 10：00 会場設営
 13：20 受付開始
 14：00 勉強会開始
 15：00 終了
 15：30 片付け終了

　会場設営に関しては，前日までに準備ができる場合は事前に行っています。机といすの配置が主な作業ですが，そのほかにスライドの準備や看板の設置などを行います。

　受付は開会の40分前を基本とします。時々，時間前に来訪される人がいますので，施設の入り口に配置されている事務職員と連携をとりながら開始時間を調整しています。

　開始は14：00，終了は15：00です。質疑応答時間は講義の内容や進捗状況によって調整し，基本的に時間内で終了できるよう配慮しています。

　2016年度も年5回開催していますが，毎回の参加者は約30人。第1回から参加されている人や，興味があるテーマだけ参加されている人も多くいます。どなたでも有意義な会と感じていただけるような会を目指しています。

参加者の声

- 母の最期はどのようになるのか，悩んでいた。勉強会に参加して不安が解消された。
- 父が意思を表明できるうちに，意向を確認しておきたい。
- 普段勉強する機会がないので，このような勉強会に参加できてうれしかった。
- 普段あまりハピネスには来ていなかったが，このような勉強会には参加したい。
- ほかの参加者と話をすることで，悩んでいるのが自分だけではないと分かった。

まとめと今後の課題

「看取り援助」という施設の取り組みを家族だけでなく，地域に向けて発信するということに対し，地域にはどのような効果があるのかと考えることもありましたが，参加された人の反応を見ると，そこには確かにニーズがあったのだと分かりました。

この勉強会は，開始当初は地域貢献活動として考えていませんでした。実際に開催しているうちに，地域住民も巻き込んだ活動ですが，このように施設で当たり前のように取り組んでいることが，地域貢献活動に活用できるというケースも多くあるのではないでしょうか。今後ますます社会福祉法人には地域貢献が求められます。地域に対し，法人が何を還元することができるのか，実は施設で当たり前のように行っている取り組みこそが，地域へ発信すべき情報なのかもしれません。

施設が地域にアクションすることは，さまざまな効果を生み出します。重要なのは，「特別養護老人ホームは地域に情報を発信すべき役割を担う」という立場をしっかりと認識すべきことなのではないかと考えます。

社会福祉法人ファミリー 特別養護老人ホームハピネスあだち

施設紹介：特別養護老人ホーム（定員150人），併設施設として一般型通所介護（定員35人），認知症対応型通所介護（定員12人），短期入所生活介護（定員20人），居宅介護支援事業所，地域包括支援センター
設立：2006年4月1日　　職員数：約180人
ホームページ：http://family-wf.jp/happiness_adachi/
法人理念：自由の尊重，自治権の確立，自己決定の権利，研究創意工夫

内山彰吾　社会福祉法人ファミリー 特別養護老人ホームハピネスあだち
特養部門マネージャー

1983年埼玉県生まれ。2006年に聖学院大学人間福祉学部卒業後，社会福祉法人ファミリーに入社。特別養護老人ホームハピネスあだちにて介護職として勤務する。2007年より生活相談員として勤務。2010年より現在特養部門マネージャーとして活動している。2015年4月からは東社協高齢者福祉施設協議会，職員研修委員会，生活相談員研修委員会で代表幹事として活躍している。

> 介護教室

アクティビティプログラムを提供する出張型レクリエーション—喜楽会

主催：社会福祉法人池上長寿園 大田区立下丸子高齢者在宅サービスセンター
住所：東京都大田区鵜の木
地域の特徴：大田区西部にある鵜の木三丁目地域は多摩川沿いに位置し，水と緑に恵まれ，自然との調和がとれた閑静な住宅街が広がる地域である。人口4,398人に対し，高齢化率21.1％。住民が抱える問題として，高齢世帯の増加をはじめ，社会資源や交流の場の減少や商店街の活性化，祭りなどで若手の担い手不足などが深刻化している。

- 活動時期：通年
- 実施頻度：月1回
- 活動場所：大田区鵜の木三丁目会館
- 開催時間：13：00～14：00（1時間）
- 対象者：参加住民
- 1回あたりの参加者人数：約12人
- 活動予算：なし
- 活動経費：なし
- 収支：なし
- 活動までの準備期間：1年間

　当センターのある地域在住の高齢者に，社会資源であるデイサービスの活動を知ってもらうきっかけづくりと地域交流を兼ねて，デイサービスで行っているアクティビティサービスプログラムを出張して実践しています。

　さらに，ひとり暮らしの高齢者や高齢者世帯，高齢者の介護に携わる家族が抱える問題の早期発見および相談，専門職による適切な対応も目的としています。

　主な活動内容は次のとおりです。

- 介護予防体操
- 脳トレ
- 動的プログラム
- 対話・健康相談
- 地域包括支援センター職員による介護保険制度および高齢者の総合的な相談
- 高齢者の心身の健康保持および生活の安定に必要な援助

─── 開催までの流れ ───

① 高齢者の孤独死をきっかけに

　地域内にある都営アパートにおいて，ひとり暮らしの高齢者の孤独死がありました。この方は，他地域から引っ越してきて都営アパートに住んでいましたが，もともとこの地に住んでいる住民との間に交流がなく，顔なじみの関係を築きにくい状況があり，地域全体で支え合うことができていませんでした。この都営アパートの件をきっかけに，地域全体で安心して過ごせるよう，町会・民生委員・都営アパート住民，そこに当時の在宅介護支援センター（現地域包括支援センター）が加わり，話し合いが行われました。そこで，毎月1回（月4回の集会のうち1回），在宅介護支援セン

ターによる介護予防教室を開いてほしいとの依頼を受けました。

　もともとこの地域では,「さわやか茶話会」という高齢者の集いがありましたが,地域住民同士の地域コミュニティの低下や,孤立していくことへの不安や心配,高齢化などにより,地域住民だけで支え合い対応することは難しい状況でした。そのため,在宅介護支援センターやデイサービスという地域の社会資源を通じてかかわりを持つことで,高齢者が孤立しないように,地域の人々で見守り・交流する場として,鵜の木三丁目会館で「喜楽会」が誕生しました。

❷ 喜楽会の立ち上げと連携

　地域住民の声を聞いた民生委員から在宅介護支援センターに相談があり,鵜の木三丁目の町会役員と企画し,検討を重ねました。在宅介護支援センターとのかかわりからスタートした喜楽会ですが,活動経過と共にデイサービスにも声がかかり,協働して開催していくこととなっていきました。

　喜楽会での活動は,在宅介護支援センターの持つ地域連携の強みと,デイサービスが持つさまざまな実践的アクティビティプログラムの融合と提供が,地域とのネットワークづくりに寄与したと感じています。

❸ 施設内における意識共有

　出張型レクリエーションについては,発足時から在職して対応している職員もいれば,経験が浅い職員もいるため,定期的に職員会議を行い,情報などを共有しています。会議の場では,特に地域との連携がなぜ必要であるかを中心に,次のようなことを全員で共有しています。

　「地域に密着し必要とされるデイサービスを目指し,地域のさまざまな関係機関とのネットワークに参加して社会や地域ニーズの情報を収集し,利用者支援や地域貢献に対するデイサービスの価値観を理解してもらうため」

　これこそが出張型レクリエーションの目的であり,固定の職員だけで調整や対応をするのではなく,すべての職員がこの目的を理解し,役割を担うという意識で共有を図っています。

　現在は,出張型レクリエーションが当たり前となり,各月の担当職員を現場リーダーが振り分け,誰が担当となっても対応できるようになっています。

　また,毎回実施後に行う記録を通じてリアルタイムな情報共有も可能となり,地域との連携を体感することができます。それをデイサービスでできる地域活動の効果と

とらえ，デイサービスの職員が地域の顔となり，強みとなっていると感じます。

④ 地域の社会資源としての実践と効果

現在ではデイサービスが中心となって町会との打ち合わせを行い，活動を実施しています。デイサービスはレクリエーションプログラムの提供が主ですが，地域包括支援センターは高齢者の総合相談・支援として，介護保険制度の動向や情報発信なども実施しています。

さらに，喜楽会で活動していた人が介護認定を受け，その後，当デイサービスの利用者になるなど，もともとの顔なじみであるため，デイサービスのスムーズな対応が可能となっている利点もあります。

⑤ 定例開催と活動

出張型レクリエーションでは，原則普段からデイサービスで行っているさまざまなプログラムをそのまま実施しています。ありのままのデイサービスを体感してほしいという思いと，デイサービスでどのようなサービスが提供されているかを知ってほしいからです。例えば，デイサービスで人気のある「風船バレーボール」も，同様に実施します。私たちはレクリエーションで使用する物品を持参するだけで，準備から片付けまでは，すべて参加される喜楽会の皆さんと一緒に行うルールになっており，皆で汗を流した後のお茶休憩は，格別に有意義な時間となっています。

レクリエーションの内容は，活動的なプログラムもあれば，導入箇所の対話だけで30分かかる場合もあります。でも，それでよいと思っています。決めた順序で行うよりも，対応する職員によりプログラムの内容を変えて対応する方が，皆さんとても喜ぶからです。

この活動は，参加される喜楽会の皆さんが主役であり，提供する私たちはあくまで脇役に徹します。この交流を通じて地域でのつながりができ，町会との良好な関係づくりができていると思います。当デイサービス職員も，この出張型レクリエーションを楽しみにしており，活動を通じて地域住民と直接対話ができることで，地域のさまざまな課題や問題に自然と耳を傾け，地域に対して興味を持つという視点でもデイサービスが持つ専門性が発揮されるのではないかと考えています。

当日の運営と活動の紹介
当日の運営者：1～2人

地域の人々の交流の場「喜楽会」

普段デイサービスで行っているプログラムを提供している

〈スケジュール：前半に介護予防体操，後半にレクリエーション〉

12：30〜　使用物品準備
12：45〜　出発
12：55〜　到着
13：00〜　開始　介護予防体操を実施
13：30〜　休憩
13：40〜　レクリエーション
13：55〜　クールダウン
14：00〜　終了　実施記録記入

参加者の声

- 毎月この集会が楽しみ。下丸子デイの職員さんとの交流がとても刺激となり，若返りの秘訣となっている
- 定例会で実践することで，地域の人との交流が今でも苦にならない
- 一人ではなかなか継続できない運動も，みんなでやれば長続きできる
- 下丸子デイの皆さんと交流ができ，デイサービスが行っているプログラム内容などがよく分かった
- 来てもらうだけじゃ悪いから，今度デイサービスに遊びに行くね
- デイサービスの夏祭りにボランティアとして手伝いに行きます
- ここで行う介護予防体操は，自宅でも簡単にできるようアレンジされており助かります
- 自分が介護認定を受け，介助が必要になったら下丸子デイサービスにするわ
- どの職員も，個性があっておもしろい。笑うことも，自宅でもなかなかないので，

貴重な時間です
- 地域包括支援センターさんからの情報提供はとてもありがたい

まとめと今後の課題

　高齢期の生活を支えるサービスが，最期を迎えるまで切れ目なく提供されるには，居宅サービス・施設サービスを問わず，介護・医療サービスからボランティアや近隣住民同士の助け合いまで，地域のあらゆる社会資源を活用した地域包括ケアシステムの構築に，さまざまな面から総合的に支援していく継続的な推進と連携が必要だと思います。

　出張型レクリエーションの活動は，受け身であるデイサービスとは違い，まさに地域に出てさまざまな場面で活躍する専門職として力を発揮することで，地域高齢者の役に立つ社会資源となれるはずです。

　今後の活動については，看護師による健康相談，栄養士による栄養相談と料理教室，地域消防団と連携した地域防災，権利擁護，小学生との回想法を通じた昔遊びの伝承ゲーム，町会館から外に出て，地域散策ウォーキングプログラムなど，試行錯誤しながら展開できていければよいと考えます。

　地域での顔の見える関係性をつくり，共存した地域づくりを展開し，地域貢献していくことが，これからのデイサービスには求められていくことでしょう。

社会福祉法人池上長寿園
大田区立下丸子高齢者在宅サービスセンター

施設紹介：地上4階建ての建物。1階部分が通所介護・介護予防通所介護で定員45人。2階部分が認知症対応型通所介護で定員12人。児童館とシルバーピアが併設されている

設立：1996年6月1日　　職員数：21人　　ホームページ：http://www.ikegami.or.jp

法人理念：「未来への創造」〜歴史を紡ぎ"今"に挑戦する〜

比嘉充吉　社会福祉法人池上長寿園　経営本部　経営企画課　課長補佐

1995年4月社会福祉法人池上長寿園入職。介護職員を経て，2002年4月より生活相談員，2008年4月よりデイサービス管理者，2014年10月より大田区立下丸子高齢者在宅サービスセンター所長／管理者兼生活相談員，2016年4月より現職。大田区通所介護事業者連絡会の運営委員としても活動し，積極的なネットワークづくりやコミュニティづくりを推進している。

カフェ活動

多世代交流が生まれる IDOBATAカフェ

主催：京都市本能特別養護老人ホーム＋本能学区社会福祉協議会
住所：京都府京都市中京区蛸薬師通油小路東入元本能寺南町
地域の特徴：本能学区は染色産業の職人が多く住んでいるが、染色産業の衰退により、大きな工場はマンションへと姿を変えた。かつて、「白生地を持って回ると着物ができる」と言われた町のネットワークは途切れ、新しく越してきた住民と昔から住む住民との、顔の見える関係づくりが町の課題である。若い世代がマンションに越してきた本能学区の高齢化率は18.6％で、京都市の26.7％に対し低めだが、高齢者の数はこの10年で180人ほど増えている。

- 活動時期：通年　　●実施頻度：毎週水曜日　　●活動場所：施設内1階 多目的室
- 活動時間：7：30～10：30
- 対象者：地域住民、施設利用者・入居高齢者、施設スタッフ
- 1回あたりの参加人数：約30人　　●初期予算：約50,000円　　●活動経費：約3,000円
- 収支：約2,000円　　●活動までの準備期間：約2カ月

　当施設は複合型の特別養護老人ホームであり、地域包括支援センター、居宅介護支援事業所、通所介護、短期入所生活介護を併設していますが、カフェ活動を始める以前は、介護サービスが必要になってから、施設に相談に来る人がほとんどで、もう少し早ければ、もっと良い支援ができたと思うことも多々ありました。気軽に施設に来てもらい、普段のコミュニケーションを増やすことができれば、万が一介護が必要な状態になっても、気軽に相談してもらえると思い、カフェの運営を考えました。

　IDOBATAカフェは、施設近隣で顔見知りの人が、施設の多目的室を利用し、地域住民にコーヒーとパンの提供を行っており、多世代が混ざり合い世代の役割をつくること、認知症高齢者がセミパブリックな関係をつくれる居場所づくりなど、あくまでも地域住民が主体となることを目的としています。

開催までの流れ

❶ 地域のニーズを知るためには

　当施設は、併設型のユニット型特養です。利用者が地域行事に参加できるよう、開設当初から地域の「まちづくり委員会」や「夏祭り」などの行事に積極的に参加していました。その行事の一つである区民体育祭の慰労会で、お酒を酌み交わしながら地域福祉について、学区社協の会長さんと思いを語り合ったのが、IDOBATAカフェを

始めるきっかけでした。

　もともと私は，デイサービスの生活相談員をしており，地域の高齢者がいかに，地域で長く安心して過ごせるかを追求することが重要と考えていました。それは自治会の人もみんな同じ考えでした。さらに，「地域の人が気軽に集まり話ができる場所がない」「家に閉じこもっている高齢者が増えている」「実際介護が必要になった時にどうしたらよいか分からない」などの声を聞くことができました。

　そこで，施設内に地域の人が集まれる場所をつくることができれば，施設の利用者もそこに参加することができ，楽しみになるのではないかと考えました。また，施設の中にはさまざまな専門職がいるので，その知識を地域に還元できれば，地域の介護力も上がるのではないかと考えました。

❷ 地域と施設の定例会議の設置

　そこで，施設と地域住民が毎月1回話し合える定例会を設置しました。施設からは，施設部，在宅部，居宅部，包括のメンバーが参加し，地域からは，学区社協員と児童民生委員，老人福祉委員が参加します。そして，この会の目的を，勉強会や意見を言うだけの会議ではなく，具体的に何かを進めるための会議であることを申し合わせました。

　2011年10月に実施された第1回の定例会議の議題は，「地域の人が集まれるカフェの運営」と，「地域の人に対する福祉勉強会の開始」としました。「次週にでも始めよう」との声も地域の人からありましたが，お金の取り扱いや物品の用意，コーヒーの試作やパンの仕入れなどの整理があるため，2カ月後のスタートを目指すこととなりました。

❸ 企画の整理と役割の確認

　会議後，初めに行ったことは，「いつ，どこで，誰が，カフェを実施するのか」を具体的に，次のようにまとめました。
- 初期の準備にかかる費用や設備は，施設が負担する。
- その後の活動資金は，カフェの売り上げを活用する。
- 地域の人が中心となり，施設の多目的室でカフェを運営する。
- 毎週水曜日の7：30〜10：30を運営時間とする。
- カフェの名前をIDOBATAカフェとする。

　以前からカフェの運営に興味があると言っていた地域の人に声をかけ，実際に活動してもらえることになりました。この人を中心に，ほかに地域の女性3人に協力してもらい，合計4人で開始することになりました。

運営の実施主体は，本能学区の社会福祉協議会とし，施設は場の提供をするという形を取りました。

④ 準備から開始まで

開始までに必要な物品をリストアップし，地域の人と一緒にお店を回り，お皿やコップなどを買い出しに行きました。パンは，地域のパン屋さんにお願いし，100円でオリジナルの商品を作ってもらうことになりました。メインのコーヒーは，数種類から豆を選び，学区社協の会長さんや私たちで試飲をしながら決めました。テーブルは，施設の会議で使用する長テーブルしかなかったので，四角でナチュラルなカフェテーブルを購入しました（現在施設の各種会議もこのテーブルを利用しています）。

⑤ 地域の人への宣伝

地域の人への広報は，運営時間が分かるよう案内を作成し（約100枚），施設のエレベーター内や町内の掲示板に貼りました。デザインが得意な人にロゴを作ってもらい，施設入口に立てる看板も作成しました。さらに広告を無差別に配布することはせず，口コミの力を信じ，お客さん同士が誘い合い，できるだけ最初の来店から居心地のいい場所になることをねらいました。

地域包括支援センターや居宅介護支援事業所の利用者で，施設利用のニーズはあるが導入にまで至っていない人や，閉じこもりがちの人，近隣で散歩がてら立ち寄ることができる人などに声をかけ，社会参加の入口としての効果もねらいました。

また，自治連合会会長や体育振興会会長，長寿会会長など，地域の各種団体にも理解を得るために，カフェ実施の説明を行いました。

⑥ カフェの運営

運営当初は，7：30〜10：30まで，地域の女性4人が常にボランティアとして活動していましたが，現在ではスタッフも7人ほどに増え，時間をずらしたりシフトにしたりしながら，常時3人ぐらいで運営しています。

朝は，施設のスタッフや地域の人がモーニングを食べに訪れ，その後，徐々に施設利用者も朝食を食べに来られます（誘導は，地域のボランティアさん）。

9時ごろになるとデイサービスの利用者も来店し、入れ替わり立ち替わり、常に10人前後の人がこの場にいます。

7 活動内容の紹介

　このIDOBATAカフェで、若年性アルツハイマー型認知症の診断を受けた奥様と介護しているご主人という、同じような境遇のご夫婦が出会いました。お互い相談をしながら、介護についての情報交換を行ったり、一緒にランチに行かれたりしながら交流を深めると共に、介護保険サービスの導入にもつながりました。

　また、カフェの曜日に合わせて、地域の各種団体や地域包括支援センター、民生児童委員、学区社会福祉協議会がいろいろな取り組みを行うようになりました。施設の中にも地域の人がどんどん入って来るようになり、顔見知りの人もたくさん増えました。

　ある時、研修に来ている学生さんに、カフェにいるのはどのような人かを当てるクイズを出したところ、体育振興会の会長さんを施設長、施設長を利用者さん、利用者さんをボランティアさん、スタッフを子どもたちのお母さんと答え、全く当てることができませんでした。

　この時、施設内で利用者、スタッフ、ボランティア、地域の人などいろいろな人が混ざることにより、「ケアしている、されている」という関係ではなく、フラットな関係になれるのだと実感しました。また、子どもたちがいるから、認知症の高齢者ではなく「おじいちゃん」「おばあちゃん」に戻るという多世代交流の効果、それぞれの世代の役割をつくることの大切さを学びました。

　このカフェ活動により、地域のボランティアから日常的に直接相談を持ちかけられることがあります。それは地域包括支援センターで把握できていることもあれば、そうでないこともあります。以前、「あそこの家の人を2〜3日見ていない、どうもおかしい」と情報をいただき、訪問してみると家の中で倒れていたというケースもありました。異常に気づいても、私たちにつながるのが遅ければ、手遅れになっていたかもしれません。

地域の人が中心となってカフェを運営

また，地域のボランティアの中には高齢の人もおり，ほかのボランティアから「あの人，最近少し物忘れがあり心配」という声を聞いたので，家族に情報を聞くと，自宅でも同様のことがあると分かり，介護認定を受けたケースもありました。

参加者の声

- 毎週，家の庭からお花を持って来て，カフェに飾るのが楽しみです。（地域の利用者で，今はボランティアとして花を飾ってくれています）
- 一人暮らしなので寂しいけど，ここに来ると誰かいるのでホッとします。（地域の利用者。要支援者でサービス利用なし）

まとめと今後の課題

　カフェを運営していただいているボランティアの人も徐々に年齢を重ねられ，いずれボランティアの人が利用者となることも出てくるでしょう。新しいボランティアの人も来ていますが，ゆるやかに世代が変わっていかないと，当初の思いが引き継げず，カフェが形骸化する可能性を危惧しています。

　また，オレンジプランの関係もあり，最近，認知症カフェやコミュニティカフェといった居場所が増えてきたように思います。今後は，孤食の子どもや高齢者の夕食支援，銭湯までの送迎支援，買い物支援など，実生活を支援しながら，個と個，個と地域をつなげていく取り組みが必要だと感じています。

社会福祉法人京都福祉サービス協会 京都市本能特別養護老人ホーム

施設紹介：特別養護老人ホーム（90室），短期入所生活介護（10室），通所介護（定員35人），居宅介護支援事業所，地域包括支援センター

法人設立：1993年7月22日　　施設竣工：2005年9月2日　　職員数：106人

ホームページ：http://honnou.jpn.org　　法人理念：くらしに笑顔と安心を！

施設理念：わたしたちは，一人ひとりの思いのつまったくらしを大切にします
　　　　　わたしたちは，関係するすべての方の笑顔をめざします
　　　　　わたしたちは，高齢者福祉の模範となる支援を追求します

森　賢一　社会福祉法人 京都福祉サービス協会 高齢者福祉施設本能
総務部長／介護部長

東京の特別養護老人ホームで介護スタッフとしての経験を経て，2005年京都福祉サービス協会高齢者福祉施設本能に入職。デイサービスで生活相談員，在宅介護課長，介護部長を経験し，総務部長兼介護部長として現在に至る。舞台芸術（異業種）からの転職。人が集まる組織づくりとクリエイティブな福祉の人材育成にも力を入れ，同法人内外で介護技術，地域福祉，ボランティア養成の講師を務めている。

> カフェ活動

学生が中心となって運営する えんがわカフェ

主催：京都市本能特別養護老人ホーム＋本能学区社会福祉協議会＋立命館大学産業社会学部（乾ゼミ）
住所・地域の特徴：P.45参照

- 活動時期：通年
- 実施頻度：毎週金曜日
- 活動場所：施設内1階 多目的室
- 活動時間：10：00～14：00
- 対象者：地域住民，施設利用者・入居高齢者，施設スタッフ
- 1回あたりの参加人数：約45～60人
- 初期予算：約20,000円
- 活動経費：約3,000円
- 収支：約3,000円
- 活動までの準備期間：約2カ月

　地区社協の協力のもと，立命館大学産業社会学部 乾ゼミの主に3回生が中心となり，地域の子育て中のお母さん同士や，高齢者と子どもなど，多世代の交流ができる，コミュニティカフェを施設内の多目的室で展開しています。

　施設に隣接して，高校の第二グランドがありますが，地域の要望で芝生化したことから，高齢者や小さな子どもたちが安全に使えるようになっています。そのため自治連合会の芝生委員が，地域の未就学児とその両親に定期的に芝生を開放しており，芝生委員会ともコラボしながら，多世代の交流の場をつくっています。

　施設内には認知症の高齢者が多くいますが，BPSDのある人も子どもを見ると，おじいちゃんおばあちゃんの顔に戻ります。世代の役割を地域と施設で一緒に考える場にすることも，ねらいの一つです。

---------- 開催までの流れ ----------

① 地域ニーズの変化に対応

　当施設が運営を開始した2007年には，すでに自治連合会には「まちづくり委員会」が設置されていました。この委員会の目的は，新しい住民と古くからの住民が顔の見える関係をつくることにありました。染色業の現場を見学する工房ツアーや，MY着物作り，のれんの華スタンプラリーなどさまざまな取り組みに多くの新しい住民が参加するようになり，この課題は達成されたと考え，2012年にこの委員会は解散となりました（施設スタッフとして，私もこの委員会に参加していました）。

　それらの取り組みにより，地域の人同士の顔の見える関係はつくれましたが，日常的に顔を合わせたり話をする場所がなくなるため，「まちづくり委員会」が解散した

後の住民交流は衰退してしまうのではないかという危機感がありました。

すでに，当施設では学区の社会福祉協議会と連携を行い，週1日コミュニティカフェを運営（P.45参照）していたので，まちづくり委員会に参加されていた立命館大学産業社会学部の教授である乾先生に相談をし，ゼミまるごと地区社会福祉協議会（以下，社協）の指導のもと，コミュニティカフェをもう1日運営することとしました。

❷ 地域・施設・学生での地域連携会議の設置

このカフェのコンセプトは，施設のえんがわづくりです。昔のようにえんがわで，おじいちゃんたちが将棋をしている所に，ほかの人たちが集まってくる光景を目指しています。お客さんの主なターゲットは，お母さんと未就学児の子どもたちとし，施設に新しい風を入れることも目的としました。

地域づくりと，地域福祉の推進を専門的に進めるため，ゼミ生と施設スタッフ，学区の社会福祉協議会との地域連携会議を月1回設定しました。

❸ 会議の実施

地域連携会議では，初めに高齢者施設と介護保険のこと，施設利用者の生活，認知症，施設も地域の一部という感覚を地域住民に持ってもらいたいということと，地域の福祉力を高め，誰もがこの地域で長く住み続けてほしいということ，多世代がいるから，世代ごとに役割ができるということなどを伝えました。その上で，地域住民が集まる仕掛けやイベントなど，この会議の中で決定していきました。会議の中で乾先生が学生に，予定の進捗管理やカフェでのイベントの内容について指導する場面がたびたびありましたが，間接的に地域住民や私たちを指導してくださっていたのだと思います。

今では，この会議はえんがわカフェだけではなく，地域の行事全体についても話し合う場となり，文化協議会の人や成年部といった自治連合会の各種団体長も数人参加していただいています。

❹ 準備から開始まで

すでに当施設で行っているカフェ（IDOBATAカフェ）があるため，そ

毎月行われる地域連携会議

れらのセットはあったのですが，差別化を図るため，コーヒーの豆を選び直し，パンの代わりにワッフルを提供することにしました。味については，プレオープンを行い，地域の人たちに確認してもらいOKをもらいました。

芝生化された高校のグランドを開放してイベントを実施

　また，子どもが飲めるようジュースも用意しました。諸費用については，もう一つのカフェの資金を活用することにしました。

⑤ 地域の人への宣伝

　施設に隣接して，高校の第二グランドがありますが，施設と地域も鍵を共有し，自由に利用しています。そのグランドは，地域の子どもたちや施設の高齢者が使ってもけがをしにくいよう，この時点ではすでに芝生化がされており，その芝生の管理のため，芝生委員というのが自治連合会にありました。その委員会にも協力をお願いし，未就学児とお母さんのための芝生の開放，子どもプールの提供，スイカ割りなどのイベントを行いながら，えんがわカフェの宣伝もしました。

　さらに近隣マンションの人にも案内を行い，お母さんが別のお母さんを連れて来てくれるようにもなりました。

⑥ 当日の運営・実施

　当日の運営は，立命館大学産業社会学部乾ゼミの，本能班3回生5人を中心に，4回生6人もお手伝いをしながら，自分たちでシフト調整をして実施しています。在庫管理や発注も自分たちで行い，出納帳もつけてもらっています。

　えんがわカフェの売り上げは，地域福祉に還元されるため，目的が明確であれば，学生の企画でもある程度自由にお金を使うことができます。

　施設が地区社会福祉協議会に場を提供し，社協さんの管理のもと，学生がカフェの運営を行っています。

⑦ 活動内容の紹介

　一人暮らしで，生活に少し困窮されている閉じこもりがちの70代男性を，ようやく

南入口ののれん

子どもを持つお母さん同士の交流も生まれている

カフェにお誘いすることができました。初めは表情も硬かったのですが，徐々にカフェに来ている子どもたちに笑顔を向けるようになりました。

その後，しばらく入院していたため，久しぶりにカフェに来られた時，カフェに来ていたお母さんたちが「お久しぶりです。全然姿を見かけないから心配しましたよ！」と声をかけると，「ちょっと，入院してて」とうれしそうに会話をされていました。子どもにも「久しぶり，元気だった？」と笑顔で話しかけていました。

また，カフェでは，学生の提案で絵本読み聞かせを行っています。子どもたちを集め，絵本読み聞かせを行えば，その間お母さんたちは，ひと時でも育児から解放され，リフレッシュができます。地域の元幼稚園の先生に来ていただき，月に1回開催しています。事前にその先生と学生で練習を行い，読み聞かせを行うのですが，とても上手に読み聞かせや体操を行うので，お母さんたちも勉強のために一緒に参加されています。

さらに，「ものしりカフェ」という企画も行っています。この企画はカフェをしながら，地域の人のお話や演奏を聞きます。家紋についての話や，プリザーブドフラワー作りを一緒に行ったり，昼下がりのピアノ演奏会，地域にある障がい

者福祉施設の話，整理整頓の話を聞いたりなど内容はさまざまです。特別プログラムとして，夜カフェを行うこともあります。カフェという名のバーなのですが，地域の人とお酒を飲みながら，地域の人やボランティアさんの音楽演奏を聞いたりしています。さらに特別プログラムとして，歌舞伎の俳優さんや，千家十職さんに来ていただき，講演を聞くこともあります。京都ならではの地の利を活かした取り組みです。このように，いろいろなアイデアと人脈を頼りに，さまざまな活動を楽しみながら行っています。

参加者の声

- 私の先輩は核家族で，数年前に旦那さんが単身赴任となり，一人で子育てをする中で育児ノイローゼとなり，団地から飛び降り自殺をしてしまいました。もし，こんなカフェがあり，お母さん同士で悩みが話せれば，あんなことは起こらなかったかもしれない。
- ここで知り合ったお母さんと，別の日も一緒にランチをしています。
- あんな小さい子どもでも，杖をついたおじいちゃんおばあちゃんのそばを通る時は，そーっと歩いてるんやね。生の教育，こんなんが必要やわ！
- 毎年，学生が卒業する時が，一番さびしい。

まとめと今後の課題

　障がいや認知症のある高齢者が，真に地域住民の一人として生きていくためには，私たち専門職の直接的な支援も必要ですが，周りの環境や人との関係がそれ以上に大切だと思います。そのために，地域の人やボランティアの存在は必要不可欠です。一見派手な取り組みのように見えるかもしれませんが，人と人がつながれば，自然に地域福祉力は高まると思います。そして，地域福祉力が高まっても見落とされてしまう支援が必要な人に対して，より早く手をつなぐことが，私たち社会福祉法人の使命の一つであると思います。

　今後の課題は，高齢者福祉，障がい者福祉，児童福祉など縦割りの制度を越えた横の支援とネットワークを広げていくことにあると思います。福祉を混ぜることにより，それぞれが強みを活かし補完しながら，共生していく仕掛けが必要だと感じています。

（森　賢一）

▶施設概要：P.49参照

> カフェ活動

語り合える認知症カフェ
—語らいカフェ

- 主催：社会福祉法人あけぼの会　　住所：秋田県大仙市大曲栄町
- 地域の特徴：秋田県は少子高齢化が日本で一番進んでいるエリア。
大仙市の人口：84,903人（うち65歳以上人口：29,386人）で高齢化率：34.6%，総世帯数：28,675世帯，高齢者のみ世帯：27.5%（うち高齢者独居世帯：55.1%）。人口減少しているが世帯数は増えている傾向にあり，高齢者世帯や独居高齢者が増えている。日本の少子高齢化の縮図のようなエリアで，介護問題はもちろんとして，地域の担い手をどう確保し，地域の未来創造・地域活性をしていくかが大きな課題。

- ●活動時期：通年
- ●活動頻度：月1回
- ●活動場所：歩行と言葉のリハビリ空間なごみ（通所介護）併設カフェ（地域交流スペース）
- ●開催時間：13：30〜15：30（2時間）
- ●対象者：地域住民（基本誰でも可）
- ●1回あたりの参加者の人数：20人
- ●活動経費：約5,000円
- ●参加費：300円（お菓子代）
- ●活動までの準備期間：約1.5カ月

　当法人では，認知症施策推進総合戦略（新オレンジプラン）に位置づけられた「認知症カフェ」をアレンジして開催しています。語らいカフェは，スタッフAと会話をしている時に15秒で決まった企画です。もともと認知症専門棟で部門長をしていたAさんは，認知症ケア上級専門士も取得し，当法人の中で認知症ケアに一番詳しいスタッフです。Aさんとの話で認知症ケア専門士が多数いること，その専門性がイマイチ活かされていないことが課題に挙がりました。

　私は以前より，爆発的に増えている認知症利用者への対応を強化しなければと考えていたことと，もっと多くの施設スタッフを地域に出す機会をつくる必要性を感じていたので，教育と地域貢献の実践を併せて，すぐに認知症カフェを開催することで意見が一致しました。早速，その翌々週には岩手県奥州市水沢地域包括ケアセンターが主催する認知症カフェに視察に出かけ，その翌月には第1回語らいカフェを開店しました。

　対象は地域住民ですが，基本的には誰でも参加でき，3回を1クールとしてテーマを決め，認知症にまつわることについて「ゆったり，まったり好きなように語り合う」ことを大切にしてスタートし，初回から20人以上もの参加者がありました。参加者は，地域の人，他事業所の職員，民生委員，利用者，家族，行政職員など，多様な人が集まり，認知症について知ってもらうための紙芝居，診断タッチパネル，認知症を予防するためのデュアルタスクでのプログラムなどを提供しています。

　現在まで延べ300人以上が参加し，今では当法人の地域貢献事業として地域の人が

運営にかかわり，お茶出しから寸劇の劇団員までの役割をこなしてくれるように定着しています。同時に施設スタッフも運営にかかわり，介護保険事業内の施設業務だけでは絶対にできない経験と実践を積んでいることは，今後の法人運営にも地域創りにも有益なことと言えます。

当法人の活動の企画

　当法人の考え方は「プロダクトアウト」です。「プロダクトアウト」とは顧客の潜在的ニーズを予測し，開発者側・作り手発想で商品化するマーケティング手法の一つです。

　利用者や家族・地域の人は，必ずしも自分が欲しいものを明確に知っているわけではなく，事業所側が具体的な形にして提案することで，初めてそれが「欲しい・必要だ」と気づくことが多くあります。このような場合は，「プロダクトアウト」の方法が効果的になります。逆にさまざまな場面で対象者の意見を聞いて商品化したけど，思ったより売れなかったという話はよくあることです。重要なことは，「利用者や家族・地域の声は万能じゃない」ということを理解することです。利用者・家族・地域に「欲しいものを聞く」ことと，利用者・家族・地域を「よく知る」ことは，全然意味が違うということに我々は気づくべきであり，そもそも自らの事業所のサービス開発を「声」だけでやろうとするのは，創造力欠如のように思えます。

　一方で，全く「声」を聞かずに自事業所の開発力や強みに溺れてしまうのも創造力欠如と言えます。今は「マーケットイン」が主流の介護業界ですから「プロダクトアウト」で差別化になります。大切なことは，両スキルを理解し「利用者や家族・地域」に「どのように役に立て，どのような喜び」を「どのような強みによって」提供できるのか，それによってどんな「悩み」や「課題」が解決されるのかを明確にすることがポイントです。

開催までの流れ

　介護保険事業を運営し，利用者家族や地域の人に触れていく中で，その中に軽度認知症と思われる人が多いことや，問題が大きくなる（認知症が進む）まで放置されていることに気づきました。そこで，認知症予防や初期対応の重要性を地域住民に伝えたり，情報提供したり，相談できる場所があれば喜んでもらえると思い，「認知症の情報をお届けする」取り組みをすることにしました。

　次に，最終的にこの活動を通して実現したい5つのポイントとミッションを明確にしました。

- まずは足を運んでもらう（興味を持ってもらう）
  ※情報難民を減らし，孤立化させない。
- 初期診断・治療につなげる・役に立つ（予防・早期発見・対応への貢献）
- 認知症利用者のビフォアマーケットへの挑戦（認知症予防での貢献）
- 認知症リハビリテーションプログラムの開発（特にMCI）
- 認知症ケア専門士の人財活用，地域人財育成（施設スタッフの地域ケアの学び）

❶ 人選と役割分担

　まず，このミッションを実現するために必要な人材を集めます。ここでのポイントは，「認知症ケアのスキルがある，なし」ではなく，この活動に「どれだけ興味を持ってくれるか」「活動を通じて育てたい人材」を優先的に抜擢することが大切です。今回は法人内に多くいる「認知症ケア専門士」を人選し，この活動を通して専門性を発揮すること，スポットライトを当てることで，成長を促すことにしました。

　さらに，認知症ケア上級専門士をリーダーとし，認知症ケア専門士，支援相談員，介護支援専門員，企画事業推進課スタッフの構成でプロジェクトを組みました。

❷ 語らいカフェの実施方法の決定

　本活動では，次のことを軸に進めていくこととしました。
- 参加しやすい雰囲気づくり　・ゆったりまったり語り合う時間を大切にする
- 認知症について知ってもらう
- 法人の強みでもあるリハビリテーションケアを盛り込む
- 3回を1クールとしてテーマを決め，マンネリ化しないようメリハリをつける
- 参加費は300円（茶菓子代）とする
- 毎回アンケートを取って反応を知り，次に活かす
- 利用者家族，介護支援専門員，行政，ボランティア，民生委員，広報誌（施設発行，市の広報），SNSでの広報をする
- 運営側も楽しんでやる

6月～8月	はじめの一歩「ゆる～く語り合いましょう」
9月～11月	語らいクッキング「一緒に作った料理を食べながらの語り合い」
12月～2月	食事と運動―認知症予防マシン「コグニバイク」
3月～5月	認知症サポーター養成講座「地域の応援者になりましょう」

予算については，当法人ではもともと，イベントを行うためのカフェコーナーがあり，ゲストをお迎えするための備品（イーゼル，ネームプレート，アンケート記帳用のバインダー，筆記用具など）は揃っていたので，新たに購入するものはその都度の茶菓子や季節ごとの食材，ネット通販で購入したカキ氷器（5,000円程度）くらいでした。あとは若干の持ち出しはあったかもしれませんが，参加費300円の中で実施できています。

③ 練習する

　前日に，スケジュールの確認や各役割をシナリオに基づいて，実際に声を出しながらリハーサルをしっかりやることで，運営側の自信や安心感にもつながります。また，当日のルートや場所を運営者で周ることで不備や環境面（汚れや物品の乱れ）のチェックにもなりますので，とてもオススメです。

④ 本番を楽しむ

　活動が始まったら，そのイベントを運営側が思いっきり楽しむこと，参加者に喜んでもらうというおもてなしで，やりきるだけです。参加者に評価していただくポイントとしては，取り組みの内容よりもそれを実施しているスタッフの笑顔だったり，表情・振る舞いの方が重要です。語らいカフェのスケジュールは，次のとおりです。

〈スケジュール〉

運営人数：5～6人

11：00～　集合・準備開始（会場作り，買い出し，各メニューの担当ごとにチェック）

12：30～　ブリーフィング（目的の確認，当日の流れ確認，会場チェック）

13：00～　お出迎え・受付

13：30～　開始　各スタッフ自己紹介・挨拶，参加者自己紹介

13：45～　紙芝居での認知症にまつわることについてレクチャー

「語らいカフェ」の目的は「認知症の情報をお届けする」こと

14:00～　フリータイム　毎回のテーマで内容が変わる
　　　　・基本：語らいタイム（認知症にまつわることについて雑談）
　　　　・タッチパネルでの認知症チェック
　　　　・語らいクッキング（一緒に鍋を作り，それを食べながら語らう）
　　　　・食事と運動（豆を箸でつまんだり，噛むことで脳血流の活性化）
　　　　・コグニサイズ（コグニバイクを使ってのデュアルタスクでの運動）
　　　　・認知症サポーター養成講座（地域住民の認知症サポーター化）
　　　　・個別相談（希望があればソーシャルワーカーによる別室開催）
15:10～　参加者からの感想，アンケート記入
15:30～　挨拶，閉会，お見送り

　実施後，参加スタッフ一人ひとりから，良かった点，改善点について意見を出してもらうと共に，アンケートの中からも同様のポイントを拾い，良かった点は次回も自信を持って行い，改善点は解決できることかどうかを評価します。改善できることはすぐに改善し，すぐにできないことは，声として受け止める，すぐには改善できない旨をしっかりと伝えることが大切です。

　また，反省の中から次に活かせることをリスト化し，次回の企画に戦術として盛り込みます。オススメなのが，活動の様子を写真に撮り，次回以降の案内にその写真を掲載すると集客効果が増します。もちろん個人情報にはご配慮ください。

参加者の声

・いろいろな世代の方が和気あいあいと自由に話せる雰囲気で楽しく参加できた。
・認知症について，地域で気軽に相談できる場所があればよい。
・認知症についてよく知ることで不安をなくしたい。

まとめと今後の課題

「語らいカフェ」の取り組みは，ひょんなことから生まれた企画でしたが，2016年6月にスタートし，これまで16回開催しました。活動を通して得た成果は計り知れませんが，特に次の3つの大きな成果を得ることができました。

- 地域の中で認知症予防の情報発信・情報交換の場をつくれたこと
- 入所系スタッフの地域を見る視点・地域に出る行動力を育成できたこと
- 地域の人に喜んでいただき，応援してもらえるようになったこと

こんなことは，当たり前のことなのかもしれませんが，小さなことから一つひとつ積み重ねることで，当法人ができる地域貢献を続けていきたいと思います。

最後になりますが，この「語らいカフェ」の常連さんやあけぼの会の活動に賛同する地域住民の人で構成された「地域応援パートナーズ」という新たなプロジェクトが始動しています。この新たな取り組みは，語らいカフェが目指した最終形でもあります。この取り組みが「地域のためになり」喜んでもらえるよう，しっかりと行動していきたいと思います。

社会福祉法人あけぼの会 介護老人保健施設なごみのさと
歩行と言葉のリハビリ空間なごみ（通所介護）

施設紹介：介護老人保健施設なごみのさと（定員100人）　開設：1997年6月
併設事業として短期入所療養介護（空床利用），通所リハビリテーション（定員60人），訪問リハビリテーション
2016年9月，温水プール歩行リハビリ棟なごみ夢WALKをオープンし，介護保険のリハビリのほか，一般地域住民向けのリハビリフィットネスでの地域貢献事業として展開。その他，教育事業なごみアカデミーも開校。

歩行と言葉のリハビリ空間なごみ（定員18人）　開設：2014年10月
単独の老人デイサービスセンターに，居宅介護支援を併設。今回紹介した語らいカフェを始め，暮らし総合相談カフェ（なごみカフェ），フィットネス倶楽部NAGOMIなどの地域貢献事業を展開。

職員数：100人　　**ホームページ**：http://nagomi-a.jp/

法人理念：「人間の幸せに役立つ施設は必ず繁栄する」という理念を基に，「質の高いサービスを提供し，施設のわがままを入所者に押しつけない」サービスの基本精神を実行します。

小原秀和　社会福祉法人あけぼの会　理事・統括本部長

1997年医療法人あけぼの会介護老人保健施設なごみのさとに介護職として勤務。支援相談員，介護支援専門員，事務次長，副施設長を務め，2014年2月より現職。社会福祉士，精神保健福祉士，主任介護支援専門員。副施設長となった2011年当時，低迷していた施設の再生に奔走し，リハビリテーションを軸とした組織・サービス改革に着手。県内初の午前午後での2回転通所リハ，訪問＋通所リハ複合モデル「モバイルセラピスト」，介護保険外事業の日帰り旅行サークル，フィットネス倶楽部，地域生活応援セミナー，語らいカフェなど，地域で唯一の独自サービスを実践。前向きな性格と既存の枠にとらわれない自由な発想，現場経験を活かし，専門性を持った経営幹部として事業を展開。本気の人財育成を行い進化する事業所として地域からも評価を得ている。

カフェ活動

地域交流や新しい楽しみを創出する男性サロン『友遊塾』

主催：社会福祉法人やまがた市民福祉会 特別養護老人ホームとかみ共生苑
住所：山形県山形市富神前
地域の特徴：山形市西部の中山間地域に面しており、高齢化率36.6％（高齢化率山形市2位）で高齢化が深刻な地区である。高齢者世帯の増加、認知症の問題などが地域課題として挙げられる。また、公共交通機関に乏しく、買い物や通院などの移動困難の問題なども出ている。

- **活動時期**：年4回（予定）※参加者からの要望により回数の変更あり
- **活動場所**：参加者からの希望に応じて場所を設定
- **開催時間**：9：30 ～ 15：30（予定）※活動内容に応じて開催時間の変更あり
- **対象者**：西山形地区、村木沢地区、大曽根地区在住の70歳以上の男性
- **1回当たりの参加人数**：15人（最大） ● **参加費**：約5,000円（活動内容により変動）
- **活動予算**：約40,000円 ● **収支**：約3,000円 ● **活動までの準備期間**：半年

　当法人では地域に根ざした施設を目指して、10年以上前から地域住民が抱えるさまざまな福祉ニーズを解決するため、自主的に地域福祉活動に取り組み、その活動の拠点として『とかみふれあいセンター』（以下、センター）を設置し、高齢者よろず相談や軽食喫茶などの取り組みを行っています。また、自主事業として地域の元気高齢者を対象としたヨーガ教室や3B体操、お出かけサロンや健康サロンなど多種多様な活動を行う『とかみシニアクラブ』（以下、シニアクラブ）を設立し活動しています。

　これらは、当法人の近隣地域が高齢者世帯や独居世帯が多く、住民が集う場所も限られていることや、公共の移動手段が乏しく気軽に外出ができず、また農業を営んでいる世帯が多いため通年忙しく、なかなか交流をする機会が少ない地域という特徴から活動しています。男性サロンも、このような地域性を鑑みて閉じこもり防止と地域交流の促進、新しい楽しみの創出を目的として活動を開始しました。

　活動の内容は半日の日帰り旅行をイメージし、男性が好みそうな各地の名所や史跡の見学などが中心です。担当する職員も男性だけに統一し、女性に気を使うことなく男性同士の空間を楽しんでもらいます。また、地区の集会などではお酒がつきものであることから、「お酒が飲める」ことの重要性を高いと感じ、飲酒を可能としました。

開催までの流れ

❶ 男性サロン開始のきっかけ

　シニアクラブの活動には地域の人が80人ほど参加していますが、どの活動も男性の

参加が少なく，クラブ全体でみると約9割は女性であり，男性の参加者は1割程度にとどまっています。これは当法人の活動に限ったことではなく，全国的に男性はなかなか交流の場に参加することは少ない傾向にあります。長年社会で役割を担っていた男性が，退職と共に社会や家庭に居場所がなくなり，引きこもってしまう話はよく耳にします。シニアクラブの活動を通じて，地域の男性が輝ける場所や生き甲斐を感じられる場所が必要であると強く考えるようになりました。

❷ 法人内での協議

　当法人では，地域福祉活動について協議する専門委員会があり，メンバーは法人全体から選出されています。男性サロンの実施をこの専門委員会で提案したところ，「男性のニーズが不透明なため，現在実施しているお出かけサロンに男性の方を呼び，活動を通じてニーズを模索し，男性が増えたら男性サロンとして独立させてみたらどうか」「男性を中心にお出かけサロンの体験利用を実施してみてはどうか」と提案されました。また，広報についても以前は口コミで行っており，案内のチラシは配布していませんでしたが，お出かけサロン体験利用のチラシを作成し，対象地区の全戸（2地区約120世帯）に配布することにしました。

❸ 地域への広報活動と体験利用の実施

　広報活動と体験利用を実施するにあたり，対象地域となる各地区の社会福祉協議会や民生児童委員，福祉協力員へ訪問し，センターにて説明会を開催しました。説明会では，センターやお出かけサロンを中心にシニアクラブの取り組みを紹介し，男性の参加者を増やしたいという目的を伝え，広報活動への理解と，地区の役員の皆さんからも男性を中心に広報していただけるようにお願いしました。役員からは，「男性は声をかけてもなかなか外に出たがらないから難しい」といった意見もありましたが，「地域のことを考えると地域資源はたくさんあった方がよい」という話にまとまり，協力してもらえることになりました。また，地域の男性のニーズとしては，「やっぱり酒飲みじゃないか」と皆さん口を揃えた意見が出たことから，男性サロンの特徴でもある飲酒も可能ということにつながりました。

　体験利用の実施時間は9：30〜14：30の5時間とし，参加費は昼食，保険料込みで1,000円。市内の菓子工場を見学し，昼食，買い物というプログラムを考えました。広報活動も1件1件訪問し，準備万端で当日を迎えましたが，男性の参加者0人（女性は13人参加）といった結果になり，驚きと共に意識の甘さを痛感させられました。

❹ とかみの会との連携

　体験利用での結果を受け，再度専門委員会にて男性サロンについて協議をしました。委員会では，「施設に対しての心理的抵抗感があるのではないか」「女性と一緒に活動することに抵抗があるのではないか」「男性は外出することに対して必要性を感じていないのではないか」といったさまざまな意見が出されました。その結果，施設職員だけではなく地域の人と一緒になって企画から考えてみることになりましたが，体験利用の説明会での反応を思うと，ハードルの高さを感じていました。そこで，当法人と関係性の深い『高齢者福祉をよくするとかみの会』（以下，とかみの会）＊に相談を持ちかけ，センター運営委員内からイベント係を選出し，そこで男性サロンについて協議してはどうかという提案がなされました。

　早速，運営委員会にてイベント係の設置を提案し，「まずは，自分たちが楽しいと感じることをやろう」という声と共に，当法人の近隣に在住の70代〜80代である５人の運営委員をイベント係として選出しました。そこで検討した，この男性サロンを『友遊塾（ゆうゆうじゅく）』と命名し，シニアクラブの活動の一つとして位置づけ，法人職員と協働で男性サロンの企画を考えることとなりました。そして開催へ向け，イベント係の皆さんからは次のような意見が出ました。

- 開催日は平日ではなく土，日曜日に実施する方が人は集まる。ただし，地区行事と重なる場合もあるため，事前に地区行事の確認を行う。
- 開催数は年４回程度。農家を営む人が多いので，開催時期は農繁期を避ける。
- 企画内容は農協などが開催している半日旅行を参考に，史跡や名所の見学を中心に選ぶ。
- 参加者は男性のみで，お酒を飲みながら楽しく過ごす。
- 参加費は高くても5,000円程度（参加費，昼食費なども含めて）。

＊『高齢者福祉をよくするとかみの会』について
　センターの運営母体である特別養護老人ホームとかみ共生苑を建設するにあたり，組織された。当法人の職員が協働，協力のもとで運営している。とかみの会からはセンターを運営する運営委員が選出され，センターで実施する事業については運営委員と共に協議から準備，実施までを法人職員と一緒に取り組んでいる。

❺ 『友遊塾』開催実施までの準備

　イベント係の意見を参考にしながら，準備に取りかかりました。まず，場所については「行ったことがなく，半日程度で帰れる場所がいい」といった提案がされ，昨年オープンした宮城県にある「仙台うみの杜水族館」を中心に，塩竈方面へのドライブを

実施することになりました。募集人数は15人，参加費は水族館の入館料，昼食，交通費，保険料を含めて4,500円としました。開催までの準備や役割分担は，次のように決定しました。

2カ月前…イベント係と法人職員にて開催日や見学の場所，参加人数，参加費などについて検討し企画内容を決める。決まった内容は企画（案）として法人へ起案

1カ月半前…見学の場所，昼食場所の予約，損害保険への加入，使用する車両の調整。当日のプログラム（案）とチラシ（案）を作成し，イベント係と内容の最終確認を行いプログラム，チラシの完成。法人へ起案

1カ月前…プログラムとチラシを地域の人へ配布。受付窓口をセンターに設置

2週間前…募集締め切り

1週間前…電話にて参加者の最終確認

2日前…準備物や予約場所などの最終確認

〈企画側で準備したもの〉
- 車両（法人所有の車両を使用）
- 損害保険加入（レクリエーション補償プラン）
- デジタルカメラ，救急キット
- プログラム，参加者名簿，領収書

〈参加者に持参いただいたもの〉・参加費　・飲み物（お酒含む）

役割分担

イベント係：場所の選定，料金の設定，参加者への広報

職員：車両の運転と調整，保険の加入手続き，昼食場所や見学場所の予約，プログラム，チラシの作成（約110枚）

　開催にあたり，一番重要と思われる参加者への呼びかけは，地域住民のつながりを考慮して職員は行わず，イベント係からプログラムとチラシを用いて，地域在住の知人や気になる人へ直接声をかけていただき，声をかけた人の情報（名前や電話番号など）や参加の有無を職員へ伝達してもらうことにしました。

❻『友遊塾』の実施

運営者：職員2人，イベント係3人

男性サロン『友遊塾』
仙台うみの杜水族館へ行こう！

日時：6月12日（日）8:30～16:00　予定
場所：宮城県　仙台うみの杜水族館　他
参加定員：15名
参加費：4,500円（入館料・昼食代・交通費・保険料含）
締め切り：6月4日まで
連絡先：とかみふれあいセンター　TEL.
担当：

初めての開催は男性9人で水族館を見学

〈スケジュール〉

7:00～	職員とイベント係集合 参加者や当日の見学ルート，車両の点検，必要物品の確認
7:15～	受付開始 参加者より利用料の集金。出発前に一日のプログラムや注意事項を説明
7:30～	受付後，目的地へ向けて出発
9:00～	料金の支払いや活動中の見守り（場所の案内含む），仙台うみの杜水族館見学
11:00～	武田の笹かまぼこにて昼食
12:30～	塩竈鮮魚市場で買い物
14:00～	塩竈神社参拝
14:30～	とかみへ戻る
15:45～	解散

　当日は，イベント係の呼びかけが功を奏したのか，参加者は9人集まりました。皆さん緊張している様子が見られたので，バスの中で早速自己紹介を行い，中には初めて顔を合わせる方もいましたが，時間が経つにつれ畑や地区の話などで車中も盛り上がりを見せるようになりました。パーキングエリアで休憩を挟み，最初の目的地である「仙台うみの杜水族館」に到着。さまざまな魚を見ながら「おいしそうだね」と冗談を交えながら見学し，初めてのイルカショーに拍手喝采。お孫さんにお土産を購入する方もいて，水族館を後にしました。

　昼食は塩竈にある「武田の笹かまぼこ」にて，乾杯の音頭と共にビールと岩ガキを食べる方や，かまぼこ工場を熱心に見学される方，店内に展示された東日本大震災のパネルを見ながら5年前の記憶に想いを馳せる方など，各々の時間を過ごしました。

　午後からは塩竈鮮魚市場にて買い物をし，両手に大きな荷物を抱えて満足そうな様子が見られました。その後，塩竈神社へ足を運び，名所である「男坂」へ数名の方が挑戦，汗をにじませながらなんとか登り切り，帰りの車中では一日の想い出を語り合い，参加者の皆さんの笑顔が見られました。

参加者の声

- 一人暮らしなのでなかなか旅行をする機会もありませんでした。見たこともないところを見せていただいて本当に楽しかった。また機会があれば参加したいです。
- 最初は誰が参加するか分からず緊張していましたが，話をしてみると近所の方でした。車中も楽しく，大変良い気晴らしになりました。
- お酒や料理もおいしく大満足でした。男性同士気兼ねなく旅行ができてよかったです。

まとめと今後の課題

　体験利用の失敗を生かし，法人主体からとかみの会を通じて地域の人と共同で実施したことが今回の活動につながりました。参加者の様子からは，目的であった男性への楽しみや交流の場の創出といった部分について，一定の効果を得ることができたのではないかと感じています。

　今後のサロン活動としては，センターで行う餅つき大会でのつき手のボランティアとして参加してもらう予定です。地域の人が多数来館されるため，ぜひ皆の前でやってみようということになりました。今後は外出活動のほかにもセンターでのイベント参加など，男性が輝き，生きがいを感じていただけるような活動を地域の人と共同で進めていきたいと思います。

引用・参考文献
1）大橋謙策，白澤政和編：地域包括ケアの実践と展望―先進的地域の取り組みから学ぶ― 第3章，P.152，中央法規出版，2014.

社会福祉法人やまがた市民福祉会 特別養護老人ホームとかみ共生苑

施設紹介：特別養護老人ホーム（定員80人），ショートステイ（定員20人），デイサービス（定員30人），認知症対応型デイサービス（定員12人），ホームヘルプサービス，居宅介護支援（ケアプラン作成等），認知症高齢者グループホーム（定員18人），相談と交流の場とかみふれあいセンター
設立：1996年6月法人認可　　ホームページ：http://tokami.org　　職員数：130人
事業理念　1．ご利用者の人としての尊厳を守るとともに，基本的人権の徹底擁護に基づいた介護と援助を実践し，ノーマライゼーションを推進します。ご利用者は施設及び各事業所の主人公であって，その主体性と自律の意思を第一に尊重します。
　　　　　2．事業運営の基本的原則を民主主義と情報公開に置いて，ご利用者や施設の職員，家族会，協力共同にある団体などの声が運営に生かされて，広く地域社会に支えられた事業運営となるよう努めるものとします。

土田紘行　社会福祉法人やまがた市民福祉会　在宅サービス部　副主任

2001年4月特別養護老人ホームとかみ共生苑に入職。デイサービスでの介護職を経て，2014年よりふれあいセンターの職員として勤務。2016年3月より山形市の委託事業である介護予防・日常生活支援総合事業Cサービスの管理者を兼務。2016年4月より現職。

カフェ活動

多職種が集う
ケア・カフェせんだい

主催：ケア・カフェせんだい事務局　　活動地域：宮城県仙台市全域

地域の特徴：介護，福祉，医療各分野における施設設備が多く，同時に専門職と呼ばれる人口も多い。地域包括ケアシステム構築を目指しながら，地域連携への関心が高く，既存の研修や勉強会は多いが，専門職同士の支え合いを主とした取り組みは少ない。

- 活動時期：通年　　●実施頻度：2カ月に1回　　●活動場所：不定
- 開催時間：19：00〜21：00（2時間程度）　●1回あたりの参加者：50〜80人
- 活動予算：1,000〜3,000円　　　　　　●活動経費：3,000円
- 収支：年間で20,000円ほどの常備金を維持
- 初回活動までの準備期間：実働10日程度　　●定期活動の準備日数：実働10日程度

　まず「ケア・カフェ」とは何かについて，触れておく必要があります。「ケア・カフェ」についてはホームページが開設され，その中では次のように記されています。

> 　ケア・カフェでは，ジャズの流れるカフェのような雰囲気の中，コーヒーなどを飲みながら，4〜5人のグループに分かれてテーマに沿った会話を楽しみます。
> 　席替えをして話を深め，さらに内容を全員で共有し，いろいろな意見を持ち帰ることを目的にしています[1]。

　また，代表である阿部泰之氏が著した「ケア・カフェハンドブック」がダウンロードできるようになっており，その中では次のように記されています。

> 　「ケア・カフェ」は全く新しいコンセプトで行われる医療者・介護者・福祉者の集まりです。
> 　これは「カフェ」です。そうコーヒー片手にケーキやドーナツを食べながらおしゃべりをする，あのカフェ。（中略）さて，ケア・カフェで何をしていくかというと，それは顔の見える関係づくりと日頃のケアの相談場所の提供です。このありそうでなかった場を作るために，多少の戦略といくつかの工夫をもってケア・カフェを作っていきます[1]。

　簡単に言えば，一方的な研修会のスタイルとは違い，企画者と参加者が一体になっ

てつくる空間と時間が重要であり，お互いにつくっていくことを「相互扶助」と表現しています。ハンドブック内では，「お互い約束した訳ではないのに，各々が食べ物を持ち寄ったり…」「なんとなく相互に贈り合いをする関係性のなかでバランスを取っている」[1]と阿部氏は記しています。

　もちろん単なるおしゃべりではなく，「多少の戦略といくつかの工夫」がこのケア・カフェの肝と言えます。ケア・カフェでは，1990年代にアメリカで始まった「ワールド・カフェ」という話し合いの手法が用いられ，日々繰り返されるかしこまった会議での話し合いではなく，どんな人でもフラットにおしゃべりできるカフェのような気楽な雰囲気で，初対面の人たちが職業や立場を越えてアイディアを出しやすい場となっています。これがケア・カフェの敷居の低さや楽しさ，アイディアの多様性，そしてまた参加してみたい，やってみたいというモチベーションの核になっています。

ケア・カフェの主旨・目的

　これを踏まえて，仙台市で開催することになったのは，やはり「**あらゆるケアにかかわる専門職がケアされてもいいのではないか**」という考えからでした。実際，「地域連携」などと声高に言われていながら，ただの「飲み会」で終わってしまっている連携会議などが多く目についたことから，「**本当に連携に至る前段の『知り合い』になり，『共有・共感』するプロセスを仕組みとして機能させたい**」という想いに至りました。顔見知りになったからと言って連携が円滑化するものではなく，その中で人となりが分かり，何かを共同で創る作業を経て，初めて連携の形が見えると思います。

　このことからケア・カフェの考え方は，参加すること自体が，時間と空間を「創る」共同の作業であり，顔が見えるだけでは，それは単なる知り合いであって，相手の人となりを知り，共感することによって初めて人脈に変わっていくと考えています。そもそも定例の会議では，いつも同じメンバーで同じような議題，解決方針も同じような案…というマンネリが生じがちであり，発展性が望めない場合があるのではないでしょうか。

開催までの流れ

❶ コアメンバーを募る

　まず，「ケア・カフェ」を始めるには，この企画や主旨に賛同するメンバーを募る必要があります。いくら相互扶助と言っても限界があり，実際に進めるためには，しっかりした土台が必要です。

　「ケア・カフェせんだい」の場合，領域や職種にこだわらず募集しました。その結果，医療サービス領域からは，急性期病院の医師，医療機関の看護師をはじめ，介護

サービス領域からは、サ高住の施設長や介護職員、老健や特養の介護福祉士、相談員や介護支援専門員、教育領域からは専門学校の教員や大学の教授まで、多種多様なメンバーが15人ほど集まりました。

❷ 企画や作戦を立てる

コアメンバーが集まったら、重要なのは、ルーズになりすぎず、縛りすぎないことです。メンバーは、あくまでも本業を持っている専門職であり、その人たちが進めていくことを念頭に置きながら、参加者や運営側も含め、楽しい開催を続けていくための企画や作戦を立てることが必要です。毎回、興味を引く企画ばかりでは疲れるので、程よい頻度で興味・関心が向く企画を年間開催の合間に挟んでいきます。「ケア・カフェせんだい」では2～3回に一度、ディスカッションのみではなく、話題提供と題して各専門家による講話を盛り込み、その後のディスカッションにつないでいます。やはり参加者の中には、研修的な要素を望んでいる人も少なくないので、その声に応える形としました。これは参加者のニーズをよく知ったうえで盛り込む方がよいので、アンケートなどを実施して確認するとよいでしょう。ケア・カフェ仙台では、インターネット上でもアンケートを実施しており、参加する人が興味・関心を持てる内容や企画を心がけています。

❸ 場所の検討と広報

ワールド・カフェ方式と言っても万能ではなく、開催にあたって最も難関なのが、会場の確保です。これは開催にあたる地域や進め方によって随分ケースが違うので、明言することはできませんが、十分な広さと電源の確保ができ

ケア・カフェせんだいには多様な顔ぶれが集まる

大きなテーマでおしゃべりをする

模造紙に自由に書いてもらう

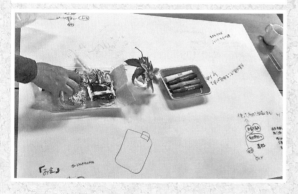

る会場だと，お茶やコーヒーなどを出しながら楽しめます。音響設備があるのが望ましく，進行上声が届かないといったことがないように心がけなければなりません。

広報については，毎回ポスターを作成し，配布しています。また，facebookでは参加者を募っています。参加費を徴収するかしないかは，その地域によって異なります。

❹ ケア・カフェの流れ

テーマ発表
概念的で，大きな意味で解釈が分かれる方が面白いです。

司会進行
進行は，主にマスターが行いますが，各テーブルにはテーブルホストを配置します。この２つの役割は，参加者を緊張させることなく，テーマに関するおしゃべりにつなげることが求められます。

みんなでおしゃべりをする
ワールド・カフェをベースとして進行するため，区切りごとにテーブルを移動し，席替えをしながらおしゃべりをします。

会場の雰囲気づくり
会場では立場や役職を意識させないため，名刺交換などは励行していません。

模造紙を見て回りながらの意見交換
各テーブルには，自由に落書きができるように模造紙が置かれているので，テーマにこだわらず落書きをしてもらいます。その後，参加者が各テーブルの模造紙を見て回り，これがきっかけとなり後の活発な意見交換（雑談）につながります。

❺ 開催後の調整

「ケア・カフェ」開催後はアンケートの回収や取りまとめを行うことと，企画調整が必要となります。参加者みんなで話し合うテーマを改めて設定する必要がありますが，その調整を行う際にアンケートに基づいて設定してもよいでしょう。

参加者の声

- 初めて参加させていただきます。石巻でも，ケア・カフェのような多職種連携の実現の足がかりとなるような企画を行いたいと考えていますのでスタッフの方々ともお話しをさせていただきたいです。
- 毎回，つながりをいただいています。
- いつも，素敵な出会いと新たな発見をありがとうございます。

まとめと今後の課題

多職種連携や地域の結びつきといった言葉が溢れている中で，難しいことを抜きにして，専門職が集まって息抜きをすればよいと思います。とはいっても専門職が集まれば，何かしらのアウトカムを出そうとする習性のようなものを利用することで，ケア・カフェせんだいの活動が続けられていると考えています。

勉強する場所はたくさんあり，でも楽しめる場所で刺激を受けながら時間を過ごせれば，専門職はそこから学ぼうとする姿勢があるはずです。

課題は，コアメンバーによる運営について，やはり本業との折り合いがつかない場合もあり，業務ではないので，転勤や転属によりメンバーが変わってしまうこともあります。そのためには縛らないといったユルい関係だけではなく，きちんとしたルール設定が必要です。それを遵守したうえでメンバーが知恵を出し合い，運営を楽しむことが必要です。

引用文献
1）医療者・介護者・福祉者のためのケア・カフェホームページ　http://www.carecafe-japan.com

加藤　誠　医療法人社団東北福祉会 **介護老人保健施設せんだんの丘**
統括部長

2000年4月より医療法人社団東北福祉会介護老人保健施設せんだんの丘に勤務。前職は相談指導員であったが，現場場には介護職として入職。その後，支援相談員を経て現職。地域の中で，居宅事業と施設事業の連動による在宅復帰支援・地域生活継続支援を理念とし，具体的な自立支援を提供。社会福祉士，介護支援専門員。

カフェ活動

運動以外の活動を主とした サロン活動

主催：医療法人社団東北福祉会 介護老人保健施設せんだんの丘
住所：宮城県仙台市青葉区国見ヶ丘
地域の特徴：仙台市の郊外にある住宅地。人口約7,000人（高齢化率26％超）。介護施設が多い地域だが，団塊の世代が多く，介護予防の意識は低い。

- 活動時期：通年　　● 実施頻度：週1回　　● 活動場所：介護予防通所介護せんだんの丘ぷらす
- 開催時間：13：30〜15：30（2時間：企画内容により変動あり）
- 対象者：近隣住民（徒歩，自家用車などご自身で来られる人）
- 1回あたりの参加者の人数：約20人　　● 活動予算：約50万円
- 活動経費：約20万円（サロン立ち上げ時に使用）
- 活動までの準備期間：サロン立ち上げまでの支援期間として半年程度

この活動は，次の2点を目的として実施しています。

①居場所や集まるきっかけを作り，「点」で存在している地域住民の関係性を「線」でつなぎ，住み慣れた地域で役割を発揮し，誰かの役に立ちながら暮らし続けることができる。

②自立した生活をしながらも，身体機能や認知機能が低下している地域住民に対し，早期から専門的な視点でかかわることで，活動から見える小さなリスクの芽に気づき，助言・早期解決・経過観察を行い，介護予防や認知症予防に対し寄与できる。

開催までの流れ

❶ 地域の声からサロン立ち上げの企画立案

現在まで，当施設は自主グループ立ち上げや仙台市予防事業など，運動を中心とした支援を数多く行ってきましたが，その中の参加者から「運動以外にも集まって楽しめる場や活動があると，もっと楽しみが増える」との意見が挙がったことから，「運動に偏らない多様な活動の場の提案」として，サロン立ち上げを検討しました。

サロン立ち上げにおいては，特に介護老人保健施設特有の多職種協働による支援が行えることも強みとして，進めていくことができるとも考えました。

❷ 施設内調整と地域連携

企画実現に向け，多職種での話し合いを重ね，内容・スケジュールなどを検討し，

予算は法人独自の地域支援事業費より確保し，必要時に決済という形をとりました。

さらに近隣町内会，地域包括支援センターにサロン開催の目的や主旨を説明し，対象と成り得る地域住民の情報提供・橋渡しを依頼し，双方より数人の紹介がありました。

❸ 開催までの準備と広報

前述のとおり，運動に偏らない多様な活動の場の提案として，現在まで，仙台市予防事業・予防通所介護事業・運動自主グループでかかわりのあった人，また，近隣町内会・地域包括支援センターからの情報をもとに，約40人に電話連絡を実施しました。

すでに地域で展開している運動自主グループに対し，新たな場所と活動ネタを提供していくことで，自主グループに戻った際にも主体性を継続できること，加えて，送迎の問題がないこと，以上の２点から，関係性があり集まりやすい場所として「介護予防通所介護せんだんの丘ぷらす」を開催場所としました。

特に平日で毎週行う方が大きな人員の変動がないため，介護保険事業枠以外の部分で水曜日を選定し，自主化に向け支援回数を決め，平日は普段の活動を行い（13回），月１回の土曜日（３回）はイベント的なかかわりを行いながら，活動にボリュームと活性化を持たせながら進めることにしました。

また，広報としては，全体説明会の前に，電話連絡でもサロンに関しての目的や主旨を説明し，ポスターは全体説明会の際に参加者へ提示しました。なお，準備物は開催前に，活動記録のためデジタルカメラを購入し，開催後は活動に必要な物品を随時購入しているため，参加者に持参してもらうものは特にありません。

❹ 当日の運営スケジュール

参加職員：６人：作業療法士３人，介護福祉士１人，歯科衛生士１人，介護支援専門員・社会福祉士（実務責任者）１人。
（活動状況に合わせ，理学療法士１人，作業療法士２人，介護職員１人，看護師１人がさらに参加。）

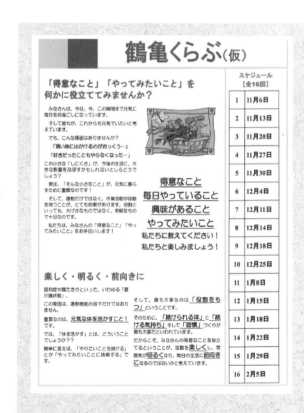

〈平日のスケジュール〉
- 13：30　開会の言葉
- 13：35　職員より活動に関する流れの説明
- 13：45　各グループに分かれて活動
- 15：15　各グループより振り返り
- 15：25　閉会の言葉
- 15：30　終了，参加者解散後ミーティング

〈イベント時のスケジュール〉
- 9：00　職員・買い物担当の参加者集合
　　　　　会場設営，買い物出発
- 10：00　調理グループ集合，調理開始
- 11：30　盛り付け開始
- 12：00　豚汁，おにぎりを振る舞う。各グループの発表と報告，懇親会
- 13：00　片付け，各グループに分かれて活動開始，もしくは終了

※各グループ活動開始時間は自由だが，昼食の時間は集まる。

《第一期：導入期》

　サロン活動当初，健康講話，基本情報シート記入，一日の生活スケジュール・嗜好調査などを実施。結果から，得意なこと・毎日やっていること・興味があること・やってみたいことなどをグラフ化・グループ化しました。

　そして，①「らくらくライフグループ（生活関連）」：料理・収納，②「わくわくライフグループ（興味関連）」：フラワーアレンジメント・編み物・絵手紙・フラダンス・デジタル活用，③「地域貢献グループ」をつくり，参加者に選択してもらい，内容・期間・必要物品の話し合いを実施し，やりたいことを優先し，活動グループ間の移動も認め，流動的に行うこととしました。

　職員は，ひとつの活動に対して1人を配置し，支援終了後も継続して主体的な活動への土壌づくりの段階ということを念頭に置き，提案・支援を一方的にするのではなく，側面的な支援・仕掛けを意識して行うようにかかわっていきました。

《第二期：活動の深まり》

　活動が進む中，1カ月に1回のイベントを盛り込んだことで，活動が具体化・活性化し，充実してきた結果，参加者からは，『地域の集まりでフラダンスを教え，地域の新年会で披露したい』『調理活動を継続して販売会も行いたい』との声が聞かれるようになり，特に調理活動では，イベントの際のお弁当販売や，施設見学に来た人への軽食の提供なども行い，販売で得た収入から次の活動時の食材費に当てるなどの活動を行うことができています。販売会のポスター作成や活動時の写真撮影に関しては，デジタル活用グループが担当し，イベント時には画像を流しながら活動の振り返りを行いました。

　この時期の職員は，全体を通し，参加者との関係性を築きながら，さまざまな活動やそこに生じる課題に対して，解決に向けて最も必要な専門性について適宜評価・助言をしながら進めていきました。

《第三期：中間報告会と活動の見直し》

　この頃になると，活動の定着や区切りの時期となり，各グループからの報告・発表を行い，今後の活動の見直しや方向性を検討すると，「同じ活動を継続する，ほかの活動の掛け持ちをしながら行う，生涯の趣味として獲得し終了する」などの選択をする人がいました。

《第四期：今後の方向性決め》

　職員の支援回数の終了が近づき，今後についての話し合いでは，活動で独立するグループ（フラダンス：ビデオを使用し練習継続）と，活動は選ばないもののサロン化して活動の継続希望をする参加者に分かれることになり，サロン立ち上げへと至りました。職員は数カ月間，体制人数を1〜3人ほどに減らしながらも活動の安定化に向

らくらくライフグループ：料理活動

わくわくライフグループ：フラダンス

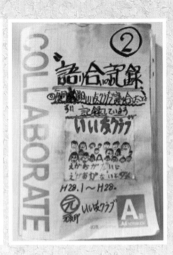

いい友クラブの活動状況

けて支援継続し，その中で，グループによって進め方が異なることや，関係性づくりの視点から，参加者間での緊急連絡網作成を提案しました。また，サロンの相談役代表を決定し，活動内容やまとめ方に悩む時に助言をするようにしていきました。

❺ 立ち上がった現在のサロンの活動状況

　現在，「元気印いい友クラブ」と名づけ，毎週水曜日に活動し3年が経過しました。おおよそのメンバーは固定しているものの，メンバーからの紹介で加わった人も数人います。すでに職員の介入はほとんどなく，参加者で年間計画を作成し，主体的なサロンとして立派に自立し活動的に運営されています。場所は継続してせんだんの丘ぷらすを開放しているため，職員は楽しそうに活動している参加者を見ながら，たまに活動に混ぜてもらったりイベントに招待してもらったりしています。

参加者の声

- 運動のグループには参加していたけれど，こういうグループも悪くないね。
- 集まることで，生まれる楽しさもあることを知った。
- 運動のグループには体の弱さを考えると行けないと思っていたけれど，こういう活動だと無理なく参加できてうれしい。
- 集まりに参加して，かかわりのなかった人とも交流するようになった。すごく楽しく活動できている。

まとめと今後の課題

　運動に偏りがちな自主グループが多い中，活動メインで継続できている「いい友ク

ラブ」は,「楽しく明るく元気よく」活動を継続することを何よりも大切にしています。何回か参加されない参加者を気遣ったり,電話連絡をし合いながら情報を共有したり,得意なことや得た情報を教え合ったりと,自助・互助の関係性が確立されているようです。さらに,当施設のイベントで活躍してもらう場面も多々あり,地域で活躍できる人材が増えたということにもつながっています。まさに,点から線へのつながりへと変化し,役割や誰かの役に立ちながら地域で暮らしていくということにふさわしく,現在までこのような形で継続できているこのグループは,「すばらしい財産」と言えます。

　筆者は,この地域住民との出会いと活動の中での発見で,地域住民のひとりが先生として行っているお茶の教室に通わせてもらっています。「若い人にこそ知ってもらいたい。静と動の趣味を持つといいよ」とアドバイスを受け,月に1～2回実践の場で学び,とても貴重な機会を得ています。また,ほかの職員も,地域のソフトボールクラブに所属するなど,地域の人との出会いと交流から広がっていく世界は測り知れなく,とても楽しく思います。

　活動を通し,職員との関係性もでき,近所や家族で困っている人の身体的・認知的な相談,自身の体や生活への不安など,随時解決に向けて早期から対応でき,「よろず相談所」となることも老健の役割として発揮できていると考えます。また,活動を通し,3年前と比較して,「味付けは変わらないか」「動き方,歩き方はどうか」「周囲との協調を取ることができているか」など,私たち職員は活動に参加しなくとも,早期から小さなリスクの芽を摘み取るという点では,こっそりと評価を行い続けていることができています。何年か後も活動を続け,さらに深まっていく「いい友クラブ」を今後も見守っていきたいと思います。

医療法人社団東北福祉会 介護老人保健施設せんだんの丘

施設紹介：入所・短期入所,通所リハビリテーション,福祉用具貸与事業,指定訪問看護ステーション,指定居宅支援事業所,ホームヘルパーステーション24,定期巡回・随時対応型訪問介護看護,サテライト施設として介護予防通所介護せんだんの丘ぷらす

設立：2000年4月　　職員数：6人　　法人理念：総合的なリハビリテーションの実践

佐藤ゆう子　医療法人社団東北福祉会 介護予防通所介護せんだんの丘ぷらす
作業療法士

回復期病院,当施設通所リハビリテーションでの実践を経て,せんだんの丘ぷらすに所属。通所介護事業に限らず,介護予防・地域支援にかかわる作業療法士として,積極的に活動中。

> 障がいサービス

コミュニティサロンを活用した発達障がい児支援

主催：社会福祉法人四天王寺福祉事業団　四天王寺悲田院　　**住所**：大阪府羽曳野市学園前

地域の特徴：羽曳野市の人口は約11万人で14の小学校区に分かれている。発達障がいの診断を受ける子どもたちが増加傾向にある一方、そのような子どもたちが地域の中で安心して社会参加できる社会資源が不足している。

- 活動期間：通年　　●実施頻度：月1回
- 活動場所：四天王寺悲田院ケアプランセンター建物1階　　●開催時間：16：00〜17：00
- 対象者：発達障がいのある小学生（放課後等デイサービス事業利用）
- 1回あたりの参加者の人数：約10人（発達障がいのある小学生）
- 活動までの準備期間：約6カ月

　四天王寺悲田院では、地域支援係という部署を設置しており、専任のコミュニティソーシャルワーカー（以下、CSW）がボランティアコーディネーターも兼ねながら、高齢、障がい、子育てなどさまざまな分野の総合相談窓口（ワンストップ）として機能しています。

　この活動は、そんな地域支援係が中心となり、当院で実施されている地域主体のコミュニティサロン「喫茶ひだまり」（以下、ひだまり）と、当院放課後等デイサービス事業を利用する発達障がい児との交流から生まれた、社会参加のための学習支援と世代間交流を目的とした取り組みです。

開催までの流れ

❶ 地域の発達障がいにかかわる人のニーズと企画の立案

　当院は複合施設であり、高齢、障がい、保育などの事業所にそれぞれ地域の窓口となる相談員が配置されており、毎月1回、地域支援担当者会議という連絡会議を実施しています。

　事務局を施設の総合相談窓口である地域支援係が担い、各事業（分野）で課題と思われる地域ニーズや、事業の進捗状況などを共有しながら連携を図っています。

　今回の活動は、そんな地域支援担当者会議での情報がきっかけとなって始まりました。それは「障がいのある子どもが地域の喫茶店を利用するために、どこかで模擬的な喫茶体験ができるような場所が欲しい」という、発達障がいのある小学生を持つ保護者からの声でした。

この情報がきっかけとなり，ある企画を提案してみます。それは当時，筆者自身がCSWとして活動支援をしていた，当院施設の建物一部を地域に開放してできた地域主体の喫茶型コミュニティサロン「ひだまり」とのコラボ企画でした。

　ひだまりのコンセプトは「誰もが気軽に集まれる居場所づくり」であり，世代間交流もその目的の一つでしたが，実際のところは子どもたちが集まれる居場所にまでは至っていなかったのが現状でした。そこで，どうにかしてこの2つのニーズから，発達障がい児の社会参加を目的とした学習支援と，世代間交流の場という新たな社会資源の開発ができないものかと考えました。

❷ ひだまりのボランティアの声と勉強会の開催

　この企画を進めるにあたり，まずは発達障がい児の保護者から挙がった声を，ひだまりのボランティア代表（当時，民生委員長）に相談してみました。代表からは「ひだまりに来てもらうことはうれしいけれど，発達障がいのことについて，もう少し勉強しないと不安がある」という問題提起をもらいました。確かに，この当時は「高齢」をテーマにした勉強会などは地域の中で多く開催されていましたが，障がい分野についての勉強会などはほとんど開催されていませんでした。

　そこで，当院の児童発達支援センターに依頼をかけ，地域住民とひだまりボランティアを対象に，障がいをテーマにした勉強会と施設見学会を企画しました。

　勉強会当日は多くの人に参加をしてもらい，質疑応答の時間では活発な意見交換の場面も見られました。参加者からは「発達障がいについての誤った認識があった」などの声が多く，同じ地域住民としてどんな支援ができるのかなどを一緒に考える機会にもなりました。

❸ 実施するまでのさまざまな問題と調整

　勉強会終了後，再び今回のコラボ企画について準備を進めましたが，ここでいくつかの問題が発生します。まずは，人の問題です。今回の企画を実現するためには，放課後等デイサービス事業の開始時間の都合上，ひだまりの営業時間を1時間延長する必要がありました。

　しかし，17時までの営業となるとボランティアへの負担が増してしまい，継続した活動が困難になります。そこで，近隣大学で保育や福祉を専攻している学生を中心にボランティアの呼びかけを行いました。企画の趣旨を伝えると，大学の教員なども協力をしてくれることになり，予想以上の学生ボランティア確保につながりました。

そして，次に問題になったのは活動内容です。「子どもたちには不特定多数の人とコミュニケーションや活動を通して，さまざまな社会経験を積んでほしい」という事業本来の目的に対し，単にジュースなどを飲むだけでは，子どもたちの個別支援計画として不十分な内容ではないかという疑問が生まれたのです。

❹ ボランティア団体などとの連携

そこで，市の社会福祉協議会（以下，市社協）にも協力を呼びかけると，すぐに子どもたちに昔遊びなどを教えてくれるボランティア団体を紹介してもらえました。

そのほかにも，子どもたちへの支援の協力者を募っていたところ，当院のケアマネジャーからは「担当している利用者の家族が，支援学校などで子どもたちに折り紙工作を教えている」との情報を教えてもらいました。すぐにその人にアポイントを取り，企画の趣旨を伝えたところ，快く引き受けてもらえました。

こうした働きかけもあり，喫茶後に昔遊びや折り紙工作といった幅広いプログラムを組むことができ，子どもたちへのアプローチ手段も多様化されていきました。

❺ 当日の運営と活動の紹介

〈スケジュール〉

14：00～　喫茶ひだまり開始
16：00～　発達障がいのある子どもたちの喫茶体験
　　　　　・喫茶で好きなジュースなどを注文（お会計も自分で行う），談話
16：30～　さまざまなボランティア（昔遊び・折り紙工作）による活動支援
　　　　　・子どもたちと一緒に遊びを通じて世代間交流を行う
17：00　　終了・片付け

14時に通常のひだまり活動が始まり，16時頃には放課後等デイサービス事業の職員と一緒に，発達障がいのある子どもたちがひだまりに集まってきます。子どもたちは，まず自分たちでお金を支払って好きな飲み物を注文していきます。この時，自分が希望する飲み物が売り切れなどで注文ができないことで，次に飲みたい物を選ぶという行為になかなか移せない子どももいます。そうした子どもたちも，喫茶体験などから状況に応じた対応を少しずつ身につけていきます。

そして，飲み物とお菓子が運ばれてくると地域住民や学生ボランティア，お友達などと一緒にテーブルを囲みながら，喫茶での談話時間を楽しみます。

喫茶後には，月替わりで昔遊びや折り紙工作のボランティアが，子どもたちに飽き

折り紙工作などを通じて世代間交流・活動支援を行う

ることのない活動プログラムを提供してくれています。子どもたちだけでは難しい作業の時には，大学生のお兄ちゃんやお姉ちゃんが優しく手伝ってくれ，作品ができ上がれば時間いっぱいまで遊んでいます。

その場にすぐ馴染めない子どもなどには，職員が適宜介入をし，子どもたちやボランティアなどが抱える不安を軽減しています。

❻ 継続性のあるプログラムの構築

この活動は，現在も定期的な活動として毎月1回実施しています。発達障がいのある子どもたちが社会経験を積めるような居場所づくりとして始まった企画でしたが，現在ではひだまりに集まる地域住民，学生などにとっても多くの学びの場となっています。

この活動を継続していくための工夫として，昔遊びや折り紙工作ボランティアの来所日を年間でシフト調整し，都合の悪い時などにはお互いにフォローし合える体制を整えました。

また，その日のフィードバックを適宜行える工夫として，ボランティア活動の記録用紙（日誌）を作成しました。ボランティアにはその日の気づきや要望などを，記録用紙に記入してもらい，施設職員やほかのボランティア同士との情報共有ツールとして活用しています。

参加者の声

- 「発達障がい」という言葉に身構えていたが，実際のかかわりからイメージが大きく変わった。（喫茶ボランティア）
- 子どもたちは可愛いし，一緒に遊ぶ中で「障がい」についてもっと学びたいと思えた。（学生ボランティア）

- おもしろいし，ジュースもおいしい。また次も何か一緒に作りたい。(発達障がいのある小学生)
- おじちゃんとかおばちゃん(店員さん)がみんな優しい。はさみを使って工作とかもした！　楽しかったです。(発達障がいのある小学生)
- めっちゃ楽しい！　お菓子を食べたり，ジュースを飲んだりできる。折り紙とか，制作とかも教えてもらえるで！(発達障がいのある小学生)

まとめと今後の課題

　この活動は，複合施設という強みを活かし，各事業(分野)からのアウトリーチから地域ニーズを発見し，その情報を一事業所だけで留めるのではなく，施設全体で共有することで実現できた取り組みだと思います。

　また，施設内調整だけでなく外部の関係機関などにも目を向けたことにより，発達障がいのある子どもたちは不特定多数の人と接する機会が増え，そのアプローチ方法も多様化されました。子どもたちを支援する地域住民にとっても「障がい」という分野について改めて考える機会となり，少しずつではありますが障がい分野などへの興味・関心が高まったように感じます。今後は，発達障がいのある子どもたちへの支援も継続をしていきながら，その子どもたちを支える保護者向けにも，何か新たな支援ができないかと考えています。

社会福祉法人四天王寺福祉事業団　四天王寺悲田院

施設紹介：養護老人ホーム(420人)，特別養護老人ホーム(100人)，ショートステイ(8人)，通所介護(49人)，通所リハビリ(40人)，認知症対応型通所介護(22人)，訪問介護，訪問看護(リハビリ)，居宅介護支援事業所など
保育園(130人)，一時保育(20人)，学童保育(60人)，子育て支援センター，児童発達支援センター(100人)，放課後等デイサービス(10人)，地域活動支援センターなど

設立：1937年5月　　職員数：約480人　　ホームページ：http://www.shitennoji-fukushi.jp/

法人理念：社会福祉法人四天王寺福祉事業団　宣言
1. 私たちは四天王寺開祖聖徳太子が帰依された仏教の精神に基き人の幸せをよろこびとして福祉社会の実現を目指します。
2. 私たちは良質で信頼されるサービスを誠実に提供し安心して暮らせる地域づくりに貢献します。
3. 私たちは人の尊厳と主体的な生活を守るとともに常に安全なサービス提供に努めます。

大野真太郎　社会福祉法人四天王寺福祉事業団
　　　　　　　　四天王寺社会福祉研修センター　事務主任

2008年に社会福祉法人四天王寺福祉事業団に入社。四天王寺悲田院特別養護老人ホーム，デイセンター，地域支援係(コミュニティソーシャルワーカー・介護支援専門員)を経て，2016年より四天王寺社会福祉研修センター事務主任に就任。現在は，法人内職員を対象としたキャリア形成のための研修を模索中。そのほか，公益社団法人大阪社会福祉士会南河内支部長を務める。

> 障がいサービス

地域で一緒に働けることを目指した障害者就労支援
—白十字就労支援プロジェクト

主催：社会福祉法人白十字会白十字ホーム　　**住所**：東京都東村山市

地域の特徴：東京都東村山市は新宿から電車で30分の距離にあり，埼玉県所沢市に隣接している。人口は150,780人で，65歳以上人口は25.9％となっている（2016年10月現在）。企業や工場が少なく，公団や都営住宅が多くあり，近年は畑や山林の宅地化が進み戸建て住宅が増えている。

- **活動時期**：通年　　●**活動場所**：白十字ホーム
- **対象者**：就労支援室や作業所などの紹介により，働きづらさを抱えている人

　地域にある高齢者福祉施設が持つ役割として，障害を持つ人たちが仕事をする場所，地域の中で当たり前に一緒に働くことができる場所になることを目指し，白十字就労支援プロジェクトを立ち上げました。市内の障害者ネットワーク，障害者就労支援センターとの協働活動です。重度の障害者の人たちの福祉的就労支援のプログラムを中心に，一般就労につなげる中間就労型のプログラムにも取り組んでいます。

開催までの流れ

❶ 白十字就労支援プロジェクトのきっかけ

　当施設における障害者就労支援の始まりは，2004年に市内にあるNPO法人とシーツ交換の委託業務契約を行ったことでした。障害者の就労支援であると共に，それまで職員が行っていたシーツ交換業務を委託することで，利用者のケアにかかわる時間の増加につながりました。

　その後は，頭では誰もが一緒に働ける機会をと考えていても，実際にはどのようにそれを支えていくのか実現できないまま月日が流れていました。そのような中，当施設の食器洗浄パート募集の折込広告を出したある日のこと，広告を見た地域の作業所職員から，作業所に所属する人が働けないかという申し出がありました。その件について現場と相談をしたところ，かつて重度心身障害者施設にいた職員から，利用者の車いすやベッド周りの清掃をしてもらえないかと提案がありました。

❷ 白十字就労支援プロジェクトの立ち上げ

　作業所の職員のサポートと，まじめにきちんと仕事をしてくれる様子や利用者との交流を通じて，私たち職員の受け止め方は変化しました。加えて当施設のボランティアから，障害者自身はもとより，家族にとっても働く場の大切さとその機会をつくるために，東村山福祉ネットワーク※と相談したらどうかとの助言がありました。

　そして，2008年より東村山福祉ネットワークと，障害者の仕事について話し合いの機会をつくることになりました。その後，東村山市障害者就労支援室のスタッフも加わり，ほぼ毎月，時には月に何度か集まりを持つようになったことから，白十字就労支援プロジェクトを立ち上げることになりました。

※東村山福祉ネットワーク⇒市内の障害者施設団体やグループの相互連携を目指して活動している。どのような障害があっても安心して暮らし，住み続けることができるために，市内の福祉関係団体等から構成される当事者主体の連携づくりをしている会

❸ 業務の切り出し

　前述のシーツ交換や車いす・ベッド周りの清掃同様に，職員が行っている業務の中で障害者でも担える作業を検討しました。その結果，利用者が食べ終わった食器の下膳作業について試してみることになりました。

　また，普段なかなか職員の手がまわらないベランダにあるプランターの花植えと花の水やりについても，障害者の人に作業をしてもらうことを検討しました。

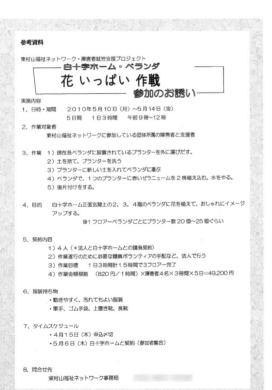

❹ 就労受け入れ準備

　白十字ホームの受け入れ担当職員と福祉ネットワークの幹事事業所や参加団体の職員とで，事前に就労希望者のプロフィール，障害特性や配慮点，作業スキルや就労への意欲などについて確認をします。そして，本人に合った実習プログラムを作成します。しかし，いくらシミュレーションしてみても，実際にやってみなければ分かりません。そこで，就労の前に職場体験実習を行うことにしました。障害者にも就労へのイメージや働く実感がつかめ，職場がどのようなところか知ることで，

就労するための準備にもなります。受け入れ側も障害者にとっても、就労前に実習を通じてお互いを知る機会を設けることはとても大切だと思います。

　食器の下膳作業については、1週間ほど就労支援室の相談員や事業所の支援員がマンツーマンで付き添い、白十字ホームの受け入れ担当職員が下膳業務についての仕事を教えていきます。その後、就労に向けて本人と面談を行います。就労支援室や事業所職員が同席のもと、就労時間や就労内容、賃金などを記載した書類について本人に説明し、了解の上、雇用契約を行います。

　また、受け入れにあたってとても大切なことは、職場内への周知徹底です。障害のある人と一緒に働いた経験のない職員にとっては、障害者の就労受け入れに不安があります。プライバシーの問題でどこまで伝えるかの課題はありますが、障害者が働くためには周囲の理解が欠かせません。かかわりを持つ職員には、配慮してほしい情報や知っておいてほしい情報を正しく伝えます。

5 就労の一日の流れ

　ここでは、「下膳作業」「水やり作業」の流れを紹介します。

〈下膳作業（午前1人・午後1人）〉
場所：白十字ホーム1号館2～4階の食堂　　実施日：月～金曜日
時間：8：30～10：30, 12：30～14：30
作業手順：当施設に着いたらタイムカードを押し、所定のロッカーにて着替え、手洗い、うがいをしてもらいます。そして、事務所に挨拶をして作業場へエレベーターで向かいます。そこで、食堂から下げられた食事後の食器を洗浄に出すための残飯除去、食器分別をします。
準備：①食器桶、残飯桶の所定場所設置、②作業台車のセット
整理：①食器の残飯廃棄、②食器の分別、③桶がいっぱいになったら台車に移動し、別の桶の設置
片付け：シンク周りの掃除、別の食器類、エプロン、布巾などの洗い、簡易な掃除

〈水やり作業〉
実施日時：週に2回、火曜日「1号館」、金曜日「2号館」各2時間程度
参加団体：5団体
作業手順：・職員通用口から入り、上履きに履き替える。外履きは袋などに入れて持って中に入る
　　　　　・手洗い、うがいをする

花の水やり作業	食器の下膳作業

- 事務所に声をかけて，鍵を受け取り作業に入る
- 階段で2階に行って，外履きを置き，台車に乗ったポリバケツ（中にほうき，ちりとり，ビニール袋，ホースが入っている）を押して，水汲みをして作業開始
- 水をポリバケツに40リットルほど入れて，各植木鉢に2〜4杯ほど水やりをする
- 何人かは，ほうき，ちりとり，ビニール袋を持ってベランダの掃除を行う（雑草取り，枯れた花の摘み取りなど）
- 2階から順に4階まで行う
- 作業が終了したら2階に戻り，元の位置に台車一式を置く
- 事務所に終了の声をかけて，鍵を返す
- 靴を履き替えて，職員通用口から出て，外のゴミ捨て場にゴミを捨てて終了

参加者の声

- 以前作業所で一緒だった○○さん（現当施設入所者）にも会えるし，ホームの人たちからも「ありがとね」と言われてうれしいです。ずーっと元気に水やりをやりたいです。
- お年寄りが大変なので，私たちが水をあげたり花が咲いたらきれいだと思うから楽しいです。

まとめと今後の課題

白十字就労支援プロジェクトがスタートした頃の上記内容に加え，現在の就労支援

の状況について紹介します。シーツ交換・花植え・水やり・雑草とりの業務委託のほかに，食器下膳作業が3人，車いす・ベッド周辺清掃作業が2人，食器洗浄作業が1人，手すり拭きと洗濯物配り作業が1人の計7人を就労支援室等の紹介により直接雇用しています。その中には，法定雇用率のカウントにならない，障害者手帳を持たない人もいます。

　また，2016年には，市の生活困窮者自立支援法に基づく就労支援室も白十字就労支援プロジェクトに加わりました。法定雇用率のカウントになるかならないか，障害者手帳があるかどうかは関係なく，人にかかわるスキルを持った対人援助を生業とする専門職が従事している私たちの職場は，地域で働きづらさを抱え苦しんでいる人への就労支援を担える可能性があると思い，障害者の就労支援のみならず，中間就労型プログラムにも取り組んでいます。

　もちろん，順風満帆というわけではありませんが，それでも多様な人を受け入れる職場の雰囲気を絶やさずにいることが，今後も就労支援を行っていく中で大事なことだと思います。また，就労支援をしていて思うことは，多様な人を受け入れる機会を持つことで，職場を見直すきっかけになると共に，障害のあるなしにかかわらず，すべての職員にとっても働きやすい職場づくりにつながるものだと感じています。

　今後も関係団体と連携を図りながら，経験を積み重ねて，よりよい就労支援が行えるようにしていきたいと思います。

社会福祉法人 白十字会

　1911年2月東京で設立。結核予防・医療事業に取り組む。虚弱児童の寄宿制小学校開設（現在の特別支援学校）。1930年代に茨城県鹿島と東京都東村山に療養所開設。1960年代から地域医療に取り組む。1972年東村山市委託で公的な訪問看護を開始。医師会と「老人保健福祉事業」開始（1978年市社協事業化）。白十字ホームを含む市内3町をモデル地区として活動を展開。

施設紹介：特別養護老人ホーム白十字ホーム
　　　　　短期入所生活介護（12人），通所介護事業所（認知症対応型含む）を併設。キャンパス内には病院，老人保健施設，居宅介護支援事業所，地域包括支援センター，訪問介護事業所，訪問看護事業所（定期巡回随時訪問介護看護を併せて実施）がある。

設立：1967年　　定員：170人　　平均要介護度：3.8　　平均年齢：87歳
職員数：184人　　ボランティア活動状況：登録360人（団体含む），延べ約5,000人（年間）
ホームページ：http://www.hakujuji-home.jp/

鈴木剛士　社会福祉法人白十字会　運営管理担当部長

1999年特別養護老人ホーム白十字ホームに介護職として入職。2001年から生活相談員として勤務。2014年運営管理担当部長となり，現在に至る。
社会福祉士，介護支援専門員。

> 障がいサービス

障害を持つ子どもと家族が交流を図れる場
―ぷれいるーむらっこ

主催：NPO法人福祉コミュニティ大田　　**住所**：東京都大田区蒲田本町

地域の特徴：東京都大田区は71万人を超える人口を抱えている。蒲田地区は区内4地域の中でも人口の多い地域で，高齢化率，独居率も高くなっている。蒲田本町はJR蒲田駅から徒歩7分程度，旧住民が多く，地域の祭礼や町会活動は盛んだが，マンションが増加し年齢の若い新住民は町会活動などに参加しない。

- **活動時期**：通年　　●**実施頻度**：2カ月に1回
- **活動場所**：NPO法人福祉コミュニティ大田　通所介護事業所デイサービス リビングらっこ さぽーとぴあ（大田区障がい者総合サポートセンター）集会室，その他
- **開催時間**：10：00～15：00（開催内容によって変則）
- **対象者**：基本は地域住民だが，事実上障がい児，障がい者，その家族，ボランティア
- **1回あたりの参加者の人数**：20～30人　　●**活動予算**：参加費でまかなうため予算組なし
- **活動経費**：0円（開催した催事にかかった費用を参加者人数で割って参加費として徴収）
- **収支**：0円　　●**活動までの準備期間**：活動内容によって差異はあるが1カ月間

＊おおやけの呼称としての障害を除き，私たちのNPO法人では障害者・児の害の字はひらいています。

　2000年，当法人設立当初より，土日休業の小規模デイサービスのスペースを利用して，法人の理念に基づき，地域の誰もが利用できるプログラムの検討を行っていました。ある時，当法人の会員友人から，障がい児の発達支援に使用していた玩具などの寄付を受けたことをきっかけに，「おもちゃで遊ぼ！　みんなで遊ぼ！」と題した，おもちゃ図書館のようなおもちゃ貸し出し活動や子育ての相談などを，当法人理事と臨床心理士がボランティアで月1回，毎月開催することにしました。

―――――― **開催までの流れ** ――――――

① 地域の障がいを持つ子どもと親のニーズ

　開所から3年目頃，脳こうそくの後遺症を持つ幼児と両親がやってきました。当時，幼児のリハビリを行っている病院はほとんどなく，両親は障がいのある子どもを抱えて，まだ，そのことを受け止めきれていない状況でした。そこで，デイサービス開所当時から利用者のための体操指導を担当してもらっていた理学療法士が参加して，その子に遊びを通して，両親と一緒にリハビリを行う場となり，半年後，その子と両親

が卒業していきました。

やがて，口コミで，同じような障がい児を持つ親子が立ち寄るようになり，臨床心理士の参加も得て，子どもの発達の心配や相談を受けることが多くなっていきました。例えば，就学時の学校生活への不安の相談，発達や障がいに心配のある親同士の情報交換や交流の場，子ども同士での遊び場となっていきました。

❷ 誰でも一緒に楽しめるプログラムの検討

2006年に開業した訪問介護事業の障がい者サービスで出会った人たちのニーズや要望と，地域の障がいを持つ当事者や家族が，「どのような支援を必要としているのか？」「どのような支援があれば，障がいを持つ人々が，みんなと同じように，当たり前の生活を実現できるのか？」を中心に検討を重ねました。

その結果，障がいがあろうとなかろうと，男も女も，子どもも年寄りも一緒に楽しめるプログラムを開催しようということになりました。実際には障がいのある人やその家族が中心になって楽しめるよう企画しています。参加者は小学生の子どもから，施設に通所している人，就労している人，在宅の人など，年齢的にも幅広く，障がいの種別を問わないので，知的障害，身体障害，重度心身障害の人々が一堂に会して，自然に役割分担しながら，2カ月に1回，一緒に活動しています。

❸ 年間計画の企画

当法人の訪問介護事業の管理者と職員，障害者相談支援事業所の相談支援員が中心となり企画・準備を行い，当日はボランティアで参加する職員と，障がい当事者の移動を支援する職員が運営を行います。そして，担当する職員で，従来実施してきたプログラムの中で，利用者に好評であったり，もっとやってほしいとの要望が強いプログラムを中心に，季節感を感じられるものや外部活動を考慮しながら年間計画を作成しています。その年間計画に基づき，開催月の1～2カ月前から，「ぷれいるーむらっこ」担当スタッフの声かけで会議を設定し，プログラム内容について検討（予算，場所，準備内容，役割分担など）し，活動内容に合わせて，参加者一人ひとりの特性に合わせた具体的取り組み方の検討とタイムスケジュールを確認していきます。

❹ 広報と事前準備

プログラムなど年間計画が決まったら，その都度利用者に「お知らせ」の配布と参加の確認をします。さらに開催場所の確保と，借用品の準備をします。開催場所は，

大田区障がい者総合サポートセンターの集会室を利用したり，当法人のデイサービススペースを利用したりしています。そして，必要物品を購入し，必要があれば事前に予行練習も行います。

さらに，参加予定者の介助者（ボランティア）の確認と，介助するにあたっての注意点などを確認します。場面によっては，2人介助が必要な利用者がいるため，複数人で相互に介助を補い合えるような体制づくりに配慮します。

⑤ 開催当日のスケジュール

開催当日は，直接会場に来所したり，参加者の自宅まで移動支援者（障がい者サービス利用）が迎えに伺ったりして，皆さん集合します。来所順に参加者名簿に記入し，参加費を支払ってもらい，必要に応じてトイレや水分補給をします。そして，利用者それぞれが，介助ボランティアと一緒に活動を開始し，利用者の疲労や緊張具合を常に把握しながら，利用者のペースに合わせ，楽しめるように配慮しながら進めていきます。

これまでは，クリスマス会，縁日祭り，そうめん流し，共生共走マラソンへの参加，障がい者施設の見学，ボッチャ，卓球，風船バレー，ボウリング，リズム運動，お花見など，季節を感じられる企画を行ってきました。一人ひとりが自分でできる場面を増やしながら楽しめ，かつやれることは自信を持って取り組めるように支援しています。

ここでは，デイサービスのスペースで実施したクリスマス会の各担当者の役割，スケジュールを紹介します。

〈12月恒例のクリスマス会　スタッフの役割：参加者25人〉

司会進行：1人　　司会進行補佐：1人　　記録／写真：1～2人
利用者の介助：8～10人　　会計：1人　　その他（雑務）：1～2人

春，お花見行事が終わってから，卒業・進学などの利用者をみんなでお祝い

介助を受けながらケーキづくりに挑戦

〈スケジュール〉
- 10:30　スタッフ集合　1日の流れや担当について最終確認，室内飾り付け，テーブルセッティング
- 11:30　送迎出発　ケーキづくりの道具，材料の準備
- 12:30　利用者来所　名前の記入，会費納入，トイレ，水分補給，手洗いなどの準備
- 13:00　利用者自己紹介
- 13:15　作業の手順の説明
- 13:20　ケーキの材料を各テーブルに配る
- 13:25　全員でケーキづくりの作業開始
- 14:00　各テーブルででき上がったケーキを見せながら，感想を含めて発表し合う
- 14:10　各テーブルを片付け，ケーキをカットし，皿に取り分ける。お茶を準備する
- 14:15　お茶タイム。クリスマスソングをかける
- 15:00　各テーブルの片付け　利用者ごとにトイレ，水分補給を行う
- 15:30　帰宅準備
- 15:45　終わりの挨拶，参加者から感想を聞く
- 16:00　帰宅，送迎開始

活動の効果

- 障がいのある人が気軽に遊びに行ける場として機能している。
- 年齢や障害種別の異なる人たちが一堂に会して，交流が図れる。
- ボランタリーに参加している介助者にとっては，いろいろなタイプの障がい者と出会えることで，介護技術の研修の場となる。
- 活動に参加しながら，相談の場ともなっている。
- お互いの特性を理解し，相互に助け合っている。例えば，知的障害の人が車いすを押して移動を助けたり，脳性麻痺の人が知的障害の人と一緒に相手の立場に立ち，話し相手になったり，小さい子の遊び相手になったりする。
- ボランタリーに参加している家族には，障害のある人と触れ合う機会となっている。
- 生まれて初めて電車に乗ったという障がい者や，自宅と学校や施設以外の場所に初めて行ったという利用者もいる。
- 利用者同士の仲間意識が生まれ，会の様子を聞いた家族がつながり，家族同士の関係に広がっている。
- 利用者自身のやりがいや，職場や施設，学校以外の場で楽しみながら，主体的にかかわれること・やりたいことを実現できる場となっている。

参加者の声

- 楽しい！　もっとたくさんやってほしい。
- みんなでキャンプをやりたい。
- みんなで作って食べた。おいしかった。もっといろいろな料理に挑戦したい。

まとめと今後の課題

　毎回，参加希望者が増えていますが，次に挙げるようないくつかのハードルがあり，全体の規模は広げられないと考えています。

- 介助が必要なため，サービス支援者・ボランティアが不足している。
- ボランティアには交通費実費を支払いたいが，予算的には困難な状況。

　小学校の校庭など，地域の社会資源の利用で活動内容に広がりができる可能性もありますが，実現には準備が必要で，地域の他事業所との連携の必要性や一事業所内の取り組みの限界も感じています。

　しかし，障害当事者ばかりでなく本来の目的に沿った誰もが参加できる場にしていきたいと考えており，実際に幼児を含む職員家族の参加が時折あり，障害当事者にとっても，健常者である職員家族も互いに刺激を受け合っている様子が見られます。かかわっているスタッフは，限られた条件の中でも，もっとこうしてみたい，挑戦できることは何かなど夢を膨らませており，楽しみにしてくれる利用者と共に育っていく職員の様子はとても微笑ましいと感じており，今後も継続的に続けていきたいと思います。

NPO法人 福祉コミュニティ大田

施設紹介：通所介護事業
　　　　　併設―訪問介護事業（介護保険・障害福祉サービス），居宅介護支援事業，障害者相談支援事業
設立：1999年10月29日　　職員数：常勤15人，非常勤7人，登録ヘルパー20人
ホームページ：http://racco-npo.org/
法人理念：健やかに，安全で，快適な生活の場が誰にとっても必要です。それを創るのは私たち自身です。―様々な人の知恵と力，感受性，創造する力，くらしの知恵，を合わせ―地域の中に誰もが参加できる生活の場を創るために集まりました。

浜　洋子　NPO法人福祉コミュニティ大田　代表

地域の仲間と共にNPO法人を立ち上げ，介護保険事業，障害福祉サービスの提供を行う。現在主任介護支援専門員。NPO法人大田区介護支援専門員連絡会理事長として，地域活動の盛んな大田区でおおた区民活動団体連絡会共同代表としても活動。大田区保健福祉計画推進会議委員。

> 障がいサービス

子どものしたいことを引き出す放課後等デイサービス・児童発達支援

主催：一般社団法人こもれび じぇるむ　　**住所**：大阪市西区南堀江

地域の特徴：おしゃれなカフェや衣服店が立ち並ぶセンスのいい若者向けのショップが多い地域。20時にはほとんどの店が閉まるため夜は静か。高齢化率は全国26.0％（2014年）や大阪市24.9％（2014年）と比べて16.2％（2014年）と低く，人口は増えている。タワーマンションが毎年のように新築され，流入人口が多い。

- **活動時期**：通年　●**実施頻度**：毎週月～金曜日。日・祝・お盆・年末年始は休日
- **活動場所**：ビルの2階部分　●**活動時間**：9：30～12：30，14：00～17：30
- **対象者**：身体障がい者手帳，療育手帳，精神障害者保健福祉手帳を持っている子どもなどが市役所担当課に申請し，障害児通所支援受給者証の交付を受けたもの
- **1回あたりの参加人数**：5人
- **活動予算**：立ち上げに要する費用は家賃などに大きく影響するが，300万円ほど
- **活動経費**：管理者1人，児童発達支援管理責任者1人，指導員3人，運転手1人の人件費で月120万円ほど。その他，経費として家賃，車両費，光熱費，物品費などが月30万円ほど。
- **活動までの準備期間**：6カ月

　当事業は2015年9月に開設し，ソーシャルワークの視点をもとに自由遊びを中心とし，設定遊びを取り入れつつ，子どものしたいことを引き出し，子ども同士が自らかかわりたいと思えるような療育をしています。ICT機器は使用せず，人と人とのふれあいを大切にし，スタッフと子どもがほぼマンツーマンで深くかかわり，小さな変化を保護者と共有しています。子どものありようは，本人の特性と環境の相互作用で成長していくと考えますので，子育てで困る保護者の相談に応じるだけでなく，保護者の同意を得て，幼稚園，保育園，学校，行政がみんなで協力してかかわることを大切にしています。

　1回3時間の療育を午前と午後の部に分けて，それぞれ定員5人で行っています。スタッフは4～5人が担当し，午前の部は幼稚園や保育園に通っていない子どもが中心で，年齢層は1～3歳。午後の部は幼稚園や保育園に所属がある子どもが来る曜日が週3回あり，3～5歳。残りの週2回は小学1～4年生が通っています。当事業所に通う子どもの大半は発達障害ですが，脳性麻痺やダウン症の子どもも通っています。

開設までの流れ

❶ ケアマネ業務から子育て支援の現状を知る

　居宅介護支援事業所を立ち上げ，介護支援専門員として高齢者とかかわっている家庭に，昼間から家にいる小学生がいました。介護者であるその子の母親に事情を聞くと，学校に行きたがらなく，学校も当初は相談に乗ってくれていましたが，そのうちかかわりが乏しくなっていったそうです。その子は独特のこだわりがあり，少し嫌なことがあると学校に行けなくなるそうで，子どもの頑張りだけでは難しく保護者も困っていました。

　高齢者への訪問を通して，同じように子育てに困っている介護者である母親に出会うことが何例かあったことから，知識もなく，手立ても知らない現状では何の役にも立てるとは思っていませんでしたが，児童福祉法で障がい児相談支援があると知ったことをきっかけに資格を取りました。

　資格を取り，相談支援でかかわる中で，発達障害の診断を受ける子どもが増え，子育てに悩む保護者は行政の家庭児童相談員や保健師に相談し，子育ての助言や情報提供を受けるものの，実際に療育を行っている場が少ない現状が分かりました。特に，未就学児を対象にしている事業所はさらに少ない状況でしたが，ようやくここ数年で，特に小学生以上を対象とする放課後等デイサービスが増えてきました。療育の内容としては，運動や学習，創作活動，SST（ソーシャルスキルトレーニング）を求める保護者がとても多く，一方で，放課後児童クラブや学童では対応が難しい場合や，特別支援学校に通う子どもの放課後の居場所としての希望もあります。また，未就学児を対象とした児童発達支援も増え，個別での言語訓練や運動などの療育への希望が多く，言語聴覚士，作業療法士，理学療法士が活躍しています。さらには心理職などによるコミュニケーション能力の向上や，SSTなどの希望が多くあります。

　介護保険が開始された2000年からしばらく，通所介護が全然足りなかったことと同様，放課後等デイサービスも不足している状態ですが，閉鎖した事業所もあるのが現状です。

❷ じぇるむの開設に至るまで

　当法人を立ち上げた2人はともに社会福祉士であり，1人は学校現場で10年ほど働いており，児童・生徒をつぶさに見てきました。子どもの置かれた状況や特性，学校や行政などの機関の実際，そして家庭環境など，地域で見える子どもたちは支援が届

きやすいが，見えない子どもたちがいることに気がつきました。個人情報の壁もあり，余計に見えなくなっている現状があることから，まずは支援が届きやすい見える子どもたちをしっかり支援することから考えました。そこで，当事業（放課後等デイサービス・児童発達支援）を始めることにしました。

どのようなデイサービスにするのか，理念や考え方を言語化しなければなりません。そのためには，子どもの成長発達に何が必要で，自分たちに何ができるかを整理する作業が必要で，さまざまな子育てや療育の情報があふれる中，自分たちが王道と思えるものは，「しっかりとした子どもの基盤づくり」であると考えました。

療育を行う場所は法人が賃貸で借りているビルの一部とし，必要備品はその都度，購入，送迎車両は個人で所有していたものを使用し，ICT機器は使わない方針としました。しかし人材が一番の問題で，法人開設から手伝っているスタッフの一人が，行政の子育て部門の経験があり，種々の相談に乗ってもらっていたことから，発達検査もでき，何より子どもの成長発達に必要なことが共通理解できていましたので，そのスタッフを中心に，知人や公募，社会福祉士の相談援助実習の学生などを巻き込んでいきました。

❸ 予算の確保

当法人は理事が2人で，予算は自分たちで決め，足りない分は日本政策金融公庫の融資を利用しました。一般社団法人は保証協会に加入できないので，銀行からの融資が受けられなかったことは想定外でした。株式会社や合同会社にすべきだったかもしれませんが，地域に還元できる公益的な活動をしたかったので，一般社団法人を選んだことは後悔していません。

❹ 地域連携と広報

開設に先だって相談支援事業所を立ち上げていたので，地域自立支援協議会に参加しており，ほかの相談支援事業所や行政と情報交換をしていました。また，ホームページ上にじぇるむ開設のお知らせを掲載し，スタッフの募集は知人からの紹介やハローワークを使用しました。利用者の募集はパンフレットを30部作成し，行政や相談支援事業所に配布しました。全部自前で行い，外部委託しなかったので，予算は印刷代など実費のみです。

また，開所1月前に週1回，プレオープンし，無料体験と共にスタッフの研修も同時並行で行いました。1回2，3人ほどが参加しましたが，大々的に広報して，一気

に利用者が増えてもスタッフが対応できなければ評価を落とすだけであり，子ども一人ひとりをスタッフが理解した上でかかわらなければいけないので，ゆっくりとしたペースで開始することにしました。

❺ 放課後のデイと活動の実際

当事業所のスタッフは，管理者1人，児童発達支援管理責任者1人，児童指導員1人，指導員2人（運転手兼）で，一日のスケジュールは次のとおりです。

〈スケジュール：午前の部〉

- 9：00　迎え
- 9：30　来所した子どもから随時開始。自由遊び
- 10：00　始まりの会
- 10：10　設定遊び（手作業系）
- 10：30　設定遊び（活動系）
- 11：00　自由遊び
- 11：30　トイレ，手洗い
- 11：45　昼食
- 12：15　終わりの会
- 12：30　送り

〈スケジュール：午後の部〉

- 13：30　迎え
- 14：00　来所した子どもから随時開始。自由遊び
- 14：30　始まりの会
- 14：40　設定遊び（手作業系）
- 15：00　設定遊び（活動系）
- 15：30　トイレ，手洗い
- 15：45　おやつ
- 16：10　自由遊び
- 16：50　終わりの会
- 17：00　送り

子どもの担当は決めず，来所した時に子どもが遊びたいスタッフを選ぶという自然な形を大切にしています。そのため子どもはフリーで遊んだり，スタッフも見守る子どもが変わったりしますが，その日の事務的なことや連絡帳は担当を一人決めています。

言葉の発語が遅い子どもの場合，発した音声をスタッフが模倣することが，コミュニケーションの始まりであると考えます。スタッフに興味を持ち始めたら，子どもの

午前と午後の部に分けて5人の子どもを受け入れている

ペースで一緒に遊びます。スタッフに興味を示さず，一人で遊んでいる時は，邪魔にならない程度で子どもの体験を共有できるよう声をかけ，スタッフに興味を示し始めたら，遊びをこちらから提案することもあれば，自分で遊びを見つけることもあります。さりげなく，ほかの子どもにも目配りをして，おもちゃなどを通して，子ども同士のかかわりが持てるよう仕向け，同じ部屋に5人いる子ども同士のかかわりを意識できるようにします。

　また，送迎時に利用時の様子を保護者に伝え，相談がある場合は，別に時間を設けて相談支援を行っています。

　活動の効果としては，発語がほとんどなかった2歳児が，当事業所に通ってから3カ月ほどで単語を話し始め，幼稚園の集団に入れなかった4歳児が集団に入って過ごすことができるようになり，運動会や発表会などの行事ごとも参加できるようになりました。通っている学校・園にスタッフが出向いて情報を共有することで，それぞれが行っている教育や保育，療育を理解しあい，保護者も安心して預けることができるようになるなど，短い期間での成果には驚いています。

　また，活動を通して，行政の家庭児童相談員や保健師と連携をとれるようになり，要保護児童対策地域協議会のケース会議にも参加し，機関との連携は取りやすくなりました。さらには障害児通所支援の対象にならない不登校児などの相談も来るようになり，新たな居場所の必要性を考え，おなかと心を満たす夕刻の場「いるどらぺ」を開設するに至っています。

参加者の声

- 幼稚園でひとり遊びばかりで心配していたけど，ほかの子どもに興味を持ちはじめ，自分からおもちゃを渡しているのでびっくりした。感動した。（保護者）

- 子どもたちの「できた」の声で，一緒に喜んでいることに気づき，自分もいろんなことにチャレンジしたくなる。（スタッフ）

まとめと今後の課題

　この事業は，主に未就学児が対象であり，小学生も2日間ほど対応できるように開所していますが，足りないのが課題です。特に小学生の場合，活発な子どもに対して過ごす空間が狭いことから，物足りなさを感じているように思います。小学校高学年から中学生にかけては，学習を期待する保護者が多く，1時間の枠で学習支援をしている別法人の事業所が増え，人気があるようです。当法人の理念から，学習だけをするのは物足りないと考えているものの，現在のスペースでは賑やかな雰囲気のため，実施は難しいと考えます。

　また，おとなしめで，療育手帳もボーダーラインで，学習や友達付き合いが苦手な子どもにもよく出会うようになりましたが，受け入れ先に乏しい現状があります。このようなニーズに出会い，現在2カ所目のデイサービスの開設を準備していますが，担当できるスタッフの育成や発掘が難しいと感じています。子どもの分野に興味を持つ若者は多いと思われるので，広報がうまくできず活動の広がりは緩やかですが，今後も子どもたちの支援を続けたいと思います。

一般社団法人 こもれび

施設紹介：ぜろひゃく相談支援センター（居宅介護支援・特定計画相談支援・障がい児相談支援），じぇるむ（放課後等デイサービス・児童発達支援），いるどらぺ（学習支援）…補習塾。勉強する楽しみを見つけるお手伝い，いるどらぺ（夕刻の場）…月に2回，夕食を子どもと共にする。心とおなかを満たし，明日への元気を養っている場，スクールソーシャルワーカー派遣…高校にスクールソーシャルワーカーを派遣している

設立：2013年12月3日　**職員数**：22人　**ホームページ**：http://www.kmrb.jp

水流添　真（つるぞえ　まこと）　一般社団法人こもれび　理事

特別養護老人ホーム併設のデイサービス（身体障がい者デイサービス，老人デイサービスセンターA型・E型）に勤めたのち，急性期病院の医療ソーシャルワーカー，老健の支援相談員兼介護支援専門員の業務に従事。2005年からは民間企業で居宅介護支援事業所を立ち上げる。自身の法人を立ち上げ，2015年に妻と共に理事として活動を本格的に開始。社会福祉士，介護福祉士の養成校の非常勤講師。相談援助実習の実習指導者。介護認定審査会，障がい支援区分認定審査会委員。

> 食事支援

安否確認や利用者の精神的支え
となる配食サービス

主催：社会福祉法人一誠会　　**住所**：東京都八王子市宮下町

地域の特徴：八王子市の人口は，563,431人で，高齢化率は25.32％（2016年6月現在）。2014年4月1日時点では，70歳以上の一人暮らし高齢者11,124人，一人暮らし高齢者世帯20,123，夫婦のみの高齢者世帯19,489と，高齢化に加え，高齢者のみの世帯の増加が顕著である。また，認知力に課題のある高齢者数も年々増加しており，2013年度末で11,536人と，認知症高齢者の問題解決も急務と言える。

- **活動時期**：通年　　●**実施頻度**：月曜日から土曜日（祝日含）
- **活動場所**：左入，中野，長沼，元八王子，堀之内の5圏域　　●**配食内容**：昼食，夕食
- **対象者**：おおむね65歳以上の一人暮らしの人，また，高齢者のみの世帯，低栄養状態（BMIが18.5未満）の人
- **1回あたりの配食数**：昼食，夕食とも10食（人）程度　　●**活動予算**：約1,300,000円
- **活動経費**：約1,500,000円（保温ケース233,720円，食器230,720円，車両1,000,000円）
- **収支**：約△2,000,000円（人件費を除く約△1,300,000円）　　●**活動までの準備期間**：約2カ月

　高齢者の3割は低栄養と言われている現代において，低栄養はがんなどの大病を引き起こす危険性もあり，高齢者の低栄養は社会問題と言っても過言ではありません。低栄養の大きな原因には若い頃からの食習慣はもちろん，「食事摂取量の減少」があり，いろいろな要素（例えば，生活活動度の低下・嚥下機能障害・消化機能低下・味覚低下・認知機能低下による食欲の減退など）が関係します。

　しかし，それだけではなく，「生活環境要因（一人住まいや老夫婦のみの生活，無刺激による閉じこもりなど）」や「さまざまな精神的要因」もかかわってきますので，地域のサポートは極めて重要と言えます。

　そこで当法人で，八王子市北東部である左入圏域をはじめ，中野，長沼，元八王子，堀之内の5圏域の高齢者を対象に，1食400円（治療食は100円加算）で配食サービスを実施しています。治療食には，糖尿病食，減塩食をはじめ，蛋白制限食，脂質コントロール食，人工透析食など，個々人のニーズに応じた食事を提供しています。

実施までの流れ

❶ 企画・情報室の設置

　当法人では，2014年4月より配食サービスをはじめとする地域貢献事業や新規事業

を進めるため，企画・情報室を設置し，企画はもちろん，実施に当たっての責任部署として活動を始めました。しかし，そこに専任のスタッフを置くほどの余裕はないため，居宅介護支援事業所の介護支援専門員を室長として，デイサービスの生活相談員，特別養護老人ホームの介護支援専門員などのソーシャルワーカー職に加え，事務職員，管理栄養士，看護師を含め，運営を行いました。

❷ 地域高齢者の食に対するニーズの発掘

　企画・情報室で最初に行ったのは，2014年6月より，自宅で介護をされている人や介護に関心のある人など，地域住民を対象にした地域交流会を毎月1回（14:00〜15:30）実施することでした。毎月テーマを決めて研修会を開催し，その後，お茶やお菓子を召し上がりながら，質問や意見，要望などを，直接地域住民から聞く機会を設けています。参加者は平均30人で，多い時には50人近い人が参加されます。参加された多くの地域住民は，配食サービスという福祉サービスの存在すら知らず，一人暮らしの高齢者の食の課題などについての意見をもらうなど，地域のニーズや現状を共有できる機会となりました。

　しかしながら，八王子市では65歳以上の一人暮らし，65歳以上の人のみの世帯に対し，福祉サービスとして定期的に食事を届ける配食サービスが設置されていましたが，実際には休止状態でした（2014年4月時点）。そこで，行政からの委託ではなく，あくまで法人独自の地域貢献事業として，配食サービスを実施することにしました。

❸ 行政との調整

　配食サービスを開始するには，行政との調整が必要でした。八王子市の担当部署に出向き，当法人による配食サービスの提案と，八王子市の配食サービスに対する考え方や今後の展望について話し合いを行いました。その結果，定款の変更，会計処理など東京都にも確認を行い，実施の許可を得ることができました。

❹ 人選と法人内のコンセンサス

　行政との調整後，配食サービスの実施について，当法人の理事会において地域への貢献に対する必要性，地域からの信頼度の向上を図ることなどを強く訴え，了承を得て，配食サービスに基づく定款の変更，会計処理などを行いました。その後，管理栄養士を含め，給食業務委託会社の幹部と協議し，現行の委託料（管理費）の割増がなく，かつ厨房の広さ，衛生面の確保などから，1回当たりの提供食数を協議し，当面

昼食・夕食それぞれ1回につき10食程度と決めました。

　人員については，増員などをせず，特別養護老人ホームの利用者の受診などのために雇用している運転介護員を担当とし，急な利用者の受診や欠勤などの際には，企画・情報室で担当することとしました。

❺ 必要備品，物品の購入

　配食サービスでは，冷めたお弁当ではなく，温かいものは温かく，冷たいものは冷たいものを提供するために，必要不可欠なものとして保温ケースや食器類を購入しました。また，配達車両は送迎車を利用していましたが，実際に開始してみると保温ケースが傾いたり，重ねた保温ケースが崩れたりするなどの支障が出たため，急遽，配食サービス専用の軽ワゴンの新車を購入しました。

❻ 地域への広報

　配食サービスの開始にあたり，地域の民生委員，自治会長，地域包括支援センター，居宅介護支援事業所の介護支援専門員などに対して，事前にアポイントメントを取り付け，実際に相手先に出向き，ポスター配布（337枚）や契約書などを含め，活動の趣旨などを説明する機会を設けると共に，対象者のいる場合，積極的に紹介してもらえるよう依頼を行いました。また，ホームページでも募集しました。

❼ 配食サービスの実施

　配食サービスの実施に向け，募集，受付，予定表の作成などの実務については企画・情報室長が担当しました。管理栄養士は食事の伝票提出，配達については運転介助員が担当し，不在の場合は企画・情報室のソーシャルワーカーが担当しました。

　配食サービスの提供は，次の流れで実施しています。

前日〜16：00　食数の追加・キャンセルの締め切り
　8：30〜　　仕込み，調理
11：00〜　　盛り付け
11：30　　　配達準備完了

配食献立表

配食(A)

		平成27年08月17日(月)	平成27年08月18日(火)	平成27年08月19日(水)
昼		ご飯	ご飯	ご飯
		味噌汁(いんげん・茗荷)	清汁(白玉麩・小松菜)	中華スープ(人参・にら)
		しいらの漬け焼き	天ぷら(えび・キス・かき揚げ)	かに玉
		夏野菜の煮物	湯葉ひろうす	焼売
		茄子とトマトのドレッシング和え	菊花和え	チンゲン菜ごま味噌和え
		りんご	梨	ぶどう
夕		ご飯	ご飯	ご飯
		清汁(おくら・舞茸)	味噌汁(大根・揚げ)	味噌汁(ほうれん草・茄子)
		鶏肉とさといもの煮物	夏野菜あんかけ	筑前煮
		あさりと大根の炒め物	いんげんと人参の炒り煮	冷奴
		キャベツのおかか和え	しめじと白菜の和え物	ライチ
		メロン	キウイ	
	エネルギー	855 kcal	エネルギー 933 kcal	エネルギー 1192 kcal
	蛋白質	42.5 g	蛋白質 45.7 g	蛋白質 44.2 g
	脂質	7.8 g	脂質 19.4 g	脂質 21.2 g
	炭水化物	149.3 g	炭水化物 140.0 g	炭水化物 201.1 g
	食塩	6.7 g	食塩 6.1 g	食塩 6.4 g
	カルシウム	340 mg	カルシウム 394 mg	カルシウム 451 mg

11：30〜	配達開始	17：30〜	盛り付け
13：00〜	調理室へ空容器の回収・食器洗浄	17：30	配達準備完了
15：00〜	仕込み，調理	17：30〜	配達開始
〜16：00	食数の追加・キャンセルの締め切り	18：30〜	調理室へ空容器の回収・食器洗浄

　身体状況などで食事を作ることが困難な高齢者であっても，自立した生活を送るために，バランスの摂れた食事を毎日配食することは大変重要なことです。配食の際に手渡しを基本とすることで，安否確認をできるのはもちろん，栄養のバランスが摂れたものを配食することで，疾患の悪化を予防したりする効果があります。実際に，発熱を発見し，受診した結果，肺炎で入院するといったケースもあり，重篤になるケースを未然に防げることもできます。

　また，日曜日以外毎日営業しているため，元日にも日曜日でない限りは配食サービスを行い，かつ，おせち料理を配達することで，季節感を味わうと共に孤独感の解消や軽減にもつながっています。つまり配食サービスは，「適切な栄養素補給」「安否確認」というだけでなく，「食生活を通して多くの人とコミュニケーションを取り，健やかな日常生活を送る」という心理状態の充実にもつながります。

利用者の声

- 品数も多く，食材も盛りだくさんに使用され，味付けも大変おいしく，毎日のお弁当を楽しみに食させていただいています。(80歳・女性)
- 季節の食材や，高齢者の健康を踏まえての献立。毎回蓋を開けるのが本当に楽しみ

利用者に手渡しすることで安否を確認

個々人に応じた治療食も提供

です。（84歳・男性）
- 年金生活で，食費も切り詰めなければいけない中，安い金額で栄養バランスのとれたお弁当は大変助かります。また，細部にわたってのお心遣い，本当に感謝申し上げます。（79歳・女性）

まとめと今後の課題

　独居や高齢者のみ世帯が急増している現在，配食サービスは重要な福祉サービスであることは言うまでもありません。配食サービスは，安否確認や利用者の精神的支えなど，配食だけではない意義ある機能も有しており，今後，地域の専門職との連携が進めば，さらに果たす役割は大きくなると考えられます。

　一方で，配食サービスの欠点の一つは，食べている利用者の顔が見えないことです。したがって，受け渡しを行う配達スタッフがわずかなコンタクトの時間で，いかに利用者の情報を把握し，持ち帰ることができるかも重要なことの一つと言えます。

　こうしたことから，今後配食サービスを地域の福祉サービス，特に，長く在宅生活を維持するために必要なサービスとして機能を強化していくのであれば，配達スタッフのアセスメント力や対応力の強化のための研修が必要です。これは，配達スタッフをボランティアで行う場合でも同様と言えるでしょう。したがって，経営者はもちろん，管理栄養士，配達スタッフを対象にした栄養，口腔機能，認知症，緊急時の対応などの研修を充実していくことが大きな課題と考えています。

社会福祉法人一誠会 特別養護老人ホーム偕楽園ホーム

施設紹介：特別養護老人ホーム偕楽園ホーム（定員100人），併設施設として，通所介護（一般型18人・認知症対応型12人），認知症対応型共同生活介護（2ユニット18人），居宅介護支援事業所

設立：1980年3月1日　　**職員数**：100人　　**ホームページ**：http://kairakuenhome.or.jp/

法人理念：安心・安全・愛情

水野敬生　特別養護老人ホーム偕楽園ホーム 施設長
社会福祉法人一誠会 常務理事

1984年に浄風園へ介護職員として入職。1988年に王子光照苑へ生活相談員として入職し，2005年に施設長に就任。2008年より江戸川光照苑苑長。2014年1月より現職。王子光照苑では，都内23区特養初，江戸川光照苑では区内初のISO9001認証取得と併せて，国内の社会福祉法人として初めてISO27001/ISMSの認証を取得。一誠会においても就任11カ月でISO9001認証取得。2015年12月にISO10002自己適合宣言を行った。代表著書に，『その人らしい看取り支援業務 実践Q&A50』（日総研出版，2015），『介護手順書・マニュアル・指針集110』（日総研出版，2009），『事例で学ぶ施設サービス計画書のつくり方』（日本医療企画，2008）がある。2011年厚生労働大臣表彰。

> 食事支援

デイサービスにおける夕食用持ち帰り弁当の販売サービス

主催：社会福祉法人やまがた市民福祉会　　住所：山形県山形市富神前
地域の特徴：P.61参照

- 活動時期：通年　　●実施頻度：デイサービス開業日（月曜日〜土曜日）
- 活動地域：山形市近郊（当法人デイサービス利用者の地域）
- 対象者：デイサービス利用者とその家族　　●弁当作成場所：特別養護老人ホーム内調理室
- 夕食持ち帰り弁当価格：おかずのみ…………370円　おかずとごはん…400円
　　　　　　　　　　　　おかずと大盛りご飯…430円　ごはんのみ………100円
- 対応食種：ふつう食・きざみ食・ソフト食・なめらか食・ミキサー食（実績は，ふつう・ソフト・なめらか食）※糖尿食（カロリー制限食）や減塩食にも対応

　在宅介護に携わる家族にとって，介護をしながら高齢者向けの食事や介護食を日々，準備しなくてはならないことは少なからず負担となります。また，デイサービス利用者の中には，一人暮らしのため，デイサービスから帰宅した後に夕食の支度をしなくてはならず，十分に食事を準備することができずにいる人もいます。そのような状況から，当法人のデイサービスでは2015年1月から，食事に関して支援を要する高齢者と家族を対象に，栄養状態の維持・改善と介護負担の軽減を目的として，夕食用持ち帰り弁当の販売サービスを行っています。

　このサービスの特徴として，デイサービス職員は利用者の状態を常に把握しているため，状態に変化があった場合は栄養士へ情報を伝達し，利用者のその時々の状態に適した食事形態，例えばふつう食だけでなく，きざみ食やなめらか食，ソフト食といった介護食のほか，糖尿食（カロリー制限食）や減塩食などにも対応でき，嚥下・咀嚼機能の状態や病状に適したものを提供できるようになっています。

───── 実施までの流れ ─────

❶「介護者サロン」での語り合いから聞かれた声

　当法人では介護保険事業だけではなく，地域住民が抱えるさまざまな福祉ニーズを解決するため，地域とのかかわりを大切にしながら自主的に地域福祉活動へも取り組んでいます。その一環として，地域の介護者同士が気軽に交流できる「介護者サロン」を地区民生委員児童委員協議会や地区社会福祉協議会，地域包括支援センターとの共催で2010年12月から概ね月1回，定期的に開催してきました。

「介護者サロン」は介護に関する日々の苦労や困りごと，相談したいことなど，介護者がさまざまな気持ちや意見を自由に語り合える場となっており，その中で，「365日介護している家族にとって毎日の食事を準備することは，それだけでも大変なことだ」という声を聞く機会がありました。また，嚥下機能や咀嚼機能が低下している場合は，その状態に合わせて食べやすい食事を作らなくてはならないが，専門的な知識がない介護者にとっては不安を感じる時があるという声も聞かれました。

　当法人には栄養士2人，調理師7人が勤務しており，特別養護老人ホームやデイサービス，ショートステイの各利用者の状態に合わせたきめ細かい対応で，介護食や高齢者向けの食事を提供してきた実績があります。これまでに蓄積した専門知識や専門技術を施設内にとどめるのではなく，地域に向けてその力を発揮し，高齢者の食を支えるサービスを提供することが介護者の負担軽減につながるのではないか，また同時に，地域に暮らす高齢者の栄養改善や介護予防にも寄与できるのではないかと「介護者サロン」での語り合いをきっかけに，お弁当の提供（販売）を考えるようになりました。

❷ 法人内専門委員会での協議

　当法人は地域福祉活動へ積極的に取り組んでいることから，さまざまな活動について協議するため，法人内に専門委員会を設置しています。今回のお弁当の提供（販売）による新たな食事サービスの企画提案も，この委員会が中心になって行うことになりました。

　当初は，在宅高齢者を対象にした配食サービスを実施してはどうかという提案がなされましたが，調査の結果，すでに市や多くの民間事業者が同様のサービスを展開していることが明らかになりました。また，食事を配達する場合は，職員を新たに配置しなくてはならないことや，購買者がどの程度いるのか不明確で採算性に課題があったため，今すぐ実施するには「ハードルが高い」と判断しました。

　ほかにどのようなサービス展開が可能であるか協議したところ，現在の人員体制や調理設備を大きく変えなくても行えるのではないかということから，デイサービス利用者およびその家族を対象にした夕食用持ち帰り弁当の販売サービスが提案され，実施に向けて検討を重ねることとなりました。

❸ お弁当販売に向けた準備

　まず，デイサービス利用者に持ち帰り弁当を必要とする人がどの程度いるのか，アンケートによる需要調査を行いました。利用者約110人の内，約10％の人から「利用してみたい」との回答が得られ，一定数の需要があること，それと同時に希望する購

入価格帯は「一食500円未満を望む」という回答が一番多かったことが分かり，その金額内に抑えられるようなメニューを検討することになりました。

お弁当の販売にあたり，メニューとして考えている白飯や焼魚，筑前煮，漬け物，ミニトマトなどの数種類を食品検査にかけ，製造24時間後でも食品衛生上の問題はないという検査結果を受けましたが，安全を期すため消費期限を製造後6時間と設定して早めに食べてもらうことにしました。

お弁当は特別養護老人ホーム内の調理室で調理することにしましたが，営業許可が必要なため所轄の保健所へ申請手続きを行い，また，万が一食中毒などの事故が発生した場合に備えて，新たに民間保険へ加入しました。

そして，試作したお弁当を職員や利用意向のあるデイサービス利用者に試食してもらい，その評価結果を参考に味付けや量，固さなどの改善を図ると共に，お弁当の調理や盛り付けの時間を確保するため，調理師の作業工程の見直しを実施し，デイサービス送迎時に持ち帰りできるよう体制を整えました。

❹ 職員・外部関係機関への説明

法人内での理解を深めるため，持ち帰り弁当にかかわることが想定される職員には資料を配布し，理解を深めてもらうことにしました。特にお弁当を作る調理職員や利用申込書の受け渡しやお弁当を利用者へ手渡すデイサービス職員，また，問い合わせを受ける可能性が高い当法人居宅介護支援事業所のケアマネジャーを対象に説明会を開催し，利用者と実際にやり取りする際の不安や疑問を解消できるように努めました。

さらに，当法人以外の居宅介護支援事業所等が担当しているデイサービス利用者もいるため，該当する居宅介護支援事業所や地域包括支援センターへサービス開始前にチラシを配布し，内容を説明することで理解を深めてもらいました。

❺ デイサービス利用者への広報と申し込み受付

サービスを開始する前月にデイサービス全利用者へ利用申込書とチラシを配布し，募集を図りました。また，その後の対応として，サービス担当

玄関先でお弁当のお渡し

ソフト食やなめらか食のお弁当にも対応
（写真はなめらか食）

者会議の開催時や新規利用者の事前面接時にデイサービス職員が概要を説明し，募集を図ってもらいました。

❻ 持ち帰り弁当の販売開始

　販売当初は，月単位の申し込みとしましたが，デイサービス利用者の持ち帰り弁当で利用日の変更があまりなく，当施設は真空調理を導入しており，真空品の冷凍在庫を使用することにより，急なキャンセルや注文，形態の変更にも対応可能なこともあり，年単位の申し込みとしました。また，利用日の変更や食事形態の変更などについては，随時相談を受けつける形での対応に変更しました。さらに，食文化や食べる楽しみを持ってもらえるように，イベント弁当も企画販売しました。

　持ち帰り弁当の販売を開始することにより，デイサービスを休みがちな利用者も「お弁当があるから」とデイサービスを休むことが少なくなり，閉じこもりの防止にもつながっています。また，ふつう食をやわらかく噛みやすく調理した「ソフト食」や，ふつう食をミキサーにかけ再成型しふつう食と同じ見た目になるように加工し，噛みやすく飲み込みやすくした「なめらか食」などの嚥下障害対応食や，カロリー制限食なども提供し，利用者の状態に合った食事の提供ができ，どんな状態の人でも在宅で安心して暮らせるような手助けができたと考えます。施設の厨房だからできる弁当の販売で，介護者の負担軽減，利用者の栄養改善にもつながったと思います。

持ち帰り弁当利用者・家族の声

- 入院していた時，食べ物の飲み込みが悪くミキサー食とお粥を食べており，退院後，自宅でも病院と同じ食事形態での食事を勧められたが，何をどのように調理すればいいのか悩みました。デイサービス利用時に持ち帰りできる弁当の存在を知り，弁

当でもミキサー食やなめらか食を提供していただけるので、大変助かりました。また、献立も入れてくれるので、毎日の食事準備の参考になりました。

- 一人暮らしで夕食の準備が面倒だったので利用しました。食事の準備の負担が軽減され良かったのですが、自分でできることもしなくなってきていることに気づき、毎日のおかずくらいは自分で作りたいと思い、ごはんのみ弁当で持ち帰ることにしました。おかずのみやごはんのみ、大盛りと細かな要望に応えてくれるため、使い勝手がいいと思います。

- 農協の食材を毎日頼んでいましたが、高齢者の2人暮らしなので、食材を使い切れず余らせてしまうことがあり、食材の無駄を省くために利用しました。デイサービスを利用しているのは妻ですが、利用していない私の分も届けてくれるのでありがたいと思っています。また、妻はデイサービスの利用が億劫で休みがちでしたが、利用しないと2人分の夕食がなくなるので、その思いもあって休むことが少なくなりました。持ち帰り弁当サービスの利用は、一石二鳥だったように感じます。

まとめと今後の課題

　持ち帰り弁当の毎月の実績は、40食弱で利用数は少ないのが現状ですが、持ち帰り弁当を販売することにより、食事の準備で困っている高齢者や家族の負担軽減になるばかりでなく、食事づくりのアドバイスができ、施設の厨房と地域で暮らす高齢者や家族との距離が縮まったように思います。

　ただ、現在はデイサービス利用時の夕食のみの販売のため、地域で暮らす高齢者の安定した栄養改善や介護予防までには至っていません。今後、夕食だけでなく朝食や昼食、デイサービス利用者のみでなくデイサービス利用者以外にも対応できるようになれば、地域の高齢者の食生活が豊かなものになるのではないでしょうか。地域に暮らす高齢者がいつまでも元気に暮らせるよう、支援していきたいと思います。

▶施設概要：P.66参照

尾形美香　社会福祉法人やまがた市民福祉会
特別養護老人ホームとかみ共生苑　管理栄養士

他職種の経験を経て、2003年より栄養士として入職。その後、管理栄養士を取得し、特別養護老人ホーム管理栄養士として主に入居サービス部門に携わっていた。現在は、法人が受託している介護予防・生活支援総合事業の高齢者の日常生活における「食べること」の自立支援事業も担当し、在宅高齢者について学んでいる。
高齢者が増える中、入居・在宅にかかわらず、どのような住まい方でも栄養状態を良好に保つことで、少しでも質の良い生活を送っていただきたいと思っている。

> 食事支援

近所付き合いが生まれる施設内食堂―こもねランチクラブ

主催：社会福祉法人小茂根の郷　　**住所**：東京都板橋区小茂根

地域の特徴：高齢化率22%，後期高齢化率11.1%，在宅高齢化率21.4%，独居高齢化率1.6%と年々高くなっている。しかし，近年マンション建築が増加し，町内会活動や老人会活動に参加する高齢者が減少傾向にあり，地域活動が先細りになる危機感を地域全体が抱えている。子どもを擁護，介護していた親世代の高齢化が急速に進んでいるため，認認介護，老々介護，独居世帯の急増により近所付き合いが薄くなっており，孤独死への危機感，災害時対策，防犯対策などが課題となっている。

- 活動時期：通年　　●実施頻度：毎日　　●活動場所：施設内職員食堂
- 開催時間：11:00～14:00　　●対象者：地域に在住する住民（年齢は問わない）
- 1回あたりの参加人数：1～10人前後　　●活動予算：0円　　●活動経費：0円
- 収支：職員食費補助として計上しているため，収支査定をしていない
- 活動までの準備期間：約3カ月

　2015年2月から開始し，ご近所付き合いの苦手な人や一人暮らし，高齢者世帯の人を対象に，引きこもりの予防，仲間づくりのきっかけづくりとして，気楽に「小茂根の郷」に来てもらい，楽しいランチタイムを1食330円で提供しています。前日10:00までに，電話または直接事務室に食事の申し込みおよびキャンセルの連絡をもらいます。食事内容は職員食と同様で，献立により参加者に変動がありますが，定期的に週1回曜日限定で利用されている人や，お掃除ボランティアをきっかけに参加された人，ご近所のお仲間と連れ立って参加される人，認知症の一人暮らしの人などさまざまな人が利用しています。職員と話をしながら，楽しげに食事をしている風景がたびたび見られます。また，連れ合いを亡くして引きこもりがちであった人や全く近所付き合いのなかった人などは，参加されると「ひとりで食べると同じ品物を何日も食べなければならないし，食欲が進まないけど皆さんといただくと美味しいわ」「家ではこんなに品数を揃えて食べられないからありがたい」などの声が聞かれています。

開催までの流れ

① 地域高齢者の食の問題

　当法人に併設されている地域包括支援センターの支援業務として，地域の民生委員と協力した虚弱高齢者への訪問事業があります。この事業は「見守り登録」が必要で，

年1～2回の訪問により状況確認をしています。しかし，この登録をしていない高齢者や，地域と全くかかわりを持っていない一人暮らし高齢者への緊急出動がたびたび重なり，衰弱死寸前でもSOSを出せない高齢者が増加している現状について社会福祉法人として対処しなければならないと考え，早急に対応できる策として「こもねランチクラブ」を開始しました。

地域の民生委員からは，現状では担当する対象者が多すぎて，本当に擁護が必要な高齢者の把握ができない状況にあるという訴えがありました。特に「見守り登録」に登録していない高齢者の把握は全くできておらず，地域包括支援センター職員も業務が多忙であり，課題を感じているが対応しきれないなど，重複した問題が起こっていました。

❷ ランチクラブの企画

民生委員，地域包括支援センター職員の意見によると，救急搬送された高齢者の多くが，十分に食事摂取ができず低栄養による衰弱状態でした。一人暮らしや老々介護，認認介護世帯では，バランスの良い食事を摂ることが最も困難です。入浴などの清潔保持は命には直接つながりませんが，食事はすぐに命につながります。以前，当法人では，配食サービスを安否確認目的で実施していましたが，地域の人とつながりをつけるところまで進みませんでした。

そこで今回，コミュニティの場をつくりながら，楽しい食事と栄養が摂れる機会を持ってもらい，近所付き合いの苦手な人でも，若い職員や利用者などあまりかかわりのなかった人との出会いをつくりたいと考え，「ランチクラブ」という「コミュニティ食堂」を企画しました。

この企画を実現するために，「利用者数はどのくらい見込めるか？」「利用料金を徴収するかしないか？」「1食あたりの食材費はどの程度にするか？」「外部者用に特別な食事を用意するか？」「勘定項目はどのように対応するか？（当初，特別に予算を立てていませんでした）」など，経費に関するさまざまな課題が挙げられました。できるだけ経費をかけず，職員の負担が少なくできる方法を選択しなければ，大風呂敷を広げただけの企画になってしまうため，まず，職員がやりやすい方法（仕様）で行うことにしました。その結果，現在，職員食として提供している献立を使用し，職員が負担している金額を徴収することとしました。食事の注文や取り消しも職員と同様の方法とし，新たにランチクラブ申し込み一覧と名簿のみを作成して実施に至りました。

❸ 施設内の調整

　1年前に「地域貢献委員会」を立ち上げていたため，方針の合意を委員会の中で決定し，実行計画を立案して進めました。担当についても，この委員会のメンバーで主体的に行いました。献立や料金などの反対意見はなく，すんなりと進められましたが，食事を提供する場所として職員食堂を使用することについては，猛烈な反対意見がありました。「職員が休憩を含めてゆっくりしたいのに，なぜ地域の人と一緒に食事をしなければならないのか」「窮屈になるからいやだ」など，労働者として妥当な意見が出されました。しかし，毎日何人くらいの申し込みがあるか見当がつかなかったため，地域広報を特定の地域に限定して試験期間を設けて検討することで，合意を得られました。職員が外部者に対してどのような気遣いができるかは，職場内での関係づくりにも反映できる良い機会となることも説明し，何とか協力体制が取れました。

❹ 地域への広報活動

　ランチクラブの趣旨を知ってもらうため，担当者が町会の役員会に出席してパンフレットや献立表を用いて説明を行い，町会掲示板への掲示（約15枚）や回覧板で周知してもらいました。同時に，地域包括支援センターで抱えている気がかりな利用者にパンフレットを戸別配布しました（約100枚）。町会とは，お祭りや老人会，グランドゴルフ，ボランティア活動など，普段から密接な連携が取れていましたのでスムースに進められました。

❺ 準備・募集

購入した物：紙コップ・割りばし，テーブルクロス
持参してもらう物：特になし，自分専用の箸や湯飲みが必要であれば持参してもらう

　広報活動に使用するパンフレットは，実施2カ月前から地域貢献委員会が作成し，管理栄養士が作成した実施月の献立表を町会に持参し，回覧板と掲示板への掲示をお願いしました。申し込みは，その都度，事務職員が担当して受け付け，来所希望時間や人数などを記した名簿を作成しました。

❻ スケジュールと運営

事務職員：1人。受付，利用料金の集金および紙コップと割りばしを配布する
食堂接待および案内：1人。食堂への案内と個別配膳を行い，共に食事をする

〈スケジュール〉
11：00〜受付開始　利用者の希望時間に合わせて，その都度行う
14：00終了　個別で食事終了時間が違うため，最終の終了時間のみ決めている

　開始当初は，興味半分でご近所の人を誘って4〜5人で参加する人が多かったのですが，最初の目的であった近所付き合いの苦手な高齢者を誘って連れ出すには「食事が一番誘いやすかった」と話される参加者が徐々に増えました。また，障害を持ちながら一人で生活している高齢者は，毎週曜日を決めて定期的に参加されていました。しかしながら，献立により参加者の増減の幅が激しいなど課題もみられたため，献立の改善を行いました。特に人気の高い献立は，「お祝い膳」「郷土料理」「煮魚」などで，不評な献立は「麺類」でした。麺類は「伸びてしまっていておいしくない。つゆが薄い。出しが出ていない」など，酷評が多く聞かれました。その後，食材の改善をしていますが，一度不評になるとなかなか克服できません。また，食後，共に食事をした人とフロアで語り合ったり，別館の「カフェ桜」でティータイム

小茂根ランチクラブご利用について

ご利用日：毎日
ご利用時間：11：30〜14：00まで
お申込：希望する日の前日10：00まで
ご利用料金：1回330円
お申込方法：電話または直接小茂根の郷1階事務室まで

① まず玄関受付に声をかけランチクラブに来られたことをお伝えください。
② 利用料330円をお支払いください。（必要な方にはその折に領収書を発行致します）
③ ご来所時に，お茶用紙コップと割り箸をお渡し致します。（ご自分の湯飲みとお箸をお持ちになっても結構です）
④ ご利用時間は11：30〜13：30までとなります。（12：30までにご来所願います。）
⑤ 配膳はセルフサービスとなります。所定の場所におかれたお盆にメインの食材のお皿，小鉢などをのせお好きな席についてください。（ごはん・汁物はご自分でよそって下さい）
⑥ お茶はカウンター（汁物の鍋のそば）のポットから備え付けの急須にお湯を注いでご利用ください。（茶筒にお茶葉があります）
⑦ テレビが備え付けてありますので，ご自由にスイッチを入れてご覧ください。
⑧ お食事が終わりましたら食器を廊下にある下膳用のラックに片付けてください。
⑨ 次回のランチクラブのご利用日が分かっているようでしたら，お帰りの際に1階事務室で予約を入れてください。（電話でも予約可能です）
⑪ ご予約の際は，ご利用希望時間を，以下の(A)〜(C)より選択しお知らせください。
　　(A) 11:30〜　　(B) 12:00〜　　(C) 12:30〜

●ご予約をキャンセルされる場合
当日午前9：30までにご連絡ください（できましたら前日までにご連絡ください）
電話番号　　　　　　　　　　　担当：

職員と地域の参加者が職員食堂で一緒に食事を摂りながら楽しい時間を過ごす

を取ったりするなど，参加者の行動範囲が広がっているように思います。

参加者の声

- ここへ来るのが楽しみですよ。若い人に気軽に声をかけられたりかけることができるのはうれしいです。
- こんなにたくさんの品数は一人でできませんからうれしいです。一人で食べるよりおいしい。

まとめと今後の課題

　地域貢献事業の一つとして試験的に開始した事業で，初年度の傾向を見て，地域ニーズに適した事業に変革させていく途上にあります。まず，予測していた参加者像については，一概に一人暮らし高齢者ばかりではなく，最近は障害を持っている若い人からの問い合わせなどがあります。また，重度のケースへのアプローチは，ランチサービスではなく，個別訪問による食事サービスが大切なことも分かりました。少し元気がなく，外出の自信がない人へのアプローチの方法としては，かなり成果があると考えています。今後は，認知症カフェに類似した食事づくりやデザートづくりなど，会食形式のサービスも考えていきたいと思います。今後，「地域貢献委員会」の活動を事業計画および予算化し，明確な位置づけで活動を広げたいと考えています。

社会福祉法人 小茂根の郷

施設紹介：特別養護老人ホーム東京武蔵野ホーム（定員60人），併設短期入所生活介護（定員7人），通所介護（定員55人），認知症対応型通所介護（定員36人），訪問介護事業所，訪問看護事業所，居宅介護支援事業所，地域包括支援センター

設立：1997年4月　　職員数：162人　　ホームページ：http://komonenosato.com/index.htm

法人理念：1. 当施設をご利用されるすべての方の人権を尊重し，信頼される施設
　　　　　2. 地域社会に貢献できる施設
　　　　　3. 職員個々が「専門性」を意識し，やり甲斐があり，活気があり魅力に溢れた施設

杉田美佐子　社会福祉法人小茂根の郷　施設長

1976～1981年まで千葉県内の病院勤務後，特別養護老人ホームに4年間特養看護師として勤務。1997～2001年まで神奈川県内で訪問看護ステーション管理者として勤務。2004年4月より当法人にてケアマネジャーとして勤務，在宅部門管理者を経て，2008年から施設長を務め現在に至る。訪問看護師時代に在宅ターミナルケアについて共同研究を行った。現在は，東京都から委託として痰の吸引等の講師，看護学校の在宅看護の講師を務めている。

食事支援

顔なじみの関係をつくる
コミュニティ食堂―よりあい食堂かよう

主催：サンヴァリエ桜堤自治会（後方支援：社会福祉法人武蔵野 武蔵野市桜堤ケアハウス）
住所：東京都武蔵野市桜堤UR団地・中央集会所
地域の特徴：約1,000世帯が暮らすUR団地（その内，高齢者のみの世帯は約400世帯）。高齢の単身世帯・老老世帯の占める割合が高く，高齢化率は約32％。

- 活動時期：毎週火曜日（祝日，年末年始を除く）
- 活動場所：サンヴァリエ桜堤UR団地・中央集会所
- 対象者：団地住民，地域住民
- 活動予算：初度調弁費用として，約20万円（東京都「地域の底力再生事業助成金」を活用）
- 活動経費：食材料等代500円（利用者一人），講師料3,000円（1回につき）
- 活動までの準備期間：6カ月（食堂開店に向けての実質的な準備期間）
- 実施頻度：週1回
- 開催時間：11：00～14：00（3時間）
- 1回あたりの参加者：約30人

　介護予防（健康体操〈第1・3火曜日〉／歌の会〈第2・4火曜日〉）の活動後に，高齢者向けのコミュニティ食堂を開いています。団地ならではの高齢の単身世帯・老老世帯の高齢化や，孤立化の中で生じる生活課題や困りごとに相談対応し，住民同士が互いに気づき合い，支え合う関係性を構築することを目的としています。

---------- 開催までの流れ ----------

❶ アンケート調査により地域の声をきく

　2012・2013年度に，団地自治会が行った「団地で暮らす高齢者の課題に関する懇談会」では，市役所職員，民生児童委員，団地管理事務所職員，ケアハウス職員らが参加し，団地自治会に持ち込まれる高齢者等の生活上の困りごと（ゴミ分別・ゴミ出し，消費者被害，認知症高齢者の徘徊，孤立化・孤立死など）について共有しました。そのことをきっかけに隣接する当施設としても，できる範囲内で，団地で暮らす高齢者の支援に取り組むことにしました。

　その後，地域包括支援センター職員と施設長が担当窓口となり，自治会主催の会議や打ち合わせ会などに参加し，さらに団地自治会と当施設が共同して「食と生活に関するアンケート調査」を実施（2013年度）しました。その集計・分析から，回答した65歳以上の世帯のうち，約半数が80歳以上，高齢の単身世帯・老老世帯が9割という結果が出たのです。さらに，食事会などの会食型サービスを利用したいという声は半数を超えていました。誰とも話をしない孤食状態で，スーパーでの惣菜で済ませてい

る住民の食生活が垣間見えると共に，食事会で「会話を楽しむ・顔見知りができる・スタッフに相談できる」などの期待も込められていました。また，日常生活の中での不安や悩みごとでは，「健康面，急病・災害時の対応，介護や認知症のことなど」が，困っていることとして挙げられていました。

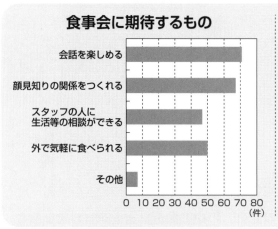
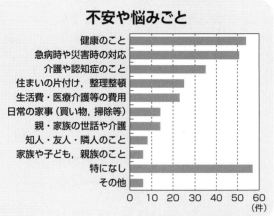

❷ 住民主体で進める

　アンケート調査の分析をする中で，団地自治会と当施設は孤立化と孤食化が進んでいることを実感し，団地で暮らす高齢者が定期的に顔を合わせておしゃべりしながらの食事機会の必要性を確認しました。コミュニティ食堂はあくまでも手段であり，顔なじみの関係づくり，互いに気づき合い支え合う関係性の構築を目的としています。

　人が集まれば困りごとも集まります。相談ごとへの解決には，専門職である当施設の職員の出番もありますが，集合住宅で暮らす住民ならではの生活課題には，近隣住民が支え合い，団地住民主体，団地自治会が軸となって取り組み，当施設は後方支援（黒子）役を担うことにしました。さらに，住民主体であれば東京都の「地域の底力再生事業助成金」が活用できるのです。

　コミュニティ食堂の準備・運営は，住民が配下膳，接客，話し相手などのボランティアを担当し，団地自治会が助成金申請作業とPR活動，当日の参加者（高齢者）およびボランティア調整，会場予約などを担当しました。当施設は，調理と受付会計（相談コーナー）を担当することにしました。

❸ 施設内の職員体制と予算の調整

　2013年度に，当施設の職員組織として「西部地区・新サービス検討委員会」を発足し，UR団地における単身の高齢者や高齢者世帯を意識して，新たに求められるサー

よりあい食堂かよう入口

食事をきっかけに大勢の人と顔なじみの関係が広がる

ビスや期待される支援機能について検討し，また2014年度以降にコミュニティ食堂開設の可能性について協議を進めました。

　コミュニティ食堂の開設にあたっては，当施設の会計からは新たに大きな支出を行わず，現状の職員体制を変えずに通常業務の見直しの中で派遣できる職員体制を組むことを確認しました。

❹ 自治会との協議・調整

　2014年度に入り，半年後の9月にコミュニティ食堂を開設することを目指して，団地自治会と当施設（調理部門職員が中心）との協議が始まりました（月1～2回）。団地自治会は，すでに居住者同士で親睦を深めるサロン・カフェや居酒屋などを月に1回運営していましたが，担い手の高齢化や固定化により役員らの負担も大きくなっていました。顔見知りの関係をつくり，健康状態や生活上の変化を把握するためには，週1回の頻度での開催を検討し，役員らの負担がこれ以上に増えることがないようにも配慮しなくてはなりませんでした。

❺ 開設準備

　コミュニティ食堂の開設準備としては，次のことを決定しました。
- 食器，調理器具などは当法人内の各施設から不用な物を集め，不足する必需品（食器，食器食材等運搬用コンテナ，案内表示看板など）は東京都の助成金から購入。
- 7・8月には，団地自治会の自治会ニュース（月1回，約1,000部ポスティング）により参加登録者およびボランティア募集と，試食会案内を行う。
- 試食会を3回実施。登録予定者やボランティアからの感想や意見をうかがう。
- コミュニティ食堂での提供品は，定食（500円），コーヒーあるいは紅茶（50円），

食事前のいきいき健康体操

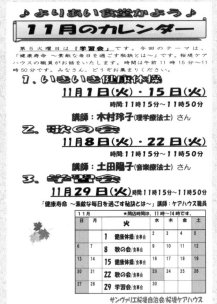

焼き立てミニパン（1個80円）にし，ボランティアの食事代は団地自治会会計で持つことにする。
- 開設時での利用登録者は40人，ボランティアは10人。

❻ 当日の運営と活動紹介

- 運営スタッフは，調理2人，配下膳ボランティア3人，受付会計（相談コーナー）1人，全体統括1人（生活支援コーディネーター等）。ほかに介護予防活動の講師1人の合計8人とした。

〈スケジュール〉

11：00～11：15	会場設営，開店準備
11：15～11：50	介護予防活動（いきいき健康体操あるいは歌の会）
11：50～	食事受付開始，食事・喫茶提供
13：00～	オーダーストップ
14：00	閉店・片付け

　1日の参加者は，食事利用者が約30人で，介護予防活動参加者は15～16人。団地の号棟を越えて顔なじみの関係が広がり，誘い合って会場に来ることで互いに安否確認でき，欠席者の様子や健康状態等の情報も入ってくるようになりました。週1回の様子観察の機会は，心身の変調などを早めにキャッチできるようにもなり，公的サービスが必要な人には適切な時期にアプローチができるようになったと言えます（介護予防活動は，武蔵野市の「いきいきサロン事業」の補助を2016年7月から受ける）。

参加者の声

- 50年くらい団地で暮らしています。子どもが独立し，主人が他界して今は一人暮らしです。お昼を気軽に利用でき，この食堂がなければ，ほかの号棟の人と知り合うこともなかったです。
- この食堂がきっかけで顔なじみが増えました。せっかく大勢の人が集まるので，健康のためにみんなで歌を歌いたいと提案しましたら，ケアハウスの職員が「歌の会」を始めてくれました。とてもうれしかったです。
- 食堂は夫と2人で利用しています。夫は認知症がありますが，スタッフの中には認知症サポーターもいて安心して利用ができます。高齢化が進んでいる団地なので，この食事の場から若い世代との交流が広がればよいと思います。

まとめと今後の課題

　当施設と隣接する団地（集合住宅）と連携し，協働の取り組みを進めて約3年，「よりあい食堂かよう」が始まりました。その後，利用者の声から介護予防活動の体操や歌活動が始まり，利用者同士，利用者と団地自治会役員，事務員，ボランティアがお互いを気にかける関係性は深まっています。当施設の専門職はこの機会を通して，健康や介護に関する情報提供や利用者の様子観察，そのほかの高齢住民の情報なども入手できるようになり，必要な時には訪問したり，公的サービスや他の社会資源につなげていったりするなどとかかわりを広げています。

　今後の課題としては，この機会に出て来れない高齢者などへ，食を通しての関係性の構築，そして，利用登録者同士の支え合いの仕組みをつくっていくことが挙げられます。

社会福祉法人武蔵野　武蔵野市桜堤ケアハウス

施設紹介：ケアハウス（定員30人），併設施設として通所介護（定員20人），在宅介護支援センター／地域包括支援センター，居宅介護支援事業所
設立：1996年6月　**職員数**：33人　**ホームページ**：http://fuku-musashino.or.jp/
法人の理念：地域社会に役立つ
当該施設のミッション：目の前の困っている人を支える。困っている人を支える人を地域に増やす。

阿部敏哉　社会福祉法人武蔵野 高齢者支援部門・統括施設長
（武蔵野市桜堤ケアハウス施設長）

地域生活支援センターの施設長として障害者への相談支援，社会生活力向上の支援等に取り組み，特別養護老人ホームの施設長を経て，2011年より現職。高齢者福祉施設を拠点とした地域へのアウトリーチ事業に力を注ぎ，住民との地域づくりに取り組む。

食事支援

地域の人が酒食を楽しむ施設内「居酒屋松ちゃん」

主催：社会福祉法人松寿苑　　住所：京都府綾部市田野町

地域の特徴：綾部市は，福知山市や舞鶴市などに隣接する京都府中北部にある。人口34,690人，15,707世帯（2016年3月末現在）。由良川が市街地を流れ，自然豊かな里山に田園，農村が広がっている。高齢化率は36.2％と高く，少子化，過疎化が進み，社会環境や社会構造も変化し，福祉ニーズは複雑かつ多種多様化している。制度の狭間にあったり，生活のしづらさを抱えたりした人の声を地域全体で受け止め，既存の制度にとらわれない柔軟な考え方で地域活動に取り組んでいくことがますます大切になってきている。

- 活動時期・実施頻度：毎週金曜日
- 開催時間：18：00～21：00（3時間）
- 1回あたりの参加者の人数：5～10人
- 活動経費：約40,000円/月
- 活動場所：施設内
- 対象者：施設利用者および地域住民
- 活動予算：約40,000円/月
- 活動までの準備期間：6カ月

　食を楽しみ，充実した暮らしを利用者に提供すると共に，地域の人にも楽しく利用していただける施設内居酒屋（居酒屋松ちゃん）を，毎週金曜日の18：00～21：00の時間帯に行っています。

　鶏のから揚げやフライドポテト，揚げだし豆腐など居酒屋の定番メニューのほか，その日限定メニューを低価格で提供しています。その他，年末にはおでんの食べ放題を300円で提供したり，ビンゴゲームをして楽しんでもらったりすることもあります。お酒は，生ビール，日本酒，焼酎，酎ハイなど豊富に用意しています。

　施設利用者を中心に，地域の人が自由に来ることも特徴で，週1回，施設利用者と地域の人が自然と集まる交流の場になっています。

　この施設内居酒屋は，施設利用者の暮らしの中で食事を楽しみにしている人が多いことから，食を充実することで生活にハリが出るように，また，当苑を地域の人にも利用していただくことで，地域と共に歩んでいきたいとの思いで活動しています。

　施設内居酒屋に取り組むことで，施設利用者にとっても地域の人にとっても，1週間の疲れを癒すことができ，また次の1週間の活力が得られる，そのようないこいの場となることを目指して継続しています。

開催までの流れ

❶ 企画と施設内調整

　多目的ホールを活用し，施設利用者と地域の人のいこいの場にならないかと検討する中で，食の楽しみを提供する場所として，居酒屋を企画することになりました。

　居酒屋を行う多目的ホールは，以前は厨房や食堂として使用されるなど調理機能が備わっていた建物であったため，大幅な改修工事は必要ありませんでした。机，いす，食器類など必要になる物については，当苑の所有物や，地域の人，スタッフから寄付を募ったところたくさん寄せていただき活用しました。

　営業時間は18：00～21：00で，毎週金曜日の週1回の頻度でオープンすることになりました。人員については，当苑の栄養士・調理師が仕事として取り組むこととし，居酒屋開催日の担当者とホール係を配置するための勤務シフト（12：30～21：30）を新たに設けました。

　このように，できるだけ既存の建物と備品，人員を活用することでコストをかけずに企画が進められました。

❷ 準備・周知

　運営に係る詳細な準備は，当苑の栄養士，調理師が中心となり進めていきました。「居酒屋松ちゃん」というネーミングは，利用者から居酒屋の名前を募集したところ17人から応募があり，その中から利用者に一番支持を得た「松ちゃん」に決まりました。居酒屋に掲示するお品書きは，利用者に書いてもらいました。来店1回ごとにスタンプを1個押して，5個たまると1品無料サービスできるスタンプカードなども作成しました。室内の装飾についても，居酒屋の雰囲気が感じられるよう検討する一方，できるだけコストをかけずに手作りで準備が行われました。メニューの考案や試食を行い，毎回注文できる居酒屋定番の品を決定したほか，毎回利用しても飽きずに食を楽しんでもらうために，旬の食材を使った「本日の限定メニュー」を提供することになりました。

　広報・周知については，施設利用者を中心に呼びかけました。また，定期的に交流を行っている老人クラブや見学来訪者に説明することで周知を図りました。あくまで施設内居酒屋であることから，最初の段階では，できるだけ多くの施設利用者に来てもらうことにしました。

　地域の人には，オープンに向けてチラシを配布するなどの大々的なPR活動は行わ

ず，一時的なイベントに終わらせるのではなく，毎週継続した取り組みとして定着させていきたいという思いがあり，口コミにより徐々に広がって自然な流れで来ていただきたいと考えました。

❸ 当日の運営と活動の紹介

〈スケジュール〉

運営者：2人

　12：30～準備開始（担当者）
　　　　～16：00準備完了
　18：00～オープン（担当者，ホール係）
　21：00　終了・片付け
　　　　～21：30

各担当者の当日の役割

　担当者は，現在4人の栄養士，調理師がローテーションを組んで担当しています。12：30に出勤し，本日の限定メニューの調理や，定番メニューの下準備や酒類の在庫の確認・注文，机やいすなどの設営をはじめとする開店準備を行います。

　担当者は，寿司屋，フランス料理店，イタリア料理店，日本料理店，居酒屋などの豊富な経験を生かし，毎回趣向を凝らした限定メニューを提供します。季節の食材を取り入れたり，時には自分で釣ってきた新鮮な魚を調理して提供したりするなど，メニューにかかわる話題と共に楽しみを提供しています。

　ホール係は，開店の18：00から参加者を迎えます。注文をとったり，担当者の作っ

定番メニューに加えて本日の限定メニューも提供

口コミで広がり，金曜日の夜は顔見知りの交流の場に

た料理を運んだり下げたり，その他ドリンクを作ったり，レジ打ちをしたりするなどの仕事をする中で，居酒屋の雰囲気を楽しんでもらえるよう接客を行っています。

当日の様子と効果

毎週金曜日，18：00のオープンに「こんばんは！」と常連の施設利用者が店に入ってこられます。「いらっしゃいませ！」とスタッフが威勢のいい声と笑顔で出迎えます。施設利用者の中には，通常の夕食を抜いて来られる人もいて，朝から開店を待ちわびているのを感じます。地域の人の場合，「今日は居酒屋ありますか」と事前に電話して仲間数人で来られることもあり，施設のスタッフが仕事終わりに立ち寄ることもあります。このように今では自然と居酒屋に人が集まるようになり，一体感のある和やかな雰囲気でくつろいでもらっています。

地域の人も楽しみにされている居酒屋松ちゃんは，2004年10月にオープンして12年が経過しました。スタート当初は，施設利用者と地域の人との交流がなかなか進みませんでしたが，地道に続ける中で，徐々に顔見知りになって交流が始まり，自然に声をかけ合ったり，一緒に歌を歌ったりする姿が見られるようになりました。

また，暮らしの相談をお聞きしたことがきっかけで，介護サービス利用につながったことや，当苑に就職することになった人もいます。

「やめずに続けてきたからこそ，今があるんだと思います」と，担当者はこれまでを振り返り，今後も地道に継続していくことに意義があると感じています。

参加者の声

- 施設の夏祭りに行った時に，居酒屋の話を聞きました。気軽に来てくださいと言われたので，それからよく来ています。
- いつも来られている施設利用者の姿が見えないと，どうされたのかと気になります。
- 利用者の人とは，外で出会っても挨拶をしたりしています。
- いつもは，みんなそれぞれの部屋で生活していますが，金曜日の夜は，自然と「松ちゃん」に集まります。（施設利用者）

まとめと今後の課題

　毎週金曜日の実施を基本としていますが，行事が重なったり人員配置ができなかったりした場合は臨時休業になることがあります。週1回の居酒屋を楽しみにされている施設利用者は，地域の常連さんと顔の見える関係が築けているだけに，その期待に応えていきたいと思っています。

　当苑が，施設の取り組みとして地域の人にも来てもらえる居酒屋を行っていることを話すと，もの珍しさやインパクトがあるようで，「一度行ってみたい」と興味を持ってもらえます。福祉の拠点づくりを進めている当苑にとって，居酒屋を通じて当苑や福祉に関心を持ってもらえることはありがたいことです。より多くの人に関心を持ってもらい，利用してもらうためにも，週1回の活動を着実に実施し，交流の場を継続していきたいと思っています。

　また，ビアガーデンやお花見会など，居酒屋を活用した新たなお楽しみ企画を実施するなど，地域の人の声を聴きながら，子どもから大人まで活用してもらえる交流の拠点となるよう活動を充実し，信頼を高めていきたいと思っています。

社会福祉法人 松寿苑

経営施設：養護老人ホーム松寿苑，ケアハウスウォーターヒルズ松寿苑，特別養護老人ホーム松寿苑／短期入所生活介護，特別養護老人ホーム第2松寿苑／短期入所生活介護，綾部デイサービスセンター，松寿苑訪問介護事業所，松寿苑居宅介護支援事業所，綾部老人介護支援センター，特定施設ケアハウスたのやま，グループホームたのやま，グループホームうえすぎ，うえすぎ松寿苑デイサービスセンター，綾部市西部地域包括支援センター，高齢者支援センター松寿苑（デイサービスセンター，高齢者生活支援ハウス，居宅介護支援事業所，小規模特養あたご），西八田高齢者支援センター松寿苑（小規模特養おかやす，小規模多機能ふれあい）

設立：1979年　　職員数：265人　　ホームページ：http://www.asjn.jp/

法人理念：「人類愛善～ひとりひとりを大切に～」を基に，「人材」「業務プロセス」「ご利用者」「財務」の4つの視点を基本方針に掲げて質向上に努めています。高齢者総合福祉施設として，「地域のために」をモットーに，地域の皆様の声に根ざし，信頼される福祉の拠点を目指して，日々実践を積み重ねています。

大槻勝也　社会福祉法人 松寿苑　総務部 リーダー

1994年日本福祉大学社会福祉学部社会福祉学科卒業。同年4月社会福祉法人綾部市社会福祉協議会入職。コミュニティソーシャルワーカー，ボランティアコーディネーターとして勤務。その後，2003年4月社会福祉法人松寿苑入職。介護職員として綾部デイサービスセンター勤務を経て，現在に至る。

学校連携

小学生への福祉授業
浴風会チャレンジ
―福祉を未来につなげようプロジェクト―

主催：社会福祉法人浴風会第二南陽園　　**住所**：東京都杉並区高井戸西
活動地域の特徴：P.30参照

- **活動時期**：年2回　　● **対象者**：富士見丘小学校4年生（現在5年生）
- **活動場所**：浴風会，杉並区立富士見丘小学校　　● **活動予算**：費用なし（人件費別）
- **活動までの準備期間**：約5カ月間

　昨今少子高齢社会と言われ，家族機能は変化し家族形態が多様化しています。3世代家族の割合が30％以上であった1995年には，高齢者は家庭の中で孫の養育という役割を担い，子どもは高齢者からさまざまなことを学び，家庭の中で異世代交流ができることが当然でした。テレビアニメの「ちびまるこちゃん」の家庭がよい例ではないでしょうか。しかし，現在の3世代世帯の割合は15％以下まで減少し，一方で単独世帯は大幅に増加しています。今，高齢者と生活を共にするどころか，かかわる機会すらないという子どもがとても増えています。

　2003年に国は，少子高齢社会対策として「少子化社会対策大綱及び子ども・子育て応援プラン」を制定しました。その中で，子どもの成長を社会全体で応援し，自然体験・社会体験の機会の提供や子どもたちの異世代交流を掲げています。赤ちゃんから高齢者といった，いわゆる世代間交流はその関係性の中で何かを学び，子ども自身が自らの役割を見いだす機会となったり，責任感が生まれたりします。

　当法人では，「浴風会チャレンジ―福祉を未来につなげようプロジェクト―」を立ち上げ，高齢者と地域の子どもたちの異世代交流から，高井戸地区で支え合う土壌をつくること，双方にとって豊かな環境をつくることを目指しています。そのプロジェクトの一つとして，「福祉授業」から「交流会」を実施しました。

開催までの流れ

❶ 町会連合会への参加

　当施設では2014年から，杉並区富士見丘地区を含む「高井戸地区町会連合会」の会合に月に一度参加をしています。これは地域との連携や社会福祉法人の地域貢献につ

いて考える際に，地域のニーズについて調査・分析し，活動につなげていくことが不可欠であると考えるからです。

　実際に会合では，高井戸団地の高齢化による孤独死や徘徊高齢者の問題，商店街の取り組みや地域で開催される催し物など，多岐にわたる地域の課題が検討されていることから，これまでにも当施設より車いす貸し出しサービスや，地域の催し物にデイサービス活動室の貸し出しをしています。さらに町会連合会では，子どもの教育や青少年育成における取り組みに力を入れており，当施設として小学校の総合授業で役に立てることはないかと考え，「福祉授業」を企画しました。

❷ 学校・地域コーディネーターとの連携

　近隣にある杉並区立富士見丘小学校は児童数339人（2016年4月1日現在）。特色ある教育活動としては，演劇を取り入れた総合的な学習の時間に力を入れ，地域運営学校に指定されている小学校であり，学校・地域コーディネーター（以下，コーディネーター）が配置されています。

　コーディネーターとは「教育課程や学校行事の支援を行い，学校，家庭，地域の連携を図る職務」とされ，具体的には総合的な学習の時間などで地域の人材，資源を必要とする場合に講師やボランティアを探し，情報提供などを行うことを，学校から委託された地域住民です。小学校と協働した取り組みを行うことについては，学校教育や地域に精通しているコーディネーターとの連携は不可欠であると言えます。

　「福祉授業」を企画するにあたり，コーディネーターから地域との連携や学校教育における現状の課題を教えてもらいながら打ち合わせを重ね，まずは小学校4年生への福祉授業を実施することにしました。主旨として高齢者とかかわる前に，「福祉」「介護」いわゆる「支え合い」について学んでもらい，その後の交流会では実際のかかわりを学んでもらおうと考えました。

❸ 施設内調整のための情報共有

　特別養護老人ホームでは，業務の合間に授業や交流会を行う人材を確保することは，スタッフの理解なしには上手くいきません。そのため，新しい事業展開をする上で特に重要なことは，スタッフ間の目的意識の共有が必須となります。当施設では，地域での取り組みや町会連合会の情報については，法人，施設の職員一人ひとりが地域で活動していくことの重要性を共有できるよう，毎日の朝礼や日頃の会議などで発信しています。また，施設全体が地域へ目を向けられるよう「浴風会チャレンジ」の

基となる企画書回覧や，これまでの活動記録などの情報も共有しています。

④ 授業内容の打ち合わせ

　富士見丘小学校４年生への福祉授業については担当教員，コーディネーターと度重なる打ち合わせを行い，分かりやすい言葉，できるだけ映像を用いての授業を実施することにしました。最も配慮しなければならなかったのは，子どもたちがその時点で学習している漢字，言葉を用いて資料作成をすることでした。さらに児童が授業に退屈しないよう質問や考える時間を設けたり，興味をそそるようにクイズ形式にしたりするなどの工夫をして，参加型の授業を進めていくこととしました。

　通常，福祉関係者が介護教室などで話をすると，自分たちの仕事内容からどうしても高齢者を支えることに視点が行きがちです。しかし，小学生を対象とした福祉授業では，「子どもの視点から見た高齢者」について伝えていくことを目的とする必要があります。高齢者は今の日本をつくってきた尊い存在であり，小学生である自分たちも社会の一員であるという認識が持てるよう児童の視点を少しだけ広げる工夫や伝え方をしなければなりません。教育現場のスペシャリストと熱意あるコーディネーターとの打ち合わせで，これらのことを学びました。

⑤ 事前アンケートの実施

　富士見丘小学校の４年生の３世代家族世帯は54人中５人と日常的に高齢者とかかわる機会が少なく，加えて児童の祖父母は前期高齢者未満も少なくない状況でした。加齢に伴う身体状況，それによる日常生活でお手伝いを必要とする高齢者を目の当たりにする機会が少ないため，事前に担当教員が学習する時間を設けてくれました。同時に児童が当法人に対して持っているイメージや高齢者に聞いてみたいことを授業の前準備としてアンケートを実施してもらい，これを基に授業内容を詰めていくことにしました。アンケートの設問内容は次のとおりです。

1．浴風会について知っていること　　2．高齢者に会って聞いてみたいこと
3．浴風会のスタッフに聞いてみたいこと　　4．高齢者のイメージ

⑥ 「福祉授業」の実施

授業運営者：２人（生活相談員，ケアワーカー），コーディネーター，担当教員２人
時間：10：00～10：50

　当日は２クラス合同授業のため，体育館で「福祉授業」を実施しました。打ち合わ

動画やクイズ形式で行われた「福祉授業」

せを重ね，製作したパワーポイントには送迎車の様子を動画で取り込み，事前アンケートから得られたいくつかの質問に関する答えを回答するという内容で行いました。また，公開授業とされていたことから，訪れていた父兄からも高齢者についてのクイズ形式の授業は「分かりやすい」などの評価をもらいました。

　授業前のアンケートにおける高齢者のイメージは，「杖を使って歩いている」「認知症がある」「病気になりやすい」という回答が最も多かったのですが，裁縫をしている高齢者や戦争体験を話す高齢者の映像を通して，「高齢者は多くのことを体験し，それを私たちに継承してくれる存在である」と児童は感じてくれたようです。また，介護を担当しているケアワーカーが授業を行い，仕事内容，高齢者への想いを分かりやすく説明したことで，児童の持っていた高齢者や当法人に対するマイナスイメージが払拭されたと思います。この活動は児童が高齢者や地域にある当法人への理解を深め，その後の交流の継続性を意識できる1日となったと思います。

　そのような効果からか，授業の約2カ月後に法人内の施設で行った交流会は，大盛況で終わりました。

児童の声

- 高齢者の生活が理解できました。浴風会が何をやっているかが分かりました。
- 福祉の仕事は大切な仕事だと分かった。
- お年寄りにできることがあれば何かしたいと思った。
- 人にやさしく自分のできることはしたい。

まとめと今後の課題―活動の効果と反省点

　当時4年生だった児童は，現在5年生になりましたが，富士見丘小学校とのかかわりは現在も継続しています。運動会や法人の敷地内で実施された写生会（P.134参照）では変わらぬ元気な姿に，担当者としてうれしくなりました。活動当初，高齢者とかかわることが少なかった児童に対し，「マイナスイメージになってしまわないか」「今後お年寄りとコミュニケーションがとれるのか」などと，教員も施設職員も不安を抱えながら始めた福祉授業でしたが，その後の交流会では児童のコミュニケーション能力とパワーが我々の不安を一蹴し，施設職員，法人全体が多くのことを児童から学ばせてもらいました。

　活動の効果として，小学校からの学校行事への招待により施設入居者の外出の幅が拡大されたこと，そして何よりも喜ばしいのは今回のかかわりにより，児童の施設設備の利用や，小さな訪問者が増えたことです。

　地域活動は始まったばかりですが，富士見丘小学校とのかかわりを通して専門領域以外の人との連携，先方への理解など，いかに学ぶことが多いかを痛感しました。授業を受けた児童からは，「自分のおばあちゃんだけでなく地域で困っている人がいたら声をかけてみようと思う」という感想が聞かれ，頼もしさを感じました。このような声からも分かるように，社会福祉法人の地域貢献事業は常に互恵関係であり，共に笑顔になる事業であるのではないかと考えます。

参考文献　1）内閣府高齢白書平成26年度版.

社会福祉法人浴風会　第二南陽園

施設紹介：特別養護老人ホーム（定員150人），短期入所生活介護（定員6人），併設施設として通所介護（定員40人）

設立：1987年2月　　**職員数**：102人　　**ホームページ**：http://www.yokufuukai.or.jp/

法人理念：Ⅰ　地域との協働と社会貢献　　Ⅱ　利用者中心のサービスの提供
　　　　　　Ⅲ　専門職の連携を活かした職場づくり

工藤章子　社会福祉法人浴風会　第二南陽園　主任生活相談員

社会福祉法人浴風会特別養護老人ホーム南陽園にて介護職，認知症専門フロア生活相談員を経て，2006年より第二南陽園にて生活相談員として従事。2015年4月より現職。社会福祉士，介護福祉士，介護支援専門員。

学校連携

学校からの児童・生徒を受け入れる職場体験

主催：社会福祉法人こうほうえん 高齢者総合福祉施設さかい幸朋苑
住所：鳥取県境港市誠道町
地域の特徴：人口34,934人，高齢化率―65歳以上27.9％，75歳以上14.4％
　　　　　　　小学校7校（地域組織7地区），中学校3校，高校2校（内1校は介護科あり）

《ボランティア体験事業》
- 活動時期：夏休み期間中
- 実施頻度：年1回
- 活動場所：さかい幸朋苑9事業所
- 開催時間：9：00～16：00（2日間）
- 対象者：境港市中高生
- 今年の参加者の人数：14人
- 活動期間：打合会から反省会まで4カ月

　当法人は設立に際し，境港市の特養建設場所の候補地として小学校の隣接地を選定し，以来一貫して施設機能の地域還元を主要活動実践テーマとして意識し，諸事業・諸活動を展開してきました。まず，隣接する小学校との交流活動を推進することから取り組みましたが，最初に直面したのが，交流のためにはお互いがいったん道路に出て大回りをして，正門を通らなければならないという距離と安全の壁でした。

　そこで，敷地間の水路に橋を掛けるよう行政と交渉し働きかけ，交流に往来する安全な最短距離の道を確保しました。この橋は，まさに地域との交流の架け橋として象徴的な「ふれあいの橋」となり，すべての活動の起点となっています。

　また，2000年の鳥取県西部大地震被災時にも，被害にあった小学校の体育館の代替施設として，施設併設のコミュニティーホールを提供し使用してもらったり，実際児童が行き来する中から質的変換を成し遂げ発展した交流活動もあります。

　地域の『社会資源』として考えた2本の柱が，①隣接する小学校とできること，②当市の社会福祉施設としてできることの模索で，その一つの活動として「ボランティア体験事業」といった職業体験を実施しています。

開催までの流れ

❶ 小学校との交流から職場体験へ

　当施設は，開苑早々，立地的に小学校隣接の条件をどれだけ活かせるかが問われました。各学年1クラスの小規模校でしたが，まずは学年を問わず可能な交流を計画し実施しました。やがて，小学校の一斉クラブ活動に，施設交流のクラブを作ってもら

職員から，食事形態の違いやその必要性などについて学ぶ

見た目もおいしく盛り付けることを気にかけ，冷やし中華の盛り付けを行う

おまたせしました

うことで飛躍的に定例交流の頻度が増え，年間20～30回ほど行われるようになりました。

その後，事業所整備が進み，今では当苑も複合施設となりました。現在は特別養護老人ホーム・老人保健施設・ケアハウス・デイサービス・デイケア・グループホームの6事業と6学年とを交流相手として設定し，それぞれでの事業所で交流計画を学年担任と話し合いながら進めています。当初は，学年持ち上がり制で単年でない交流期間を想定していましたが，現在では学年固定で事業所を決め，6年間ですべての事業所との交流を児童が体験できるようにと変更しています。交流内容は，レク・演芸・園芸・作品づくり・おやつづくりなど，その時々で可能な内容を各事業所で計画していますが，近年では児童に考えさせ，企画・運営を任せるような交流をするようになってきています。

また，学校側からの学習要素付加の要望も高まり，福祉学習・車いす体験などの出前授業も行われるようになってきました。ケアハウスでは，6年生との交流から働く職員の立場を体験したいとの申し入れがあり，3日間に分かれ全児童が職員からのレクチャーの後，食事提供の盛り付け・配膳などを行う職場体験をこの2年間，実施しています。

毎年，年度当初に福祉教育担当教諭・教頭などとの事前打ち合わせを経て，全事業所・全学年担任との顔合わせを設定し年間計画を決定しており，活動評価と内容見直しの場となっています。交流からスタートしましたが，継続していく中で，学習・職場体験要素充足へと活動内容も変化してきたと言えます。

その他，学校行事や施設行事を相互に位置づけ，交流を続けています。中でも，小

学校の『七夕集会』は，施設のコミュニティーホールで開催する学校行事として定着しています。さらに，小学生交流の前提に，教職員向けの研修会も不定期ですが開催しています。教職員の異動などを勘案しながら，直近では2014年度に施設職員が講師となり「認知症サポーター養成講習」も行いました。

❷ 地域の『社会資源』として

　当苑開設前年，別法人で市内に障がい者施設の開設もあり，行政や社会福祉協議会等関係機関の資源活用への関心度も高まっていました。当施設も参画し協議を進める中，夏休み期間を活用した，中高生を対象とした2施設での2日間の「ボランティア体験事業」の実施を行うことになりました。当初，宿泊・食事提供型で実施したその事業は，約50人の受け入れを行いました。時代と共に変遷してきましたが，2016年度は，さかい幸朋苑9事業所（サテライト事業所含む）で14人の受け入れを実施しました。事務局は「境港市民総合ボランティアセンター」が担い，学校と施設との受け入れ調整・保険加入を行っています。

❸ 中高生のボランティア体験受け入れ

　実施にあたっては，市内の受け入れ全事業所（他法人の障がい・介護施設5事業所含む）と全中学・高校関係者同席での打合会・反省会を行っています。募集に際しては，当苑では市内16事業所が受け入れ登録を行っています。受け入れを重ねる中で，生徒の体調不良時などの際の緊急連絡体制の確立，個人情報保護の同意，活動中に活かせる特技などの申込書への追記などの改善を図ってきました。

　この取り組みは当市単独の事業で（県社協主催の同種事業もあり），それぞれの事業所から受け入れ登録を行っています。事業所ごとに独自のプログラムを組みますが，活動時間を9：00～16：00とし，食事の配下膳・入浴後の髪の乾かし・レクなど，それぞれメニューを考えています。受け入れ期間・人数も事業所ごとで設定し，結果として2日間の活動日を幅広い期間の中から生徒が選択できる仕組みになっています。

　直近の7年間は，活動日前に半日の事前オリエンテーションを兼ねた講習会として，認知症サポーター養成講習・車いす操作講習・高齢者疑似体験を実施し，ボランティア体験事業の一助としています。また，ここ数年の傾向としては，施設実習に来ている福祉科の高校生が実習とは異なる事業所を選び，進路選択の参考にもしているようです。高校統合で福祉科ができ十数年が経過し，介護実習などで施設を訪問する機会

高齢者疑似体験で高齢者の動きにくさや見えにくさを体験

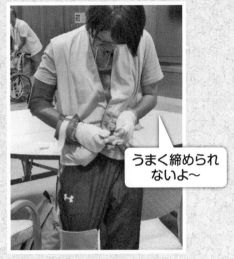
うまく締められないよ〜

が増えましたが，前述のようなパターンもあるようです。また，当事業とは別に，中学校の実施する（現在は市教育委員会管轄）『職場体験事業』も存在し，デイサービスやグループホームが登録事業所となり，5日間の活動の受け入れを行っています。

④ 地域でできること

　小学生・中高生を対象とした活動を紹介しましたが，施設が地域の中であらゆる年齢層や対象に応じた「社会資源」として活動できることが，いくつかあると考えます。当苑でも，次のようないくつかの取り組み活動があります。

- 境港市新任職員研修の受け入れ
- 専門学校・介護科高校の実習受け入れ（出前授業の実施）
- 「認知症サポーター養成講習」の開催
- 介護予防教室・地域講座（公民館）などへの職員派遣
- 地区社協主催の「ミニデイサービス」や「ふれあいの家」事業への協力　など

　施設は，利用者への介護サービスの提供にとどまらず，地域の「社会資源・教育資源」として還元し得る，知識や技能・ノウハウを持ち合わせています。地域貢献が叫ばれる中，地域から施設に何かしてもらうのではなく，施設から地域に何ができるのかを考え続けていかなければなりません。

参加者の声 (子どもたちの声)

- たくさん利用者さんと話ができて楽しかったし，介護のことをもっとよく知ることができました。
- 介護の仕事にやりがいを感じ，将来やってみたいと思いました。

- 初めは不安でしたが，皆さんに笑顔で迎えられ，うれしかったです。とてもよい経験になりました。

まとめと今後の課題

　今回，紹介した活動は，開苑以来それぞれ長く継続しています。ボランティア体験事業を一つのきっかけとして，職業として目指す者へはインターンシップのような機会にもなっており，職員の中にも体験者が多く存在しています。さらに最近は，職員の子どもたちが応募している例も少なくありません。

　市の機構や体制，担う関係機関や窓口も時代と共に変わってきました。それぞれの活動において，定期的に内容の検証・修正をし，時代に応じた活動メニューやスタイルに変化していかなければなりません。そのような中でも変わらないことは，常に施設側からアプローチし関係を維持することです。地域の中では，小学校・公民館・自治会・社協・PTAなど，さまざまな関係者が存在するので，常にアンテナを張り続けることが大切です。

　当苑も事業所整備が進む中，市内7小学校区（地区）で事業所展開をしてきたことによって，市内全校区での地域貢献活動推進が課題となっています。各地区における関係づくりや連携が重要となります。しかし，サテライト事業所は施設規模も小さく，誠道地区のように複合拠点施設に至るまでとはなっていません。全市・全地区で「地区の社会資源」として認識されるよう，誠道地区の実践を共有し，複合拠点施設からのバックアップ活動も行っていきたいと考えています。

社会福祉法人こうほうえん　高齢者総合福祉施設　さかい幸朋苑

施設紹介：特別養護老人ホーム（定員90人），老人保健施設（定員50人），ケアハウス（定員50人），併設事業所として通所介護，通所リハビリ，訪問介護，訪問看護，居宅介護支援事業所，その他市内7地区に，特別養護老人ホーム（2カ所），グループホーム（3カ所），小規模多機能型居宅介護事業所（2カ所），通所介護事業所（2カ所）等の事業所がある。

設立：1987年3月　　職員数：451人　　ホームページ：http://www.kohoen.jp

法人理念：「わたくしたちは　地域に開かれた　地域に愛される　地域に信頼される　こうほうえん　を目指します」

西村　稔　社会福祉法人こうほうえん　ケアハウスさかい幸朋苑　施設長

1992年特別養護老人ホームさかい幸朋苑に入職。生活相談員を経て，2013年より現職。

学校連携

高齢者理解を深める小学校児童による写生会

主催：社会福祉法人浴風会第二南陽園　　**住所**：東京都杉並区高井戸西
活動地域の特徴：P.30参照

- **活動時期**：5月
- **実施頻度**：年1回
- **活動場所**：法人敷地内での開催
- **開催時間**：2時間程度
- **対象者**：富士見丘小学校5年生，引率教員，学校支援本部
- **参加者の人数**：小学生53人
- **活動予算**：1,000円
- **活動経費**：1,000円
- **収支**：0円
- **活動までの準備期間**：約5カ月

　当法人は東京ドームの1.3倍という敷地の中に3つの特別養護老人ホーム，病院，老人保健施設，グループホーム，養護老人ホーム，軽費老人ホーム，ケアハウスなどがあります。総合的という利点はあるものの，自己完結型となりやすく，敷地の広さは，逆に周囲からは敷居が高く映るのかもしれないという状況がありました。

　一方，児童のいる三世代世帯は，平成25年国民生活基礎調査によれば，全国平均でわずか3.9％で，東京が最も割合が少ないことから，高齢者と同居している小学生は東京では全くの少数派となります。

　こうした背景から，地域で高齢者理解を深めるためには，幼い頃から高齢者と接する特別な機会の設定が必要で，当施設としても，これまで近隣幼稚園児の訪問，小中学校の福祉授業の取り組みなどを行ってきました。これは将来，高齢者や障がいを持って暮らす人々に対して，やさしい眼差しを向けられる人に成長してもらいたいという期待から始めたことで，小学生児童による写生会の取り組みもこの延長上の取り組みとして，当施設が窓口となり，他施設の協力も得て実施しました。

開催までの流れ

❶ 小学校との交流・連携

活動を始めるきっかけ

　当法人は関東大震災の被災高齢者の援護を目的に設立され，90年を超える長い歴史があり，それなりに地域において認知されています。敷地の庭は，近所の人や近隣の保育園児の散歩コースでもあり，こうしたことを素地にしてより意識的な交流につなげたいと願ってきました。

2014年に当法人は理念を手直しし、「地域との協働と社会貢献」を筆頭に掲げ、地域とのかかわりを推し進める姿勢を鮮明にして、地域交流への職員の取り組みを一層後押ししました。

当施設が窓口になった近隣の富士見丘小学校との交流は、2015年12月には、4年生を対象とした「高齢者理解、高齢者を支える仕事を知る」授業を実施し、2016年1月には、第二南陽園在宅サービスセンター、養護老人ホーム浴風園への訪問・交流会を実施するという交流展開を見せたことを受けて、当法人園庭を活用した写生会の実現を目指しました。

学校・地域コーディネーターへのアプローチ

富士見丘小学校は、地域に根差した学校づくりを目指して2009年に地域運営学校の指定を受け、また杉並区では全国に先駆けて学校支援本部が設置されました。学校・地域コーディネーター（以下、コーディネーター）が配置され、ボランティアとして学校と調整・連携をとりながら、学校内外の教育活動への支援、また企画提案などが行われ、地域に開かれた学校づくりに大きな役割を果たしています。

今回の一連の取り組みにおいても、学校との重要なパイプ役として、コーディネーターと連絡を取り合い、話し合いを重ねました。写生会の実現には、コーディネーターの熱意に大いに助けられました。

施設・事業所への訪問や交流会を実施する中で、コーディネーターには写生会の提案も行い、交流事業が順調に推移したことも手伝って、コーディネーターを介した学校とのやりとりの中で、法人園庭での写生会の取り組みはスムーズに進み、早い段階で実施することに合意しました。

❷ 小学校との協議・打ち合わせ

2016年3月初め、コーディネーター、富士見丘小学校の図工教諭が来園され、施設からは園長と生活相談員が応対して具体的な打ち合わせを行いました。

図工教諭からは、「小学生たちには何枚描くのか、何を題材に描くのか、建物でも、景色でも、一輪の花でもいいので、その場で自由に決めさせたい」「写生は線描で行い、絵の仕上げは学校に持ち帰って後日行いたい」と、児童の自主性や主体性を大切にしたいという思いが伝わってきました。

施設側としては、敷地内には関係車両も行き交い、庭には池もあることから当日の安全な実施、また直射日光からの熱中症対策を含めた児童たちの体調管理もテーマに挙げて、実施内容の検討を重ねました。

その後の打ち合わせでは，写生場所は法人本館（建物は東京都の歴史的建造物に指定されている）から，池を挟んだ礼拝堂という周囲を車両通行可能な道路に囲まれた範囲とするなど，以下のことを決定しました。

- 富士見丘小学校からは5年生53人が参加し，教員3人，学校支援本部の7人が引率する。
- 当法人側からは当日8人のスタッフがサポートする。
- 児童たちは全員が帽子を着用し，水筒を持参する。
- トイレを使用する場合は，本館トイレへ誘導する。
- 第二南陽園の医務室は，いわば臨時の保健室として機能させる。
- 実施日は，4月のカリキュラムが決まってから決定する。

❸ 施設・法人内の調整

　当施設の内部会議では，開催目的や意義について確認すると共に，各部署の協力体制，実施の際には利用者と小学生の交流のために，外出支援としてご利用者に付き添うことなどを話し合いました。

　一方で，月例の法人幹部会議で企画提案報告を行い，各施設には当日のサポートスタッフの派遣を要請しました。もとより各施設とも趣旨に異論なく，全面的に協力が得られることになりました。

❹ 最終協議・打ち合わせ

　4月28日，当施設で，富士見丘小学校の図工教諭と5年生のクラス担任，そしてコーディネーター，当施設の園長と生活相談員が参加し，最終打ち合わせを行いました。

　ここで実施日は5月30日（月）とし，予備日として翌日の31日（火）を充てることを最終決定しました。敷地内配置図を学校側に手渡すと共に，当日は安全確保のために，写生会エリア外周の敷地内道路に面する各スポット，エリア内にある池の周辺に法人スタッフを配置することなどを確認し，合同で事前下見を行いました。

❺ 写生会の運営と効果

当日の運営

　予定していた5月30日はあいにくの天気となり，翌日の予備日は晴れるとの予報があり，31日の5～6時限目にあたる13：40～15：15へと変更されました。開催当日は前日とは打って変わった晴天で，少し汗ばむほどの陽気でした。

富士見丘小学校から当法人までは歩いて5,6分の距離であるため,法人スタッフは13時30分には予定の集合地点に集まり,最終的に役割を確認しました。その場には,予定スタッフ以外にも各施設長や法人本部職員が顔を見せ,そこに教員に引率されて小学生たちが到着し,クラスごとに並んで素早く点呼が取られました。学校からの求めにより,法人専務理事から簡単な浴風会の紹介と歓迎の挨拶が行われ,引き続き図工教諭から,写生会の狙いや諸注意が話されました。その後,児童たちに画用紙とペンが配られ,思い思いの場所に散らばっていきました。

各担当者の当日の役割

　法人スタッフもそれに伴い,写生エリアの各所で見守りを開始しました。敷地内を車が通行するといっても,厳しい速度制限があり交通量も一般道路に比べはるかに少なく,飛び出しや転倒に注意することがスタッフの主な役割でした。しかしながら,池にはたくさんの鯉や亀がいることから小学生たちは興味津々で,鉄柵で囲われているものの身を乗り出す児童もあり,時折声をかけたりする必要がありました。それでもスタッフも一緒になって,楽しげに児童たちに声をかけながら見守っていました。

当日の活動中の様子

　当施設からも職員に付き添われご利用者が出てこられ,写生中の児童に声をかけられたり,目を細めて熱心に写生している児童を眺めていたりしました。普段園庭で絵を描いている養護老人ホームの利用者を見つけた児童が,「どうしてそんなに上手く描けるの?」などと声をかけたのをきっかけに,ご利用者と児童たちの間で話が弾んだという場面も見られました。

　また,大きな画用紙に丁寧に素描を描き込んでいく児童や何枚も描いていく児童もおり,一方で早々と描き上げた児童たちは,池の周りでわいわいがやがやとふざけ回

礼拝堂と池

絵をきっかけに利用者と児童の会話も弾む

り，時間はあっという間に経ち，写生会は終了しました。

活動の効果

7月に入って富士見丘小学校より，教室の授業での彩色が終わり絵が完成したので，浴風会で展示会をしたいとの話が寄せられました。こちらも「ぜひ」とお願いし，展示場所の検討に入り，外部の人も利用できるレストランがある第三南陽園のピロティの内側廊下で行うこととしました。7月25日から1週間ほど作品展示会を開催し，法人内外の方にご覧いただくと共に，期間中何度も足を運んで来られた近所の高齢者もおられました。

参加者の声

作品展示会には，参加した小学生の父兄の方の来場もあり，作品を見て喜んでおられたという話が聞かれました。

また，園庭で絵を描いていて児童と交流を持たれた養護老人ホームの利用者が，「とても素敵な1日になった」とのお礼の手紙を富士見丘小学校に送られていたということを聞き，うれしくなりました。

まとめと今後の課題

今回の取り組みは関係者の中で一様に評価され，すでに来年度の開催も決まっています。地域で子どもたちをどう育んでいくのか，関係機関は各々の考えや内的ルールの中で取り組んでいます。それを互いに尊重しながら，時に協働した取り組みを行うことで思わぬシナジーを生み出すことがあり，当施設としても継続的なかかわりを行っていきたいと考えています。映画『ライムライト』でのチャップリンの言葉「人生に必要なもの。それは勇気と想像力，そして少しのお金」は，地域貢献活動にも当てはまるのではないでしょうか。

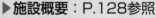

▶施設概要：P.128参照

植木雄治 社会福祉法人浴風会 第二南陽園 園長

2003年4月，南陽園にて生活相談員，2007年8月管理副園長として第二南陽園へ異動，2014年4月より現職。

防犯連携

地域の子どもたちの安全を担保する下校見守り隊

主催：社会福祉法人こうほうえん 新さかい幸朋苑エリア　　**住所**：鳥取県境港市上道町

地域の特徴：人口3,370人，高齢化率32.9％。高齢者世帯が多い一方で子育て世帯が少ない。空き家も多く，空き巣や不審者などが問題になっている。また，地域行事の参加者も高齢化が進み，削減傾向になっている

- **実施頻度**：週5日
- **活動時間**：下校時刻（20～30分）
- **1回あたりの実施人数**：約2人
- **活動場所**：上道小学校下校ルート
- **対象者**：小学1年生を中心
- **活動登録**：10人

　当法人の理念にある「地域に開かれた施設」「地域に愛される施設」「地域に信頼される施設」を新さかい幸朋苑エリア（介護老人福祉施設新さかい幸朋苑・地域密着型介護老人福祉施設みなと幸朋苑・デイサービス新さかい幸朋苑・グループホームあがりみち・小規模多機能型居宅介護デイハウスあがりみち）として目指している中で，"地域に開かれた"とは，ただボランティアを数多く受け入れる受け身の姿勢ではなく，地域の一部になる状態ではないかと考えてきました。目指すのは地域の人に「私たちの施設」と言ってもらえることです。

　そのような地域の一部になるためには，地域と"互恵互助"の関係を築き上げていくことが必要で，まず私たち施設職員自身が地域に積極的に出かけていき，地域のニーズの発掘を行い，そのニーズに対して自分たちが持っている人材を地域に役立てていく活動（市民運動会選手参加・地区対抗球技大会選手参加・市内清掃活動）を行ってきました。その中で高齢化率の増加，子育て世帯の減少が見られ，少子化も進んできているという問題が見えてきました。

　さらに，地域のニーズとして空き巣や不審者といった治安悪化対策が急務であると感じていた中，2012年4月に地域住民5人が立ち上がり，市教育委員会の協力のもと，「こども見守り隊」が結成されたことを知り，自分たちも安心して子どもを育てられる地域づくりのお手伝いを行いたいと考え，動き出しました。現在は地域の子どもたちと顔見知りとなり，新たな取り組みも行っています。

開催までの流れ

① 地域ニーズの発掘

　私たち施設職員自身が地域に積極的に出かけて行くにあたり，その思いや考えを当エリアがある上道8区区長に聞いてもらえる時間をいただきました。

　施設職員は「地域情報を知ってほしい」「施設状況を地域に発信してほしい」とアドバイスをもらい，上道8区自治会に入会させてもらうこととなりました。

　また，上道自治連合会会議にて，回覧板を通じて各世帯に施設機関誌を配布してもらえないか検討してもらえることになりました。その結果，社会福祉法人とはいえ，特定の法人の営利目的にもつながる可能性があるため，世帯への配布ではなく回覧のみという区もありましたが，約1,200世帯への配布許可をもらえました。それをきっかけに，今まで施設利用者やその家族のみ配布していたエリア全体の機関誌に加えて，グループホームと小規模多機能型居宅介護の合同制作機関誌も作成し，より普段の利用者の活動（生活）や事業所の取り組みを発信できるようになりました。また，配布してもらう機関誌は各区長さん宅へ介護職員が持参することで，それをきっかけに顔見知りの関係づくりに努めました。

　さらに，各施設に回覧板が回って来ることにより，地域行事や公民館行事，派出所新聞などの情報を得ることができるようになりました。これにより，各施設が地域の行事に参加でき，サービス事業責任者が利用者や職員の参加調整を余裕を持って行えるようになったのです。それらの成果は，毎月行われる新さかいエリア会議（参加メンバー：各事業責任者，各主任以上，事務職代表，栄養士）の場で参加人数報告が行われ，小規模多機能型居宅介護事業所管理者が代表して，その人数を区長に報告する流れが構築できています。

　そして，区長への行事参加報告も余裕を持ってできたことで，区対抗ソフトボール大会や区対抗卓球大会に参加できたり，事前に地区の人と職員が練習時間を設けたりすることができ，結果的に優勝したこともありました。さらに，市民運動会では区のテント内に当施設利用者用の席も準備してもらえるようになりました。

　このように地域行事への参加をきっかけに，少子高齢化の問題，空き巣や不審者の治安悪化問題があることを直接，地域の人から聴くことができたのです。そして，その問題に対して施設職員として何かできないかと模索していた時，「こども見守り隊」への参加について，隊を立ち上げたメンバーより相談を受けたのです。

❷ 見守り隊参加準備と問題点の抽出

新さかいエリア会議の場で下校見守り隊参加について話し合い，以下の問題が浮上しました。

問題1：見守り隊の基本活動として学校生活，通学路に慣れていない小学1年生に対して「校門から自宅まで」の見守り支援を行っているが，日々下校時間が変わることに対して，本業である介護業務と下校時間に合わせての見守り支援が行えるか。

問題2：見守り支援を行っている時，自分たちが事故やけがをしてしまった場合の保険はどうなるか。

問題3：開始当初は，逆に地域の人や小学生に不審者と間違われないか。

問題4：毎日継続して行っていくための参加登録人数をどうするか，日々の調整役を誰が行うのか。

❸ 見守り隊参加に関しての問題対応

市教育委員会（学校支援コーディネーター），見守り隊リーダー，小規模多機能型居宅介護事業所管理者との三者で，下校見守り方法（**問題1～4**）に関して協議しました。その結果は，次のとおりです。

問題1：施設職員メンバーは「校門から自宅まで」ではなく，小学生のほか中学生も自転車通学で使用している昔のメイン通り（旧道）である通学路を重点的に，下校時間に合わせて徒歩で30分程度，不審者に警戒しながら子どもたちの下校安全を巡回し見守ることとした。

問題2：地域住民の「こども見守り隊」メンバーの皆さんと共に，ボランティア活動保険に学校・家庭・地域連携協力推進事業の事業費で加入させてもらうこととした。

問題3：地域住民の「こども見守り隊」メンバーの皆さんと共に，境港市警察署生活安全係から防犯ジャケット・帽子・タスキをもらうこととした。

問題4：活動参加メンバーは新さかいエリア会議参加メンバー10人とし，窓口や調整役を小規模多機能型居宅介護事業所管理者とした。

また，日々変更のある下校時間の把握に関しては，小学校より児童の家庭に配布される下校予定表と小学校通信を月末に受け取り，次月分の予定が分かるようにしました。日々の活動参加者は，毎朝行われる新さかいエリア合同朝礼時にメンバー個々のスケジュールから，参加可能なメンバー2人を選出することにしました。

❹ 活動への参加

　これらの問題を解決し，下校見守り隊として，下校時刻に合わせ，徒歩で30分程度，不審者に警戒しながら子どもたちの下校安全を巡回し見守りました。実際には，授業のある週5日，メンバー2人が，昔のメイン通りであった旧道を巡回しています。

　これらの日々の活動参加を通して下校時の子どもたちはもちろん，旧道近隣住民と挨拶を交わすことで顔見知りの関係が築かれました。不審者情報も2013年度は活動地域内で4件発生していましたが，2015年度には2件と半減しています。また，3月の終業式後には「下校見守り感謝の会」を小学校側が開催してくださり，児童から感謝状や感謝の手紙・言葉をもらいました。その際には，新学期からも下校時に見守ってほしいことをお願いされ，下校見守り隊からは「傘を使って遊びながら帰らない！」「2列以上横に並んで歩かない！」など，改めて約束事を交わす機会ともなっています。

❺ 活動からの発展

　下校見守り隊として参加したことにより，地域の人と顔見知りになり，子供会より，夏休み期間中のラジオ体操を行う場所として施設駐車場の使用依頼がありました。それにより，時には施設利用者も一緒にラジオ体操に参加できています。

　さらに，自治会長，子供会より自治会でのお祭りがないので，開催にあたり共催で行ってほしいと依頼がありました。そこで，2014年度より毎年，自治会と新さかいエリア事業所合同での納涼祭を開催するようになり，地域の子どもたちも一緒に準備から参加してくれるようになっています。

　また，今年度の地区敬老会で，施設職員に演芸をしてほしいとの依頼もあり，「町で認知症高齢者を支援して行こう！」という寸劇を実施しました。

通学路を巡回して下校時の安全を見守る

終業式後に行われた下校見守り感謝の会

このように地域とつながることにより，さまざまな相乗効果が生まれています。

まとめと今後の課題

自治会と合同で行われた納涼祭

法人理念の実現に向けて地域の一部になるため，地域と"互恵互助"の関係を築き上げていく方法として，私たち施設職員自身が地域に積極的に出かけていき，地域のニーズの発掘を行い，そのことで感じたニーズに対して，自分たちが持っている人材・資源を活用していこうと実践してきましたが，知り得て活動に移したニーズは，まだごく一部と考えます。

今後も日々変わる地域のニーズに対して貢献を惜しまないことはもちろん，地域の人が希望する事柄に対していち早く予測を立てて対応できるように準備しておくことも，地域貢献として大切であると考えています。

社会福祉法人こうほうえん

施設紹介：新さかいエリア
介護老人福祉施設新さかい幸朋苑（定員64人，短期入所生活介護16人），地域密着型介護老人福祉施設みなと幸朋苑（定員29人，短期入所生活介護10人），デイサービスセンター新さかい幸朋苑（定員32人），グループホームあがりみち（定員18人），グループホームひので（定員18人），小規模多機能型居宅介護デイハウスあがりみち（定員29人）

法人本部事務局：鳥取県米子市両三柳　**設立**：1987年4月

鳥取県・東京で事業展開（事業所125箇所），全介護保険事業，関連事業。保育・回復期リハビリテーション病院，サービス付高齢者住宅，小規模多機能施設など200事業

職員数：2,190人（2016年7月現在）　**ホームページ**：http://www.kohoen.jp

法人理念：わたくしたちは，地域に開かれた，地域に愛される，地域に信頼される，『こうほうえん』を目指します

中嶋健児　社会福祉法人こうほうえん　小規模多機能型居宅介護
デイハウスあがりみち　管理者兼ケアマネージャー

介護老人福祉施設の介護主任・生活相談員の実践を経て現職。パーソン・センタード・ケアの理念に基づいて実施されるDCM（認知症ケアマッピング）の上級マッパーとして，介護サービス関係者だけでなく地域住民へ認知症への理解・普及と啓発に従事する傍ら，新たな介護人材育成のため，介護職員初任者研修・介護福祉士実務者研修の講師としても積極的に活動。

防犯連携

認知症の理解を深める徘徊声かけ訓練

主催：社会福祉法人やまがた市民福祉会　　住所：山形県山形市富神前
地域の特徴：P.61参照

- 活動時期：2015年8月〜2016年2月
- 実施頻度：認知症についての講座2回，声掛け訓練学習会2回
- 活動場所：とかみふれあいセンター（地域交流センター），併設特養とかみ共生苑研修室
- 開催時間：講座13：00〜14：00，声掛け訓練・学習会9：00〜12：00
- 対象者：地域住民および施設職員　　●1回あたりの参加人数：50人
- 活動予算：50,000円　　●活動経費：30,932円　　活動準備期間：3カ月間

　認知症になっても住み慣れた地域で，安心して尊厳あるその人らしい生活が継続できるようにするためには，地域の住民が認知症を正しく理解し，さらに地域の見守り体制を強化することで生まれる安心感が必要と考え，認知症高齢者徘徊声かけ訓練を実施しました。

開催までの流れ

❶ 地域住民の認知症に対する不安

　2008年11月高齢者問題が多様化する中，介護をはじめ年金などのさまざまな問題を解決しようと，地域の人やボランティア団体・社会福祉法人が協力協同で運営する相談所兼交流スペースとして，地域交流センターとかみふれあいセンター（以下，当センター）を開設しました。2014年4月より認知症専門相談所を開設し，「認知症」をテーマにした研修会を開催したところ，予想をはるかに上回り30人を超す地域住民が集まり，関心の高さがうかがえました。その中で，「近所の認知症の方が，畑のほうれん草を抜いて行ってしまう。注意しても聞き入れてもらえないので，どのように対応したらいいですか」「ボケと認知症の違いってなんですか」「認知症を疑ったらどこに行けばいいですか」「近所にうちのじいちゃんが認知症だとばれるのが恥ずかしくて」「この頃物忘れがひどくて不安だ」という質問や意見があり，認知症による生活の不安があると共に，認知症の理解がまだ不十分であることが痛感できました。

❷ 認知症を理解する3つの事業の企画

　地域住民に広く正しい認知症の理解を深め，よりよい地域づくりとはどのようにし

たらよいかと考えていたところ，次の3つの事業が必要であると考えた。
①認知症の理解を深めるため，地域の見守りのための認知症サポーター養成講座
②認知症高齢者とその家族の居場所づくりとしての認知症カフェ
③行方不明になった時やもしもの時に備えるための地域連携ネットワークの構築を目的にした「徘徊模擬訓練」

まず，認知症の正しい理解と地域における見守りのためには，認知症サポーターを増やしていく必要があると考え，当センター（地域住民・法人職員協力協同運営施設）で活動されているボランティアと西山形地区民生児童委員，西山形福祉協力員に声をかけて認知症サポーター養成講座を受講してもらい，地域に広めようと考えました。

次に，当センターを活用し「オレンジカフェとかみ」（認知症カフェ）を開催することを企画しました。もともと，交流スペースとして喫茶店を運営していることから，午後の空いている時間を活用して常設の認知症カフェとして運営し，週に1回認知症・介護予防体操を開催しました。

徘徊模擬訓練は，当法人の特別養護老人ホームの所在地でもあり，当センターを主会場とするため周辺地域の山形市西山形地区を対象としました。徘徊模擬訓練として発見から保護，家族への連絡までのネットワークづくりまでを想定して企画し，費用は物品なども含めて法人からの持ち出しを検討しました。

❸ 施設内調整と予算の確保

「オレンジカフェとかみ」の運営と徘徊模擬訓練について，当センターにおいて説明会を行い理解と協力を求めました。運営委員の中には，西山形地域の住民の人も多くいるため，「いいことだから勧めてくれ」との意見をいただいた時は，今回の活動を後押しする力となりました。施設内での協力体制として，グループホームの管理者，ケアマネジャーなど地域を中心に活動している部署に協力してもらえるように働きかけ，訓練時のルートの担当者や補助として担当してもらうことになりました。予算は，2015年4月に山形県認知症サポーター活性化事業の助成金に企画書を提出したところ徘徊模擬訓練，認知症カフェの運営などに助成金が交付されたため，運用資金に充てました。

❹ 地域との連携協力体制づくり

これらの活動の実施について，西山形民生委員・児童委員協議会会長，西山形振興会長および振興会役員，西山形振興会福祉部長に個別で訪問し，必要性について話をし協力をお願いしたところ，地区を挙げて協力してもらえることになりました。また，

当センターボランティア，民生児童委員，福祉協力員が認知症サポーター養成講座受講から徘徊模擬訓練などに参加，協力することになりました。

同時に，地域包括支援センターにも企画を持ち込み認知症サポーター養成講座の開講，徘徊模擬訓練での協力を要請したところ，「ネットワークづくりにはプライバシーの問題や交番，商店などの多方面との協力が必要でハードルが高いのではないか」とアドバイスをもらい，準備期間が短かったことから，声かけ訓練に焦点をあてた内容に変更しました。

徘徊者は「目的を持って行動している。それらが達成されずに困っている」という助言をもらい，徘徊者役の人にも気をつけてもらいました。徘徊者役には，当施設で業務委託を受けている高齢者協同組合（以下，高齢協）の人に協力を依頼しました。さらに事前打ち合わせにおいて，声かけをする人たちはどの人が徘徊者役か分からないため，何かを探している様子や季節感のない服装，「家に帰りたい」などの言動まで考えてもらうようお願いしました。

⑤ 認知症高齢者徘徊声かけ訓練開催準備

声かけ訓練を行うにあたり，次のような準備をしました。

参加者確認：認知症サポーター養成講座受講者，西山形民生児童委員，西山形福祉協力員に手紙などで出欠を確認した。

事前説明協力：柏倉駐在所，西山形小学校，コミュニティーセンターなどには，訓練について説明した。

ルートの設定：距離などを測りながら時間なども検討して無理なく参加できるようにし，それを基に地図を作製した。

目線を合わせて声をかける

声をかけても立ち止まってもらえない

グループ編制：地域に密着した活動にするために，参加者の居住地域に近いルートを設定した。

事前学習会で準備したもの：声のかけ方のポイントなどの資料，訓練の方法などの資料
声かけ訓練で準備したもの：ルートごと色別のネームプレート（購入），飲み物（購入），カイロ（購入），ルートごとの出発点のパイロン，ルート地図
声かけ訓練振り返り会：アンケート用紙，ボールペン

❻ 当日の運営

当日の運営者（法人職員）：9人…A〜Dルート（担当者1人，補助1人）
〈スケジュール〉

8：00〜 各ルートパイロン設置	9：10〜10：00 事前学習会
8：30〜 受け付け開始	10：15〜11：00 訓練開始
9：00〜 開始式	11：15〜12：30 振り返り会

　まず担当者が各ルートにパイロンを立てる準備から始め，開会式後，事前学習会で講師より認知症の人への声かけの方法やポイント，注意点などを講演してもらいました。次に担当者より，詳しい声かけのポイント（下記参照）や身元が分かるようにするための情報などを紹介した後，訓練の手順，方法などの説明を行いました。

〜声かけのポイントとして〜

1. まずは，服装や態度など様子を観察しましょう。
2. 声をかけてみましょう。自分が困っていることを人に知られたくないと思っていたり，自分で何とかしようと一生懸命に考えていたりする場合もあるため，会話は何事もないように受け答えする可能性があります。声をかけながら観察もしましょう。
   ステップ1　「いつもおせわさまっス」「こんにちは」「いい天気だなッス」徘徊者役の方が知り合いだった場合は名前を言って声かけしてください。
   ステップ2　「どさいぐなやっス？」「どっからござったッス？」など何気ない会話から状況の確認を行ってください。
   ステップ3　本人情報の確認の質問「家はどこだッス？」「名前ば教えてけろッス」などです。
3. 様子がおかしく徘徊や迷子を疑った場合は
   ①安全な場所で休んでいただきましょう。
   ②本人の話から連絡先が分かった場合は連絡してあげましょう。
   ③分からない場合は，警察署に連絡しましょう。

---

❼ 声かけ訓練の実施

　A〜Dのルートごとに9人1組のグループを形成し，さらにグループごとに3人1組の班を形成しました。そして，3班をルートの3箇所に1班ずつ配置し，徘徊者役に

向かって歩き，一人ずつ声掛けを行います。声掛け終了後は徘徊者役とすれ違うようにし，別ルートでセンターに戻ってもらいます。各徘徊者役には，社会福祉士，介護福祉士，ケアマネジャーなどの有資格者を担当として配置し，助言やタイムキーパー的役割を担いました。また，各ルートに補助員を配置し，1～3班の訓練参加者の誘導や安全確保などを行いました。

　実際には，徘徊者役に一人ずつ声をかけるためか，緊張で第一声が出ない場面や会話が続かない参加者も見られたり，寡黙な男性徘徊者を演じた人は，無視をして歩くといったように徘徊者役の名演技に圧倒される場面もありました。

参加者の声

- 声かけすること自体が思ったより難しかった。
- 普段なら困っているかなどを観察しないで通り過ぎていた。
- ご近所との関係性を再認識した。これから関係性を構築したい。
- 地域で日頃から良い関係性をつくっていく必要があり，高齢者だけでなく子どもたちにも認知症の正しい理解を深めて，対応方法など学習していくことが必要だと感じた。
- 声をかけてできるだけ早く家の人に知らせるのがポイント。

まとめと今後の課題

　今回の訓練では声かけのみでしたが，地域の皆さんから意識の変化や認知症に対する考え方について変化が見られるようになり，「もし自分やその家族が認知症になったら…」を考えてもらえるなど，効果があったと感じられました。

　今後は，声かけのみではなくネットワークづくりまで行いたいと考えると共に，高齢に近い年齢だけでなく，小学生から認知症の理解を深められるよう小学校との協力を検討していきたいと考えています。

▶施設概要：P.66参照

温井秀典　社会福祉法人やまがた市民福祉会
とかみふれあいセンター　センター長代行

特別養護老人ホーム・グループホーム等の実践を経て，2011年3月より現職。着任時東日本大震災でボランティア活動に参加。地域とのつながりの重要性を改めて認識。その後も，山形市消費者啓発ボランティアや認知症サポーターとして活動し，地域交流とつながりをテーマに活動している。現在は，介護予防・日常生活総合事業サービスAの管理者を兼務しながら，高齢者福祉の充実と発展のため職務に邁進している。

防災連携

災害時に市の要請を受けて開設される福祉避難所

主催：社会福祉法人カトリック児童福祉会　特別養護老人ホームパルシア
住所：仙台市宮城野区燕沢東
地域の特徴：周辺には鶴ケ谷地区があり，多くの市営住宅があるため，市内でも高齢化率が高い地域となっている。一人暮らしや高齢者世帯が多く，在宅介護に困難さを抱える住民が多い。施設の周辺には，小学校，コミュニティセンター，児童館がある。一般の避難所としては，小学校の体育館が使用されることになっている。

- 開設時期：一定の災害が起きた際，市の要請を受けて開設
- 受入場所：施設内
- 対象者：高齢者で車いすを使用している人など，一次避難所では生活に支障を来す人（30人まで受入可能）

　福祉避難所とは，高齢者，障害者，妊産婦，乳幼児，病者など，一般的な避難所では生活に支障を来す人たちのために，何らかの特別な配慮がされた避難所のことを言い，災害時に市からの要請を受けて開設される二次避難所のことです。福祉避難所になる施設は，老人福祉施設，障害者支援施設，保健センター，養護学校，宿泊施設などがあり，既存の施設を有事に福祉避難所として開放することになります。しかし，全国規模でみていくと市区町村によって取り組みに差があり，特に町や村によっては，地域に福祉施設がないなどの理由から進んでいない現状もあるようです。

　当施設における福祉避難所は高齢者施設になるため，主に高齢者，中でも要介護認定を受けた高齢者を受け入れることを想定し，準備を進めてきました。車いすでの生活を余儀なくされている人や，認知症を患い一次避難所ではなじめない人，寝たきり状態でベッドが必要な人など，さまざまな理由から一次避難所では対応が難しい人を受け入れていくことが求められます。

実施までの流れ

❶「地震防災対策委員会」を中心とした備え

　東日本大震災が起きる前から，報道などで宮城県沖を震源とする大きな地震が近いうちに起きると言われていました。仙台市ではそれを踏まえて，福祉避難所を開設できるよう準備を進めており，当施設も福祉避難所の一つとして2009年に登録しました。
　当施設では，「地震防災対策委員会」を立ち上げ，定期的に委員会を開催し，災害が

避難時は、つい立てなどを利用し、ホールで過ごしてもらいました

マニュアルの見直しで増やした倉庫

起きた際の入居者へのケアや家族への連絡方法，福祉避難所開設時の役割などさまざまなことを検討し，体制を整えてきました。当時想定されていた規模では，災害が起きてから物資が届くまで3日間程度と言われており，当施設においても100人が3日間程度しのげる備蓄品を用意し，有事に備えていました。備蓄品としては，ライフラインが使えない場合を想定し，手動の吸引器，酸素ボンベなどの医療品，おむつやパッドなどの介護用品，プラスチック手袋やウェットティッシュなどの衛生用品，アルファ化米や缶詰，飲料水などの食品，その他にも発電機や簡易トイレ，懐中電灯などを準備し，備蓄品の使用期限に従って管理していました。また，それらを有事に活用するための訓練も定期的に行い，どこに，どんな物が保管され，どのように使うのか，実際に炊き出し訓練を行い，職員が少ない夜間帯に起きた場合も想定し，灯りをどう確保するのか，発電機の動かし方の研修を行ったりして職員が動けるように備えました。そして民生委員や福祉委員，町内会など地域の話し合いの場に参加し，当施設で備えがあることを周知しました。

❷ 福祉避難所としての震災時の対応

震災当日は，施設内でイベントがあり，多くの利用者がホールに集まっていたところに，震度6強の地震が発生しました。一部の利用者は居室にて過ごしており，揺れが収まった後，無事を確認しました。イベントを中止し，施設内を点検すると同時に入居者のケアについて話し合い，当面の対応を決め，各自役割に従って行動しました。併設している地域包括支援センターと居宅介護支援事業所の職員は，在宅で生活している高齢者の状況を確認しに出かけました。併設しているデイサービスセンターでは道路状況を確認の上，自宅に帰ることが可能なのか確認しながら，帰ることができる人は帰宅し，帰れない人はそのまま福祉避難者として受け入れることとなりました。併設のショートステイでも，同様に帰れない人を受け入れました。

備蓄物品一覧表

地域の人は，各自の判断で一次避難所に身を寄せている一方で，民生委員や福祉委員が担当圏域を回り，取り残されている高齢者がいないか確認していました。そこで発見された人を受け入れてほしいとの要請を受け，車で迎えに行き福祉避難所を活用された人もいました。その人は車いすを使用しており，足に補装具をつけていました。糖尿病を患っているとのことでインスリンの注射や服用している薬を持ち，家族に置き手紙を残して避難してもらいました。

❸ 災害後の対応

福祉避難所には日が経つにつれ，一次避難所から生活が困難な人の家族が個別に相談に来るようになりました。一人ひとり話を伺いながら，布団を持ち込んでいただくよう依頼したり，家族も一緒に受け入れたりして，避難生活をしてもらいました。この時，介護度別にフロアを分け，軽度の人はデイサービスセンターのフロア，中度の人はショートステイのフロア，重度の人は特養のフロアに避難してもらいました。結果，震災後からトータルで34人の福祉避難者を受け入れることになりました。

福祉避難所には，災害が起きてから物資が届くまで3日間程度と言われていましたが，災害の規模の大きさから物資が届くまで時間がかかるかもしれないと考え，食事は一日に朝夕二食で提供し，昼食として果物を提供しました。避難所の生活環境につ

いては，つい立てなどを利用し施設にあるものでプライベート空間をつくり，少しでもゆっくり休んでもらえるよう対応しました。職員の多くは泊まり込みで介護にあたり，交代しながら対応しました。

また，行政からの受け入れ要請もあり，情報を確認しながら3人の方を受け入れました。その中には，福島県第一原子力発電所周辺に住んでいた方がおり，着の身着のままで避難してきたため，車以外は何もないとのことで，家族は別の所に身を寄せながら生活再建を図ると話していました。家族には本人を避難者として受け入れるため，心配しなくて大丈夫と伝え，届いた物資の中からできるだけの食料や衣類などを提供しました。

福祉避難所の利用期間はさまざまで，翌日家族と連絡が取れ，帰宅された人もいれば，帰る目途が立たず，最終的に特養へ入居した人もいました。平均利用日数としては27.1日でした。

運営した職員の声

- 東日本大震災ではライフラインが途絶え，復旧までに時間を要したため，福祉避難所が開設されたことを後日になって知った状態でした。避難者の中には津波に遭遇した方や原発からの避難者もいらっしゃいました。介護のみならず，精神的な痛みを抱えた人に対しては，お話を傾聴し，スキンシップを図りながら安心するような声をかけ対応いたしました。

課題とその後の対応

東日本大震災という未曾有の災害における福祉避難所を開設しましたが，実施にさまざまな課題がありました。特に備蓄品の数は当初想定していた3日間では足りなくなり，現在では150人が1週間しのげる量を想定し，準備しています。そのために備蓄倉庫は当初1つでしたが，震災後は3つに増やしました。さらに，震災当日は雪が舞う気候であったため，毛布などで暖を取ることができましたが，季節が夏だった場合，停電による空調管理が困難になると想定されるため，暑さによる熱中症対策などが必要と考えます。

福祉避難所の運営では，避難者を受け入れていく中で，わずか数時間の間に避難者数が増減することがしばしばあり，職員で情報共有することの困難さがあったため，一日二回のミーティングを行い，情報共有に努めました。このようなことは，実際に福祉避難所の運営を経験しないと分からないことです。

また，当施設のある仙台市では，東日本大震災による福祉避難所の必要性を多くの住民が知り得ましたが，まだ災害を経験していない，日頃から施設を利用する機会がない地域の人にとっては，施設の中や福祉避難所の存在を知る機会が少ないと考えます。そのためにも，地域開放行事を積極的に行い，施設に出入りする機会を設け，有事の時には気軽に相談していただけるような関係づくりをしていく必要があると考えます。当施設でもその一環として「安心サポート事業」を独自に始めました。この事業は，地域の高齢者が生活に不安を抱える事象が発生した場合に，介護保険外のサービスとして一時的に避難ができるというものです。生活に不安を抱える事象とは，地震，猛暑，水害，雪害など自然災害で一時的に不安を抱えた高齢者を，当施設の宿泊室で受け入れています。

　ご存じのように，要介護認定で要支援以上の認定を受けた人は担当のケアマネジャーがいることから，不安を抱えた場合は相談しやすいと思いますが，要介護認定を受けていない自立している高齢者は，誰に相談してよいか分からないでいる状況にあると考えられます。そういった人が不安を抱えた際の避難先として，当施設を活用してもらえるよう始めました。2011年から始め，今までに4人の方が利用されています。このような活動を通して今後も地域の人と協力し，当施設という社会資源を活用いただけるよう努力していきたいと思います。

社会福祉法人カトリック児童福祉会　特別養護老人ホームパルシア

施設概要：特別養護老人ホームパルシア（定員50人）併設のショートステイ（定員20人）併設の燕沢デイサービスセンター（一日の定員30人）
　　　　　　併設の居宅介護支援事業所，燕沢ケアプランセンター，併設の燕沢地域包括支援センター

設立：1998年10月1日　　**職員数**：67人　　**ホームページ**：http://www.palusia.or.jp

法人理念：社会福祉法人カトリック児童福祉会は，すべての人の幸福のために，特に児童と高齢者のための福祉事業をキリストの精神に基づいて行う。

1. すべてのものは神から造られた。特に人間は神に似たものとして造られ，生命を与えられた。したがって，すべての人はみな兄弟であると認め，平等で自由に生きることができるよう協力する。
2. 人間は幸福になるために造られた。したがって，真の幸福とは何かを追求し，すべての人が幸福になるよう互いに助け合わなければならない。
3. すべての人が幸福になるためには，一人一人を大切にしなければならない。生命の源である神を愛し，隣人を自分と同じように愛することができる。
4. 神は人間に永遠の生命を与えられた。したがって，常に，希望を持って生活し，天国への準備を怠らないようにする。

三浦広朋（みうら ひろとも）　社会福祉法人カトリック児童福祉会
特別養護老人ホーム パルシア　生活相談員主任

東北福祉大学を卒業後，社会福祉法人カトリック児童福祉会に就職。同法人の燕沢デイサービスセンターにて勤務し，その後ショートステイ事業所にて勤務の後，特別養護老人ホームパルシアにて生活相談員として勤務する。

> 防災連携

地域防災体制の強化に向けた消防団への入団

主催：社会福祉法人一誠会　　住所：東京都八王子市宮下町
地域の特徴：P.99参照

- ●活動時期：通年　　●実施頻度：定期または随時
- ●活動場所：第5分団担当地域（梅坪町，尾崎町，加住町，左入町，高月町，滝山町，丹木町，戸吹町，みつい台，宮下町，谷野町）
- ●開催時期：通年　　●対象者：第5分団担当地域住民，家屋など
- ●1回あたりの参加人数：被災家屋，被災住民　　●活動予算：約120,000円
- ●活動経費：約120,000円（出動手当1回2,500円×出動回数）
- ●収支：約△120,000円　　●活動までの準備期間：約2カ月

　消防団は，消防本部や消防署と同様，消防組織法に基づき，それぞれの市区町村に設置される消防機関で，地域における消防防災のリーダーとして，平常時，非常時を問わずその地域に密着し，地域住民の安心と安全を守るという重要な役割を担っています。また近年は，女性の消防団への参加も増加しており，特に一人暮らし高齢者宅への防火訪問，応急手当の普及指導などにおいて活躍しています。しかし，八王子市消防団に関する条例では1,590人が定員ですが，2014年12月1日現在1,438人と，152人が不足している状態でした。

　そこで，2014年7月1日より当法人から職員2人が入団し，定例行事はもちろん，災害（火災，水害，土砂崩れなど）発生時，消防署からの要請により，勤務中であっても，施設における緊急事態を除き，積極的に出動しています。

　消防団の入団資格は，市町村ごとに条例で定められていますが，一般的に18歳以上で，その市区町村に居住しているか，または勤務している人なら性別を問わず入団でき，市町村から年額報酬（数万円程度）や，災害活動または訓練に出場した際の手当て（1回あたり数千円程度）などが支給されます。

入団までの流れ

❶ 消防団員への入団打診

　八王子市は消防団員の不足に加え，地域の高齢化はもちろん，一人暮らしの高齢者，孤独死・孤立死，老老介護や認認介護，高齢者の火の不始末などから発生する火災な

どが課題でした。そこで，当法人の職員が消防団に入団することによって消防団員の不足を補うだけでなく，高齢者の福祉，介護の専門性を発揮することで，より地域の人，特に高齢者に対する安心感にもつながると考え，入団を打診しました。

八王子消防団では，これまで企業（組織）からの入団がなかったことから，検討が必要なため，説明を受けたいとのことでした。八王子消防団長第5分団長と面談をし，当法人が地域貢献の一環として，消防団への協力，入団をしたい旨の説明を行いました。消防署との協議の結果，入団の許諾を得，法人内での人選に入りました。

❷ 法人内での人選

法人内での人選にあたっても，生活課題を抱える地域住民，いわゆるコミュニティを対象に，ニーズ把握やアセスメントができるソーシャルワーカーが適任と考え，施設部門から1人，居宅部門から1人の計2人（特別養護老人ホームの生活相談員，グループホームの計画担当責任者）を入団させることに決定しました。

そして，消防団長をはじめ，消防団員の方々と担当する職員を交えて，消防団の活動や消防団員の立場など，具体的な説明を受ける機会を設けました。

❸ 法人内の人員調整とコンセンサス

消防団の活動は施設外になるため，理事長の承認が必要なことから，理事長に対して地域や消防団の実情をはじめ，消防団の活動内容，活動に係る費用，担当職員の負担，他職員の協力などを含め，消防団入団の必要性を説明し，了承を得ることができました。

また，法人内からは，担当職員の出動の際に発生する人員不足を危惧する声もありましたが，積極的な地域とのつながり強化と地域貢献を目標としている当法人の理念を再度説明すると共に，当法人が実施する地域行事や地域との合同防災訓練などに，消防団が協力してもらえることなどを説明し，協力と理解を得ることができました。

また，消防団に入団することによって，活動に必要な活動服などが支給され，さらに年1回支給される定額報酬に加え，手当として1回の出動につき定額を支給されることから，当法人からの持ち出しは原則ありませんでした。しかし，法人として職員に入団の命令をすることもあり，夜間，休日などにおいては時間外手当を，別途支給することとしています。

❹ 地域への周知

　消防団への入団，そして開始するにあたっては，自治会長をはじめとする役員の方々，八王子消防署などに，法人の考え方，活動の目的，入団する職員の使命などの説明を行いました。関係者，関係機関に，好意的に受け止めてもらえたことは，地域が抱える現在の課題，ニーズが存在していたということが言えると考えます。

❺ 消防団員としての活動

　消防団員として出動要請がかかると，次のような手順で出動します。
①出動要請
②上司に出動要請の報告
③上司の了承を得た後，活動の内容によって活動服に着替え出動
④活動
⑤活動後，上司へ活動報告すると共に，日誌に活動内容を記載

　また，消防団の活動は消火による出動だけではなく，次のような定例行事や，さまざまな活動に参加します。

〈定例行事〉

4月	入団式―新入団員が消防団として必要な知識や動作を学びます
4・5月	写生会―市内小学校の児童が消防車を写生します
5月	統一訓練―消防署教師の指導の下，操法の訓練を行います
6月	操法大会―12個分団が日頃の訓練の成果を競います
6月	水防訓練―梅雨や台風シーズンを前に，消防署隊と合同で水防工法などを訓練します
7・8月	まつりなどの警戒―災害発生を未然に防ぐための警戒を行います
9・10月	連携訓練―火災件数が増加する冬季を前に，消防署隊と合同で訓練を行います
12月	歳末特別警戒―年末に各分団が担当地域を巡回し，偕楽園ホームで予防活動を行います
12月	音楽隊演奏会―さまざまな行事で予防広報活動を行っている音楽隊が，年1回，演奏会で日頃の練習の成果を披露します
1月	出初式―千人を超える消防団員の行進や，消防記念会の木遣や梯子乗り，一斉散水などを披露します

水防・林野火災訓練	出初式

〈その他の活動〉

- 消防団フェスタ—団員の交流も兼ねて、地域の皆さんに活動を知ってもらう目的で行っています。模擬店や体験コーナーなど、大人や子どもも楽しめるイベントです
- 各種訓練—多様化する災害に備えて、消防署隊と共に、各種訓練を行っています
- 火災予防運動—八王子駅前などで、火災予防啓発の運動などを行います
- 救急救命講習—地域や消防署などで実施している救急救命講習に指導員として、女性隊を中心に指導を行っています

地域の声

- 偕楽園ホームさんが消防団に入団してくれたことに感謝していることはもちろん、町会行事にも多くの職員やご利用者に参加してもらったり、やぐら組みなどお祭りのお手伝いにも積極的に協力してもらっていることは町会としても大変ありがたく思っています。今後も、町会としても偕楽園ホームさんにはできる限り協力していきたいと思っています。(宮下町町会長)
- 高齢者が多くなってきている宮下町にあって、偕楽園ホームの職員さんが消防団にも協力してもらっていることは心強い限りです。また、町会の役員会ではオードブルなどもお願いしており、今やまさに町会の一員として、それ以上の貢献をしてもらっていると感謝しています。(宮下町婦人部長)

まとめと今後の課題

2014年まで、当法人が所在する八王子市宮下町との間に、災害時における協定の締

災害活動相互応援協定締結式

結がありませんでした。これは，同町に所在するもう一つの特別養護老人ホームも同様で，地域住民から，災害時の応援に対しての不安などから慎重論が根強かったと聞き及んでいました。

　こうした背景を下に，特別養護老人ホーム自らが，地域の一員としての自覚を持って消防団に入団し，災害に対して受動的ではなく能動的にかかわりを持ち，地域住民と一緒になって防災活動を行うことによって，当法人への理解を得ることができました。また，地域との総合防災訓練を実施することで，具体的に地域住民の役割が明確化されるなど，災害時における相互応援協定への理解が深まり，1年後の2015年2月に協定の締結に至ったことは大きな成果と言えます。

　消防団への職員の入団は，「地域における公益的な取り組み」には該当しません。しかし，前述したとおり，高齢化が地域の大きな課題となる中，ソーシャルワーカーが生活課題を抱える地域住民といったコミュニティを対象に，消防団員としてコミュニティワークを実践することは，専門性を発揮し，より地域の人，特に高齢者に対する安心感にもつながります。これは，まさに地域貢献と考えます。

　東京消防庁では，複数の従業員を消防団員として入団させているなど，積極的に協力している事業所等に対して，「消防団協力事業所表示証」を交付しています。これは「消防団協力事業所表示制度」と言い，事業所の消防団活動への協力が社会貢献として広く認められると同時に，事業所の協力を通じて，地域防災体制がより一層充実されることを目的としています。「消防団協力事業所」として認められた事業所は，取得した表示証を社屋に提示でき，表示証のマークを自社ホームページなどで広く公表することができます。当法人は八王子市内の福祉施設としては初めて認められましたが，大きく地域に貢献した活動であったと考えます。

（水野敬生）

▶施設概要：P.103参照

参考文献
1）総務省消防庁ホームページhttp://www.fdma.go.jp/syobodan/about/（2016.10.18.閲覧）
2）八王子市消防団に関する条例
3）平成28年7月8日「社会福祉法人制度改革の施行に向けた全国担当者説明会資料」 厚生労働省社会・援護局福祉基盤課

> 生活支援

介護タクシーを利用した白十字外出サービス

主催：社会福祉法人白十字会白十字ホーム　　住所：東京都東村山市北部地域圏域
地域の特徴：P.83参照

- ●活動時期：通年　●実施頻度：月2回
- ●活動場所：東村山市および近隣市のショッピングセンター，名所や博物館など
- ●活動時間：概ね3時間（時間帯は活動内容による）
- ●対象者：地域高齢者と白十字ホーム入所者　●1回あたりの参加者の人数：5人
- ●活動経費：介護タクシー代3,000円（利用者5人で案分し，自己負担1人につき600円）

　2008年，当施設では，配食サービスを利用されている人を対象に，生活実態調査を実施しました。調査結果の中で，加齢に伴う心身機能低下により行動範囲が制限され，地域の中での孤立あるいは閉じこもりにつながる問題があることが分かりました。

　調査を実施した当時と比べても高齢化率は上昇し，外出や他者との交流が難しくなっている高齢者が地域の中で増えていることが課題となっています。そこで，2012年より，地域に根ざす社会福祉法人として，介護タクシーを利用した外出サービスを実施することにしました。ホームに入所されている利用者にとどまらず，地域の中で社会的孤立の恐れのある高齢者の自律性が高まる機会をつくることを目的としています。

開催までの流れ

❶ 地域ボランティアとの連携

　日頃から当施設でボランティア活動をしている地域住民の人から，「外出や他者との交流が減り，地域の中で孤立する高齢者が増えてきている」という声を聞いたことから，孤立する地域高齢者の自律性を高めるために外出サービスを企画することにしました。地域住民の人も外出サービスのボランティア（以下，地域ボランティア）として協力してもらえることになり，外出サービスに協力してくれる介護タクシーも見つかりました。活動頻度や時間帯，料金のことなど，地域ボランティアも交え介護タクシーと打ち合わせを行い，活動内容の方向性が決まりました。

❷ 関係機関との連携

　活動内容の方向性が決まり，次は閉じこもりがちで地域の中での交流が苦手な人た

ちに，どのようにアプローチすればいいのかを検討することとなりました。幸い，同一敷地内に当法人が運営する地域包括支援センター（以下，包括）と居宅介護支援事業所（以下，居宅）があります。包括と居宅に外出サービスの趣旨を伝えたところ，対象となる地域の高齢者がいるとのことでした。漠然とした抽象的な話ではなく，具体的な地域の高齢者について話をしていく中で，活動の現実味がさらに増していきました。

③ 運営会議を組織

地域への活動を展開していく中で，特養の生活相談員が単独で実施していくことは実務的に困難なことから，包括や居宅の職員も交え運営会議を組織することにしました。会議の構成メンバーは，地域ボランティア2人，包括職員1人，居宅職員2人，当施設生活相談員1人の合計6人です。通常，当施設の他職種と会議を行ったり，在宅の事業所と連絡会を行ったりすることはあっても，共に活動やサービスを運営していくことはあまりないことなので，戸惑いや手探りの中でのスタートでした。しかし，迷った時は，その都度，話し合いを重ねながら，少しずつまとまっていったように感じます。運営会議で，この外出サービスの名称が「白十字外出サービス」と決まりました。

④ ボランティアセンターとの連携

地域ボランティアのほかに，外出サービスの付き添いに協力してくれるボランティアを安定的に確保するために，東村山市社会福祉協議会のボランティアセンターに活動趣旨を伝えました。ボランティアセンターの協力のもと，毎月の活動にボランティアが参加してくれます。常連のボランティアもいるので，今では活動に欠かせないスタッフとなっています。

⑤ 外出サービスの準備

〈外出内容の検討〉

毎月の運営会議で外出先と外出時間を決めます。利用者の声を参考に，地域ボランティアやスタッフからも外出先の情報を収集して検討します。人気の高い外出先は買い物です。普段は宅配などに頼って生活している高齢者にとっては，自分の目で見て選んで買い物をする行為はたいへん喜ばれます。ほかには，市内や近隣の市にある博物館，気候の良い時期はピクニックを兼ねて公園に行くこともあります。高齢者に

とって重要なトイレの場所や数，車いすが使用可能かどうかなどを確認するため，事前に下見に行きます。

〈参加者への声かけ〉

参加定員は5人です。包括から1人，居宅2事業所より各1人（地域の高齢者は3人），当施設入所者2人に声をかけます。地域の高齢者が参加する場合，事前に包括や居宅からADL情報などをもらうにしても，お互い不安があります。そのため，事前に包括や居宅の職員が参加者に地域ボランティアを引き合わせる機会をつくります。そのことにより，当日リラックスした雰囲気でスムーズな参加につながります。

自宅へのお迎え時間は事前に介護タクシーと相談し，概ね何時頃に到着するか地域の高齢者にお伝えしておきます。

〈ボランティアの要請〉

付き添いの協力をしてもらうボランティアをボランティアセンターに要請します。活動内容は，現地での地域高齢者へのマンツーマンの付き添いです。活動前に当施設生活相談員よりオリエンテーションを行います。地域の高齢者に地域住民がボランティアとしてかかわるので，守秘義務とプライバシーの保護順守について確認をします。また，高齢者はお世話になった人にお礼をしがちです。買い物をしている際に，ボランティアの分も買い物をされることもあるかもしれません。金銭や物のやりとりに注意することと，困ったら職員に相談するように伝えます。

活動の様子については生活相談員が，地域の高齢者とボランティアとの関係性や相性などを観察し，当事者を中心に情報を集めながら次回以降のマッチングの参考にしていきます。

❻ 当日の運営および活動紹介

〈スケジュール〉※近隣市のショッピングモールへの買い物外出例

12：50　当施設入所者2人を玄関前へ誘導
　　　　ボランティア2人・地域ボランティア集合
　　　　ボランティアへオリエンテーション
　　　　当日の活動内容確認，付き添う利用者の注意事項について情報提供
13：00　介護タクシーがホームを出発
　　　　付き添うボランティアが近くに座れるように乗車位置を配慮
13：10　地域高齢者Aさん宅到着
13：20　地域高齢者Bさん宅到着

13：30　地域高齢者Cさん宅到着

14：00　ショッピングモール到着
　　　　諸注意および集合時間や場所を確認
　　　　参加者は生活用品，衣料品，食料品コーナーへ行く人が多く，自分の目で選ぶ楽しさに表情も活き活きされている
　　　　参加者とボランティアが女性同士の場合，会話をしながらお目当てのものを選ばれている

15：00　ショッピングモール出発
　　　　タクシー代を徴収し，業者が発行する領収書を参加者へ渡す
　　　　参加者同士で買い物したものを車中で発表し合い会話を楽しむ

15：30　地域高齢者Cさん宅到着

15：40　地域高齢者Bさん宅到着

15：50　地域高齢者Aさん宅到着

16：00　施設到着
　　　　運営会議開催
- 地域ボランティア，ボランティア，タクシー業者，包括職員，居宅職員2人，ホーム生活相談員参加
- 活動中の参加者の様子について情報交換
- 包括職員や居宅職員へ情報をフィードバックし，日頃の支援へ活かすことで地域高齢者の生活の質の向上につなげていく
- 次回活動内容の打ち合わせ

17：00　運営会議終了

人気の高い外出先はショッピングモールでの買い物

参加者の声

- 出かける前の日から何を着ていこうか考えたり靴をみがいたりして，気持ちがワクワクします。また連れて行ってくださいね。
- こんなところで久しぶりに老人会の仲間に会えてうれしかったよ。元気そうで何より。（ホーム入所者と地域高齢者が車中でばったり会って）
- 私，おしゃべりするのが大好きなの。外出以外の時でも会っておしゃべりがしたいわ。

まとめと今後の課題

　地域の高齢者と特養入所者が共に活動するサービスを始めて4年になり，2016年の10月には50回を超えました。これまでの活動の中で，印象深い地域高齢者の人を紹介します。

　その人は，要介護認定を受けていて，担当のケアマネジャーがいるにもかかわらず，介護保険制度のデイサービスには馴染めなかったため利用につながらず，地域で孤立した生活を送っていました。既存の介護保険サービスではニーズが充足されず，ほかの社会資源もマッチするものはありません。しかし，白十字外出サービスには活き活きと参加されています。特養が持つ人材やノウハウが，地域の高齢者の暮らしも支えられることをその人から教えていただきました。

　また，白十字外出サービスを始めたことで新たな発展がありました。参加者から「外出以外でも会ってお話しがしたい」という声があり，居宅介護支援事業所が企画して茶話会が始まりました。月に1回の頻度で開催していますが，徐々に参加者が増えていて，地域の中での新しい「集いの場」となっています。

　今後，地域の中での孤立の問題はますます深刻になっていきます。これからも関係機関や地域住民と連携しながら，特養の機能を地域に発揮していきたいと思います。

（鈴木剛士）

▶施設概要：P.87参照

生活支援

地域の窓口として悩みを受け付ける 24時間電話相談

主催：社会福祉法人一誠会　　住所：東京都八王子市宮下町
地域の特徴：P.99参照

- 活動時期：通年
- 開催時期：常時24時間
- 活動予算：130,000円
- 収支：△130,000円
- 実施頻度：常時
- 対象者：八王子市民
- 活動経費：対応職員への手当（2,000円）
- 活動までの準備期間：約1カ月
- 活動場所：八王子地区全域
- 1回あたりの参加人数：1人

　八王子市には，地域包括支援センターが15カ所あり，高齢者の暮らしを地域でサポートするための拠点として，介護だけでなく福祉，健康，医療などさまざまな分野から総合的に高齢者とその家族を支える地域の窓口として，高齢者本人はもちろんのこと，家族や地域住民の悩みや相談を受け付けています。

　しかしながら，地域包括支援センターの開所日は，月曜日から土曜日の9：00～17：30（祝日，12月29日から1月3日までの年末年始を除く）となっており，夜間や休日などへの対応については，明確に市民には知らされていない状況でした。

　こうした状況では，地域住民が，突発的な体調異変や認知症症状の出現により不安を抱え込んだり，日中仕事に追われ適切な介護相談を受けることができなかったりするなど，夜間や休日への対応のシステムが構築されていないのが実態と言えます。そこで，社会福祉法人として有する専門性を活かした，24時間対応可能な相談窓口を設置しました。

実施までの流れ

❶ 企画・情報室の設置

　当法人では，2014年4月より配食サービスをはじめとする地域貢献事業や新規事業を進めるため，企画・情報室を設置し，企画はもちろん，実施にあたっての責任部署として活動を始めていきました。しかし，そこに専任のスタッフを置くほどの余裕はないため，居宅介護支援事業所の介護支援専門員を室長として，デイサービスの生活相談員，特別養護老人ホームの介護支援専門員などのソーシャルワーカー職に加え，事務職員，管理栄養士，看護師を含め，運営を行いました。

❷ 地域の介護についての声を聞く

　高齢者施設を運営していると，施設入所や介護サービスのほか，介護にかかわる事柄や健康管理に関する悩みを抱えている人の相談も寄せられますが，その時間帯は昼夜，曜日を問わず相談が入ってきます。また，地域住民を対象にした地域交流会や施設利用者のご家族との懇談会などでも，地域の悩み事や家族の思いなどを多く寄せられました。

　そのような状況の中，八王子市では24時間対応の電話相談サービスが実質実施されていないことから，24時間職員が在中している社会福祉法人の機能を活用して，地域の相談を受付する相談窓口を設置することにしました。

❸ 行政との調整

　当法人で24時間電話相談サービス開始するにあたり，初めに行ったことは，八王子市の担当部署に出向き，24時間電話相談サービスの提案と調整をすることでした。本来，24時間電話相談サービスについては，地域包括支援センターの業務としての意味合いも強いことから，あくまでも法人独自の取り組みとすることが付け加えられ許可を得ることができました。

　こうしたことを踏まえ，地域の民生委員，自治会長，地域包括支援センター，居宅介護支援事業所の介護支援専門員などに活動の趣旨などを説明すると共に，24時間電話相談窓口設置の広報を始めました。

❹ 人選と法人内のコンセンサス

　行政から許可を得たことを受け，当法人の理事会において，本サービスが八王子市では実質実施されていないこと，地域への貢献に対する必要性があることなどを強く訴え，了承を得ました。反対意見は特段なく，費用に対する説明を行う程度でした。

　その後，相談窓口となる担当者は増員などをせず，当法人のソーシャルワーカーである居宅介護支援事業所の介護支援専門員，特別養護老人ホーム，デイサービスの生活相談員などを充てることとしました。業務内容を協議し，対応方法，相談受付関連の書式作成，記録管理，社会資源の連絡先の確認など体制を整備すると共に専用電話，24時間対応可能な転送機能付きの携帯電話などを設置することを決めました。

❺ 地域への広報

24時間電話相談窓口の設置にあたり，地域の民生委員，自治会長，地域包括支援センター，居宅介護支援事業所の介護支援専門員などに対して，活動の趣旨などを説明する機会を設けると共に，24時間電話相談窓口があることの周知の協力をお願いしました。さらに，地域交流会や家族会などでの周知や，ポスターやホームページでの広報を行いました。

❻ 24時間電話相談窓口の実施

24時間電話相談窓口設置にあたり，24時間の勤務体制・シフト表の作成などの事務，実務を企画・情報室長が担当し，次のようなスケジュールで実施しています。

日勤帯　9：00～18：00　担当職員配置，電話相談受付
夜勤帯　18：00～翌9：00　担当職員配置，電話相談受付

24時間，いつでも受付可能な相談窓口があることで，深夜の時間帯の急変やその対応などについても適切な方法を伝えることができたり，認知症症状が夜間悪化した際などの家族介護者への心のケアをしたりなど，日中施設などに相談に来る案件とは異なるケースも多く寄せられています。これらの活動により，地域の相談を受け付け，地道に一人ひとりに伝えていくことを支援することができることは，大きな効果と考えています。

また，担当する職員においても地域とのコミュニケーション，実践的なかかわり合いがスキルを上げるきっかけにもなっていると考えます。

利用者の声

- 深夜，認知症で騒ぎ立てる母を叩いてしまいそうになるほどつらく，どうしていいのか不安になっていた時，この電話があることを知ってかけてみました。最初はやっぱりかけるんじゃなかったと後悔したのですが，話を聞いていただいている間に気持ちが落ち着いてきて，介護サービスには家族支援の意味合いがあることを教えていただき，これからは一人で悩まなくてもいいんだと思えて，母を叩くようなことをしなくて済みました。こんな時間に対応してくれる窓口があったことに，本当に感謝しています。（1回目の相談後，翌日2回目の電話の内容より）

まとめと今後の課題

　日常生活においては，コンビニエンスストアのように24時間対応が浸透していますが，時間帯に関係なくさまざまなことが起こると考えられる高齢者介護の対応方法については日中の相談窓口だけであり，整備が追い付いていない現状があります。一法人が24時間窓口を設置して，果たしてそれがどれだけ効果をもたらすものなのか，まだまだ窓口が不足していることは認識しています。しかし，いつでもどこかで誰かが困っていることを常に認識できることも社会福祉法人，介護に携わる職員として，必要なことであると考えています。地域の中に埋もれてしまっている個人の悩みや不安が，少しでも解消できる取り組みの一つとなるこの取り組みは，今後，地域の社会福祉法人，関連事業者，専門職などとの連携，警察や行政，商店街などとの連携が進めば，さらに果たす役割は大きくなると考えられます。

　これからの社会福祉法人，そして介護に携わる職員の使命は，施設でサービスを提供する施設内業務と，地域の住民とかかわり合う地域支援業務の2つの大きな柱をさらに強化していくことと考えています。

（水野敬生）

▶施設概要：P.103参照

> 生活困窮支援

生活困窮者に家電などを無償で提供する取り組み
―かぐでんネットワーク

主催：社会福祉法人豊年福祉会　　**住所**：大阪府交野市

地域の特徴：山，田畑，川，緑に恵まれた豊かな自然環境と大きな都市（大阪，奈良，京都）に隣接する利便性がある住宅都市であり，古くからの土地も多く残り近所付き合い，自治組織活動などは盛んな形で進んできた。しかし，急速に進んでいる少子化や高齢化，家族の在り方の変化はこの地でもあり，孤立，ひきこもり，貧困，「ごみ屋敷」などの問題も少なからず出現してきている。

- ●**活動時期**：通年　　●**実施頻度**：必要時随時　　●**活動場所**：地域全般，法人内倉庫2カ所
- ●**開催時間**：必要時随時（概ね，月〜金の9：00〜18：00）
- ●**対象者**：地域住民（府内広域）　　●**活動予算**：0円
- ●**活動経費**：人件費，ガソリン代を含まなければほぼ0円
  （保管場所に電灯をつけた費用25,000円のみ）
- ●**収支**：0円　　●**活動までの準備期間**：なし

　まだ十分に使えるのに不要になった（新品もあり）家具，衣類，電化製品を保管し，生活困窮の状態にある人に無償で提供する取り組みです。当法人独自の公益部門である「地域福祉サポートセンター」の活動の中で，「かぐでんネットワーク」とネーミングしています。

　かぐでんネットワークは，現代社会の社会福祉的な諸問題における生活困窮支援について，社会福祉法人として慈善性や民間性を発揮して，時代の要請に応えていく必要性があると感じて始めた取り組みです。

　日々の生活でさまざまな物品が必要になりますが，経済的な事情で購入できない人に無償で提供します。誰でも，自分の愛用品を処分することに後ろ向きな気持ちがあります。「まだ使えるのにもったいない。かといって今の生活には不要」と揺らぐ気持ちがあります。その気持ちは「誰かの役に立つのであればうれしい。それも，困っている人のためになるのであれば尚更」という前向きな気持ちに変化します。物品を寄贈される側が喜ぶのはもちろん，寄贈する側の支援にもなっており，社会的にもゴミが減り，処分にかかる公費の削減にもつながっていると思います。物品の授受を通じて，関係機関，福祉関係者，職員，地域住民とのネットワークが広がり，協働につながっていきました。

開催までの流れ

❶ 不用品寄贈の申し出をきっかけに

　当法人が社会貢献事業に取り組む中で，2005年に「野宿から脱却し居宅生活を始める男性」の支援をしました。その過程において，「新生活に必要な家具や電化製品を生活保護費内ではそろえることができない」という事実を知ります。ちょうどその時，当法人内の軽費老人ホームを退所する方がいて，本人と家族から「それまで使っていた家具や電化製品は不要なので使ってください」と不要品寄贈の申し出があり，男性の新生活の準備に充て，大変喜ばれました。この経験が，「まだ十分に使えるのに，処分されようとしているものを再利用する仕組み」を考えるきっかけとなり，後に『かぐでんネットワーク』となる取り組みが動き出しました。

❷ 理事会でのプレゼンテーション

　これらの活動を当法人の公益部門である地域福祉サポートセンターの「事業計画」に挙げ，理事会で説明し，承認を受けました。プレゼンテーションでは，「生活保護費や社会貢献事業の経済的支援だけで生活物品を充足できないものがあることを，事例から学んだ。その一方で社会では，まだ十分に使える物や未使用品が捨てられようとしている。また，法人内の軽費老人ホームに入居している人が使用している物と，地域の中でひとり暮らしの人に必要な物品がちょうどマッチしている。それらを循環させて試行的に始めたら手応えがあった」ことを伝えました。

　理事会での反応は，「社会福祉法人のあるべき姿として，社会から求められていることを純粋に自発的に行動し，生活困窮者への支援として公益性を有する営みを創造することは非常に意義がある」という声が挙がり賛同を得ました。

❸ 法人内の担当者間での意思統一

　「地域福祉サポートセンター」のメンバーであるコミュニティソーシャルワーカー全9人が集まり，事業を運営していく意思確認を行いました。そして，保管場所を2カ所設置することを決めました。布団，衣類，タオル，下着，歯ブラシなどは汚れ防止のために，湿気の帯びない屋内の一室に保管し，家具や電化製品はガレージのひと隅をスペースにあて保管することにしました。

❹ 活動の周知と呼びかけ

　民生委員・児童委員の集会や勉強会に出向いて紹介すると共に，法人内でも全職員

地域福祉サポートセンターからのお願い

~~社会貢献事業で必要です~~

使えるのに不要となった以下のものをください。いつでも大歓迎です！できれば状態の良いものがありがたいです。

○ 炊飯器

○ 電子レンジ

○ 湯沸しポット

内線１１２番 松葉までご連絡ください。
お近くのコミュニティソーシャルワーカーまでご連絡ください。
平成24年8月8日

が集まる「職員全体会議」にて周知しました。また，事例が発生し，緊急に必要な物品が絞られる場合はその都度職員用の掲示板に張り出して協力を求め，需要の高い物品（炊飯器，電子レンジ，湯沸しポットなど）は常に掲示板に張っています。

❺ 物品を寄贈いただくまで

　この活動では，まず担当のコミュニティソーシャルワーカーが電話や対面にて「◎◎を寄贈したい」という申し出を受け，物品の内容や状態を聞き，設置スペースや要望があるものかどうかを判断し，いただくか断るかの判断をします。こちらが本当に要るものだけをいただくようにしており，遠慮や気遣いはこの時点ではしません。そして，いただく場合は，直接伺います。ただし，「持っていきます」と言われる場合は届けてもらいます。いただきに行く場合，物品の量やタイプによっては人員（男性か女性かも含め），車のタイプなどを検討します。大きな家電の場合は男性のコミュニティソーシャルワーカーが複数で対応し，法人内のリフトカーを使用する場合も多くあります。

　また，いただいた食器や家具は洗剤と水で洗う，家電は磨く，未使用であっても箱が壊れているシーツやタオルは洗濯するなど手を加えます。寝具類は「未使用だけれど洗濯している」カードを貼ります。その後，かぐでんネットワークスペースに収納・保管し，最後に寄贈してくださった方に御礼状を出します。

〈地域からの協力〉

　このような活動は地域からも賛同を得られ，次のようなエピソードがあります。

- 社会貢献事業というコミュニティソーシャルワークの活動を聴いてくださった民生委員・児童委員のある地区の地区長が先導され，地区一同で（民生委員・児童委員27人）このかぐでんネットワークの取り組みに賛同してくださり，布団・毛布・タオルケット類を寄贈くださいました。
- 要望があり物品を差し上げた他市の市社会福祉協議会から，「町の寝具店が廃業されるのだが，未使用の毛布，布団を複数枚いただいたので，差し上げたい」と箱入りの寝具を十数枚届けてくださいました。

❻ 物品を差し上げる

寄贈された物品を差し上げるまでは，まず「◎◎という理由（※下記）で冷蔵庫が必要です。ありますか？」という形で，電話や対面にて依頼が入り，その物品が必要になった事情を聴きます。緊急性の高い場合は最優先で対応します。その時点で要望の物が保管庫にあれば，来所の上，実物を見て選んでもらいます。その

需要の高い冷蔵庫をお届け

時にその場で物品を渡す場合，もしくは後日，取りに来られた際に渡す場合もあります。場合によっては配達することもあります。

> ※物品が必要な理由（抜粋）
> 10代男女　家出をし，着の身着のままで保護される。着替えがない。
> 20代女性　配偶者暴力により，転居してきたが物品がない。
> 20代男性　軽度知的障がいで収支を合わせることが難しく，購入できない。
> 30代男性　失業中である。冷蔵庫が故障したが，購入できるお金がない。
> 40代女性　野宿していた。居宅生活を始めるが物品がない。
> 50代男性　失業中で住宅ローンを返せなくなり，新たな借家に住むも物品がない。
> 50代女性　知的障がいを持つ。親の死後生活が苦しくなり，故障しても電化製品を買えない。
> 50代女性　野宿している。台風で河川の水位が増してテントや持ち物が流された。
> 50代男性　アルコール依存で道で倒れていた。救急搬送されるが衣類や靴の替えがない。
> 60代女性　子どもからの虐待で一時保護されている。新たな生活に物品がない。
> 70代男性　認知症で金銭管理できず滞納負債がある。物品が買えない。

参加者の声

- **寄贈くださった方**—自分が手に入れたものや愛着のあるものを捨てるには忍びない。状態の良いもの，十分に使えるものが困っている人の役に立つことはとてもうれしいです。
- **差し上げた方**—70代女性ひとり暮らし，生活保護受給中，炊飯器がなくて困っていました。新品より，どなたかが使っていたものの方がかえってうれしい。人のぬくもりを感じてね。世の中捨てたものではないなーと思うよ。
- **ケアマネジャー**—高齢の方で急に冷蔵庫が故障してしまい，年金は生活費でギリギ

リですぐに購入できませんでした。薬を冷蔵庫に保管しておかないといけなくて，とても助かりました。

まとめと今後の課題

　人々が生活していくに欠かせない衣類，家具，布団，電化製品ですので，「緊急度の高い事例」が少なくありません。特に気温の厳しい夏や冬は，衣類や電化製品が健康・生命に影響します。そのことを意識し，可能な限り要望に応えたいと考えています。

　活動を始めた当初，日常生活で「きっと需要があるだろう！」と思い，応接セットや大人数の食器棚もいただきました。しかし全く要望がなく，保管庫の中で無用の長物となっています。複数の箱をいただいた中には，およそ使用することのない酒器や古い食器が入ったものもありました。実践を積み重ねる上で，本当に需要があるものかどうかを見定めることの重要性を感じています。

　また，保管場所が一番の課題です。入ってくるもの（いただくもの）と出ていくもの（差し上げるもの）が一定の量ではなく，ある日一気に出ていく場合もあったり，その反対もあったりします。そのため，保管場所の整理が難しい面があります。家具や大きな電化製品などはかさばるので，駐車場のスペースが狭くなります。寄贈の申し出があり，需要の高い洗濯機，冷蔵庫などを置くスペースがないという理由で断る場合もあり，限られたスペースの中で，いかに効率よく物品を循環させていくかが課題となっています。

　社会福祉法人としての民間社会事業は公益性，純粋性，普遍性，継続性を求められていることを常に念頭に置き，地道に変わることなく続けていきたいと思います。

社会福祉法人　豊年福祉会

設立：1980年10月2日　　運営施設数：13施設　　職員数：320人
ホームページ：http://www.h-myojo.or.jp/index.html
経営施設・事業：特別養護老人ホーム2カ所，軽費老人ホーム1カ所，通所介護事業所3カ所，訪問介護事業所1カ所，居宅介護事業所1カ所，在宅介護支援センター2カ所，障害福祉サービス（生活介護）1カ所，ケアホーム1カ所，公益事業1カ所，障がい者相談支援事業（基幹型）1カ所
理念：すべての人と共に健康で生きがいある安心した暮らしを

松葉智子　社会福祉法人豊年福祉会 地域福祉サポートセンター
　　　　　　コミュニティソーシャルワーカー／センター長

大阪府出身。1983年より老人ホーム事務職，養護老人ホームケアスタッフ，在宅介護支援センターソーシャルワーカー，ケアマネジャーを経て2004年より大阪府社会福祉協議会老人施設部会『社会貢献事業』のコミュニティソーシャルワーカー職となり，現在に至る。社会福祉士。

> 地域サービス

熱中症予防につなげるクールスポット

主催：社会福祉法人松寿苑　　住所：京都府綾部市田野町
地域の特徴：P.119参照

- 活動時期：7月～9月（3カ月）
- 開催時間：13：00～16：00（3時間）
- 1回あたりの参加者の人数：5～20人
- 活動までの準備期間：1カ月
- 実施頻度：毎日
- 対象者：地域住民
- 活動予算：0円
- 活動場所：多目的ホール
- 活動経費：0円

　高齢者などが節電で冷房を抑制して熱中症などになることを防ぐため，冷房設備のある施設を開放し，施設でイベントを開催するなどして涼む場所を提供しています。7～9月の夏期期間，13：00～16：00に，映画上映，老人クラブとの交流，健康体操，パッチワーク教室，地域作品展，夏祭り，オープンカフェなど，自由に参加できるイベントを定期的に実施しています。イベント企画がない日は，サークル活動，サロン活動，カラオケ，読書スペースなど，趣味や文化活動として自由に利用してもらっています。

　冷房が効いた涼しい施設を高齢者などに開放することで，夏期期間に地域の人の節電対策と熱中症予防につなげようというのが目的です。また，この取り組みをきっかけに，さらに多くの地域の人に施設を身近に感じてもらい，利用していただきたいとの思いを持っています。そして，地域の人に親しまれ，健康を維持し，安心・安全で心豊かな暮らしを続けていただくための福祉の拠点を目指していきたいと考えています。

開催までの流れ

❶ 高齢者涼やかスポットの設置

　クールスポットを始めるきっかけとなったのは，2012年夏の節電対策に関する取り組みの一つとして，京都府から「高齢者涼やかスポット設置事業」について協力依頼があったことです。この事業は，夏期期間の電力供給不足が懸念されることから，過度な節電で冷房を抑制して熱中症などになることを防ぐため，在宅の高齢者などに涼んでもらう場所として「高齢者涼やかスポット」を設置した施設に補助金を交付するというものです。

当苑では，従来から一年を通じて施設の多目的ホールや会議室を地域の人に趣味などのサークル活動に使用してもらっていた経緯もあったため，新たなプログラムを検討しゼロからスタートする必要はなく，夏期期間のクールスポットとしての役割を加えるだけで開始することができました。スタンスとしては，初年度からいろいろなことに手を付けずに，まず，今まで利用していただいている地域の人に，クールスポットとしての役割があることを理解してもらうことにしました。そして，段階的に施設利用を促すための新たなイベントを計画して，利用者のすそ野を広げていこうというスタンスで始めることにしました。

❷ 準備と広報

　地域の人に施設利用を呼びかける時間帯は，気温の上昇する13：00～16：00とし，場所は多目的ホールを中心に，利用規模に応じて会議室も利用しました。

　2012年の取り組み初年度は，従来から囲碁会やパッチワーク教室，カラオケなどで定期的に利用してもらっている地域の人に対して，クールスポットの役割が施設にあることを周知することから始めました。従来から利用している人には，クールスポットの取り組みを好意的に受け止めてもらい，今までと変わりなく利用してもらえることになりました。この年は京都府のクールスポットに係る補助金を活用し，時代劇や映画，歌のDVDを上映するために，DVDレコーダーを購入しました。その後も毎年補助金を活用し，扇風機，レクリエーション用具，マイク，机，来客用スリッパなどを整備しました。

　また，施設には，カラオケ機器，囲碁・将棋・オセロをはじめとするレクリエーション用具や，新聞，雑誌，各種書籍やビデオ，DVDソフトが多数あることから，これらの備品や蔵書を有効活用できるよう施設利用をしていただこうと考えました。

　地域の人には，気軽に施設に涼みに来てほしいため，事前の予約や持参してもらうものは設けていません。

　施設を利用したことのない人にも，施設がクールスポットとして気軽に涼みに来ていた

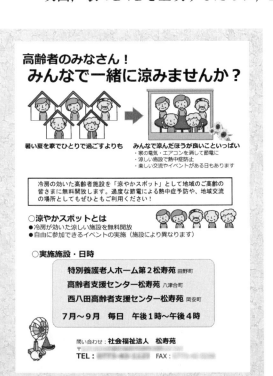

だける場所であることをお知らせするために，広報チラシやイベントの告知チラシを作成し（約2,000枚作成），広報紙に掲載して自治会に組回覧を行ったり，ホームページやフェイスブックに掲載したりして周知を図りました。

イベントを企画した時は，告知チラシを作成し，地域の人に配布して周知を図りました（約100枚）。また，地域の人への一番効果的な周知方法は口コミであることを踏まえ，従来から利用している人や後援会の人への施設利用と合わせて，近所の人への積極的な声かけをお願いしました。

❸ 関係団体や地域との連携

クールスポット期間中は，囲碁会やパッチワーク教室などの趣味のサークル活動や健康体操，映画上映，老人クラブとの交流，歌や踊り，大正琴などのボランティア企画，小学生・中学生との世代間交流など，地域の皆様や関係団体と連絡調整しながら連携して行っています。

また，地域の人の要望をお聞きする中で，住民のサロン活動などの地域活動に施設を開放したり，読書スペースを提供したりするなど，新たなアイデアでも施設利用を進めています。

❹ クールスポットのプログラム

「松寿苑オープンカフェ」は，夏期期間中のクールスポット企画の一つとしても位置づけており，毎月第4土曜日，13：30～16：00に当苑が企画している地域向けのイベントです。地域住民の人にも広く来場を呼びかけて行うことで，当苑への理解と関心を高めると共に，人材確保を図ることを目的に開催しています。

このイベントは，次の4つの内容を同時進行して行っています。

①おあしすデイ

この喫茶では，栄養士と調理師スタッフが担当し，手作り菓子と飲み物を提供しています。当日の準備や来場者への対応，片付けは，ボランティアにお願いしています。

②月替わり企画

デイサービスセンターのスタッフが司会進行を担当し，14：00から約30分間，ボランティアによる踊りや楽器演奏，時代劇や映画鑑賞などを月替わりで行っています。

③介護相談

13：30～16：00まで，介護支援専門員が当日の申し込みにも対応し，相談に乗っています。

月替わり企画の楽器演奏

囲碁会

オープンカフェ（おあしすデイ）

④就職見学・説明会

13：30～15：30の間，施設見学は各施設スタッフが担当し，その後に人材育成担当スタッフが研修体制や福利厚生などの説明を行い，個別相談にも応じています。

これらの効果としては，このイベントを毎月定期的に開催することで，していなかった時と比べて，企画にかかわるボランティアの人との連携や関係が確実に広がりを見せていることです。今後は，その人たちからの口コミによる施設利用を期待しているところです。

なお，クールスポットとしての施設利用は，地域の人の自主的なサークル活動や，1人で涼むスペースの利用など，ほとんどが当苑が企画するイベント以外で利用されています。そのため，施設スタッフの運営上のかかわりは必要なく，会場設営や当日の運営などを含めて，地域の人で行われています。このことは，クールスポットが施設やスタッフにとって無理なく継続していける理由にもなっています。

プログラム

松寿苑オープンカフェ（第4土曜日）	・喫茶　・介護相談　・就職見学・説明会 ・月替わり企画（ボランティアによる踊り，楽器演奏，時代劇上映など） 上記，4つの企画を同時進行している。
おあしすデイ（第2土曜日）	喫茶
囲碁会（毎週）	地域の囲碁クラブの人が施設を利用。

パッチワーク教室（毎週）	地域のパッチワーク教室の人が施設を利用。
カラオケ（毎日）	カラオケをする場所を提供（カラオケ機器の利用）。
高齢者サロン（毎日）	地域の人の主催する高齢者サロン活動の場所を提供。
作品展（9月）	地域の人の作品を展示。
フリースペース（毎日）	読書やテレビ，ビデオを見る場所を提供。

参加者の声

- 暑さがしのげるので，たびたび施設に来ています。
- 家に居ると，暑くてもエアコンで電気を使うのは気が引ける。
- 家では，節電のためにエアコンはつけていない。
- 今度，知り合いも誘って参加します。
- 今度，ボランティア活動をさせてもらいたいです。
- 施設の存在を身近に感じました。

まとめと今後の課題

　クールスポットの取り組みを始めて5年が経過し，当苑が気軽に涼みに行ける場所であることが，少しずつ地域の人に理解されてきているのではないかと感じています。しかし，地域の人にとって本当の意味で福祉の拠点になっているかと言えば，まだまだそうとは言えない状況です。

　地域の人に必要とされる拠点となるためには，施設スタッフが地域に出向いて顔の見える関係を築き，何度も声かけをして施設の役割を説明し，利用してもらう努力をし続けるほかに近道はないと思っています。

　今後は，クールスポットの夏期期間は学校の夏休み中でもあるため，地域の児童，生徒たちにも施設利用を呼びかけて，宿題やボランティア活動・福祉体験の場を提供し，高齢者との世代間交流を進めたり，地域の人から施設利用についてのアイデアを募集してみたりすることを考えています。地域の視点に立って，当苑を地域資源の一つとして活用してもらえるよう，地元の自治会や現在利用してもらっている人を含めた地域の声を聞いて，利用促進を図っていきたいと思っています。　　　　（大槻勝也）

▶施設概要：P.123参照

> 地域サービス

近隣住民相互のつながりを目指した八国山フリーマーケット

主催：社会福祉法人白十字会白十字ホーム　　**住所**：主に東京都東村山市諏訪町・野口町
地域の特徴：P.83参照

- 活動時期：2013年より毎年開催（第4回となる2016年は10月23日に開催）
- 実施頻度：年1回　　●活動場所：施設内駐車場およびラウンジ
- 活動時間：10：00～15：00　　●対象者：主に施設が所在する町と隣接する町の地域住民
- フリーマーケット参加団体数：31団体
- 活動までの準備期間：3月から10月まで毎月実行委員会を開催（計8回）

　高齢社会にあって、地域では世代に関係なく単身世帯、2人世帯が増加している中で、地域で暮らしていながら「孤立」している状況が社会的な関心を強めています。このような現状から地域の中での世代間交流の機会を増やすこと、多世代（高齢者だけでなく若い世代も）が共に見守り支え合って、地域で暮らせる町づくりが重視されています。

　八国山フリーマーケット（以下、フリーマーケット）は、白十字ホームおよび同一敷地内の白十字会事業所と地域住民との交流に留まらず、新たな人と人とのネットワークをつくり、近隣住民相互の交流の機会を目的にしています。そして、それらを通じて、高齢者福祉の理解と共に、住民相互、施設との連携協力を高め、地域の福祉文化を充実する大切な機会とし、安心して暮らし続けることができる町づくりに寄与することを目指して開催しています。

―――――――――― 開催までの流れ ――――――――――

❶ 地域住民からの声を基に

　当施設では運営理念として、「地域生活としての利用者の生活援助と、社会交流の場、相互支援の場としての施設づくり」を目指しています。これまでも、利用者が市民として地域に参加する活動を実践し、その実践を通じて職員も地域に参加する機会をつくってきました。その積み重ねにより、地域と施設が相互に支え合う関係があり、日頃から地域住民の声を聞く機会が日常的にあります。

　地域住民の人から「最近新しい住民が増えているがつながりが持てない」「赤ちゃんからお年寄りまで住み慣れた地域の中で安心して住み続けたい」「一人暮らしの高

齢者世帯が増えているが心配」といった声が聞かれるようになりました。以前，当施設ではバザーを開催していた経験があることから，準備や運営の負担が少ない地域住民を対象にしたフリーマーケットを開催することを考えました。

❷ 実行委員会を組織

　フリーマーケットを開催するにあたり，企画，準備，運営をするための実行委員会を組織しました。福祉協力員など地域活動をされている地域住民の人，民生委員，同じ地域の中にある障害者施設の職員などに声をかけました。地域課題を解決するために，地域住民の参加は欠かせません。なぜなら地域での課題を一番知っているのは地域住民であるからです。自分たちが住む地域をよりよい地域にしていきたいと思う当事者意識があるため，委員会の場でも意見を活発に出されます。

　毎年10月に開催されるフリーマーケットの第1回実行委員会は，3月に開催されます。毎月1回の頻度で実行委員会を開催し，当日までの準備を進めていきます。開催趣旨の確認，企画，準備工程の確認，役割分担などを協議しながら準備を進めていきます。

　今年（2016年）の実行委員会の構成は地域住民6人，地域の障害者施設職員4人，当施設職員6人でした。

❸ 出店者の募集

　6月頃になるとフリーマーケットへの出店者を募集します。開催趣旨が地域の中での住民同士の交流なので，ホームの所在地である諏訪町および隣接する野口町の一部に出店募集のチラシを実行委員が手分けして配布します（約1,000枚）。

　2016年も30を超える個人や団体から出店申し込みがありました。例年，出店にあたっての説明は書類を郵送して行っていましたが，今回は出店者相互の交流機会を目的として，出店者説明

会を実施しました。実行委員会による出店にあたっての説明の後，準備していた飲み物やお菓子などを食べながら，出店者同士による和やかな交流が行われました。事前に顔を合わせる機会があることで，当日のフリーマーケットも楽しくできたと参加者から好評でした。

④ 地域活動団体との連携

出店者による販売や展示に加え，地域で活動している団体にアトラクションへの出演を呼びかけます。具体的には，今年は同じ地域にある保育園の園児によるエイサー（踊り），園児の保育士や父兄により結成されているバンド演奏，障害者施設に通っている利用者によるバンド演奏，中学校の吹奏楽部による演奏を呼びかけました。子どもさんが出演するとあって，多くの親御さんや関係者の方が見学に訪れ，昨年は余った模擬店の食べ物が今年は足りなくなるほどでした。

そのほかにも，日頃から施設で活動されているボランティアによる歌声コーナーやお茶席コーナー，中学生や大学生のボランティアに呼びかけ，当日の運営や当施設入所者のフリーマーケットでの買い物補助の協力をしてもらいました。

⑤ 来場者への呼びかけ

開催チラシを作成し（約10,000枚），実行委員が配布地域を分担しながら地域住民宅へポスティングをしました。ほかにも，自治会の回覧板でお知らせしたり，新聞の折り込みを入れたりして地域住民に来場を呼びかけました。

また，東村山市社会福祉協議会に後援を依頼し，福祉だよりでの案内や地域住民への理解とPRを後押ししてもらいました。

⑥ 当日の開催スケジュールと各担当者の役割

〈スケジュール〉

 8：00　設営など準備開始，実行委員集合
 8：30　出店者第1グループ搬入
 8：50　出店者第2グループ搬入
 9：10　出店者第3グループ搬入
 9：45　出店者オリエンテーション
10：00　八国山フリーマーケット開会
10：00　保育園の園児によるエイサー（踊り）

　　　　　　→その後，ホーム入所者のフロアでも披露
10：00　　障害者施設に通っている皆さんによるバンド演奏
11：00　　模擬店開始
　　　　　白十字会施設見学会（午前の部）
12：00～12：45　歌声コーナー
13：30～14：00　保育園の保育士や父兄によるバンド演奏
　　　　　　　　白十字会施設見学会（午後の部）
14：30～15：00　四中学校吹奏楽部による演奏
15：00　　八国山フリーマーケット　閉会
　　　　　出店者第3グループ搬出
15：20　　出店者第2グループ搬出
15：40　　出店者第1グループ搬出
16：30　　片付け終了，実行委員解散

〈各担当者の役割〉

受付―出店者にテーブル，いす，出店者名が入った看板などの必要備品の貸し出し。来場者への案内紙配布や総合受付。

会場運営―安全かつスムーズに出店するための搬入出ができるように出店者を誘導。出店者への注意事項についてのオリエンテーション。会場で不都合が起きている場面がないか気を配り，必要な対処を実施。

アトラクション運営―ステージでの司会進行。余興をしてくださる方の控室への案内，セッティングのサポート。

ボランティア調整―模擬店の手伝いやホーム入所者の買い物補助，ゴミの分別や模擬

園児によるアトラクションも行われる

フリーマーケットには30を超える団体が出店

店チケット販売など，運営上のサポートなどのために募った中学生や大学生へのオリエンテーションおよび活動のサポート。

模擬店運営──焼きそば，豚汁，カレーなどを厨房で準備。管理栄養士が中心となり，衛生面での安全性を配慮して提供。

参加者の声

- 今年は事前に出店者説明会があったことで，出店者同士が顔見知りになり，当日も楽しく過ごせました。(出店者)
- 保育園の園児さんの踊りがとてもかわいかった。また，中学生の吹奏楽の演奏も本格的で素晴らしかったです。感動しました。(参加者)
- お店がいっぱい出ていて，私はお買い物が好きだからとても楽しいの。毎年楽しみにしています。(ホーム入所者)

まとめと今後の課題

今年で4回目となる八国山フリーマーケットですが，来場者数も増え，地域に知られてきている手応えを感じています。しかし，地域住民にとってのただ楽しいだけのフリーマーケットで終わってしまっては，八国山フリーマーケットの目標達成にはなりません。

八国山フリーマーケットは，高齢者，子ども，障害者，若い家族(最近引っ越してきた人たち)，学生といった多様な多世代交流が目標です。そして，そのことにより創られた「つながり」が，誰もが住み慣れた地域で安心して暮らし続けるために欠かせない要素になると思っています。

また，地域との関係は一朝一夕では築けず，決して簡単なことではありません。日頃から地域での困り事やニーズに対し地道に取り組み，地域との信頼関係を積み重ねていくことが大切だと思います。

(鈴木剛士)

▶施設概要：P.87参照

地域サービス

地域に存在感をアピールする産直市

主催：NPO法人福祉コミュニティ大田　　住所：東京都大田区蒲田本町
地域の特徴：P.88参照

- 活動時期：毎年11月下旬　　●実施頻度：年1回　　●活動場所：施設内駐車場
- 開催時間：10：00～15：00（5時間）　　●対象者：地域住民・サービス利用者
- 1回あたりの参加人数：約120人
- 活動予算：農作物の買い付けのために資金は貸し出しを受けるが，販売収益でまかなうようにしている。
- 活動経費：当日の試食品やボランティアの昼食代も，販売収益でまかなっている。
- 収支：約3万円の収入がある年がある。野菜のでき方やその時の時価により収入が多かった年は，被災地支援の寄付などをしている。
- 活動までの準備期間：半年程度

　1999年10月に当法人を立ち上げ，2000年8月から蒲田本町でデイサービス（介護保険）を開始しました。その後訪問介護（介護保険・障がい福祉サービス），居宅介護支援事業，障害者の相談支援事業を開業しています。

　もともと地域の仲間が集まり，地域活動を行う場を持つために介護保険事業を始めた経緯もあり，地域住民に私たちの存在を知ってもらうため，施設開所（2000年7月）のイベントで産直市を行いました。法人立ち上げメンバーは，生活協同組合活動を行って産地の生産者との交流をしながら食の安全を考えてきた者が半数以上を占め，生活に直結する話題の提供を行いながら，地域とつながることを考えていました。翌年から毎年，産直市とデイサービスの特色である趣味活動の工作物の展示会と共に開催し，周辺の住民にデイサービスの見学をしながら新鮮な野菜や果物を購入してもらえるスタイルが受け，近隣住民からは「そろそろ開催されるのか」という問い合わせが来るなど，毎年の継続によって当NPO法人の存在アピールとイメージづくりに役立っています。

　デイサービス，ヘルパー事業の開業当初は，町会内や周辺住民の利用者はまだ少なかったのですが，産直市が地域住民への存在感のアピールと町会との関係づくりなどに一役買い，近隣の利用者が増えている現状です。

　また，地域の人は，身近な家族に高齢者や障がい者がいなければ，福祉・介護事業所前の道を通り過ぎ，その存在を意識することはありません。しかし，この産直市の

取り組みで，新鮮な野菜を求めるさまざまな地域住民が施設内に入り，私たちの存在の認識を深めてもらったことは大きな意味がありました。

開催までの流れ

❶ 期首計画・予算立て・分担

　デイサービスのほか，介護保険・障害福祉サービスを行う訪問介護事業，障害者の相談支援事業，居宅介護支援事業を行っていますが，各事業の管理者は当法人の理事となっています。産直市は，法人理事会（運営委員会）で毎年期首に計画検討，予算立てを行い，作業分担を行っています。毎年行うため，産品の購入予算は貸し付けられていますが，販売価格の設定により差があるものの，毎年の売り上げでまかなえる状況で行っています。理事は進行調整のリーダー役のほか，各コーナーの分担を担っています。分担するコーナーは次のようになっています。

①葉つき大根
②その他の野菜（ごぼう，白菜，さつまいも，カリフラワー，冬瓜など）
③果物（リンゴ，柿，みかん）
④米・味噌，花苗と会計コーナー
⑤試食野菜の準備と手伝いボランティア用の昼食準備の調理班
⑥ガレージセール（近隣住民が持ち寄る新品を毎月第3日曜日に「エコらっこ」ガレージセールとして開催しているが，産直市ではカバンなどの小物類やこの日のために作成してもらった小物類，サシェ〈匂い袋〉なども並ぶ）
⑦おおた復興支援活動団体協議会くぅーの東北（大田区で被災地復興支援の食品販売を行っている団体の販売コーナー，主に福島の農家支援のための葉物野菜など）
⑧気まぐれ八百屋だんだん（「子ども食堂」発祥の大田区東矢口の八百屋から安心な半調理品を並べてもらう。漬物，乾物，レトルト食品など）
⑨NPO法人樹林館（障がい当事者団体の手作り品とクッキーの販売）
⑩配達・警備部隊（野菜は重く，果物を箱買いしていく常連もいるため，荷台の大きい自転車の配達要員を設置。駐車場と道向かいの区立小学校の門前も販売で利用するため，交通整理の警備を設置）

　当日コーナーの責任者を理事が務め，販売は職員・利用者のボランティアが行っています。売り場はデイサービス駐車場を利用し，デイサービス内は作品展示会および休憩場所として使用しています。

❷ 企画の立案・広報・産地との連絡

　デイサービス副管理者を中心に昨年の販売実績をもとに、仕入れる農産物などの選定を行います。産地の生産者に対し、9月にはその年の産直市の開催案内を送り、出荷の日取りを検討してもらいます。また、コーナー参加団体に参加要請を行います。特に毎年葉つき大根は100ほど入荷し、天候に恵まれれば開始から早い時間に売り切れてしまうため、あらかじめ5月頃から産地に大根の作付について問い合わせています。

　NPO会員、利用者、周辺のNPO団体などに年4回送付している会報（約250部）で広報を10月に行っています。町会の掲示板、回覧板を利用させてもらい、10日前ほどから施設周辺にポスターを貼り出しています。

　すでに毎年恒例の行事として地域に定着しているため、近隣の利用者、利用者家族、職員、近隣の住民などの常連の中にはこの産直市で何を買うか予定している人もおり、産品の選定の折には直接聞き取りなどを行っています。特にNPO会員が山梨でつくる米、味噌などは評判が良いため、あらかじめ予約をしてもらっている状況です。

❸ 施設内調整と当日人員の確保

　デイサービスの作品展示会の準備と並行して、各事業の職員、登録ヘルパーには、当日参加ボランティアを呼びかけ、各事業で利用者への広報を行っています。デイサービス、訪問介護の利用者は野菜の購入に訪れ、障害福祉サービスを利用している障がい当事者は購入に親子で訪れたり、販売ボランティアとして参加している人も複数います。

❹ 外部調整と地域連携

　販売コーナーを担っている団体は販売品の品ぞろえの確認、昼食用意のための人数把握を行っています。

　町会には悪天候の際に、テント2張りの貸し出しの申し入れを行い、向かいの区立小学校には門前の使用と、デイサービスのリフト車2台を学校内に駐車させてもらう

要請を行っています。

❺ 品物の値付けと当日の運営

　野菜・果物は前日に宅配便で届くよう手配し，理事が値付けを行っています。予算上販売収入で経費をまかなう関係から，仕入れ値，運賃などの経費から単価の割り出しを行い，前日に値付けを行います。また，産地により農薬の散布情報やその年の天候による作物のでき方や作っている人の顔写真などを送ってもらうよう依頼しているため，情報の貼り出し物やポップなどを準備しています。

　当日は開店前から近隣住民が購入に来るので，開店時間を守って参加者全員でミーティングを行ってから開始します。販売が進むにつれ産品が減るため，販売コーナーを逐次見直しレイアウトを変えていくと共に，デイサービスの作品展示へ誘導をしながら見てもらえるようデイサービス管理者が声かけを行っています。各コーナーのボランティアには昼食を提供し，声かけしながら休憩してもらっています。

〈スケジュール〉

　8：30　理事集合，昼食用米とぎなどの準備
　9：30　ボランティア，販売グループ集合，コーナーの設置
　　　　　ミーティング
10：00　販売開始
12：00　正午前後に昼食をとってもらうよう声かけ
　　　　　レイアウトの見直しを行いつつ部分的に清掃を開始
15：00　販売終了，ミーティングを行い解散
　　　　　理事は残って片付け

毎年11月に行われている産直市。葉つき大根は開始早々に売り切れるほど人気

参加者の声

- デイサービスを母が利用しています。認知症初期の症状がある母ですが，通所を楽しみにし，案内のチラシをもらって帰ると当日を待ちわびて「野菜を買いに行こう！」と言い，当日出かけると作品展示会では「私が作った工作品」とうれしそうに解説してくれたり，職員を紹介してくれたりします。
- 妻がデイサービスを利用しています。産直市の日は2人でタクシーに乗って買いに来ます。買って帰ると同居の長男家族に喜ばれます。
- 施設から一本横の通りで理髪店をやっています。必ず果物を買っています。
- 町会内でこのような催しをしてくれるのはありがたいです。町会の催しと重ならないようにやってくれています。防災訓練などの協力もしてもらっているので，テントの貸し出しや果物・花苗の購入など積極的にしています。
- ホームヘルパーのサービスを受けています。兄と一緒に販売のお手伝いに来ます。サービスの時にしか会えないホームヘルパーさんなどと，1日店番したりするのが楽しみです。

まとめと今後の課題

　2000年から毎年11月に産直市を開催していますが，事業の利用者ではない近隣住民から事業所として認知されるようになったことは，地域でいろいろな効果を生んでいます。例えば，デイサービスの管理者や生活相談員が地域の人と顔を合わせると，この施設の職員との認識を持ってくれ，町会催事などで声かけをしてくれるようになりました。

　さらにはNPO法人内の効果としては，運営側が世代交代していく中，利用者や地域に対する法人の理念を具現化して見せられる効果が大きく，若手で単身の男性理事も3分の1程度の割合になってきましたが，理事になりたての頃に比べ積極的に参加していることは，理念を自分たちの身体と行動で実行するというこの取り組みの意義が大きいと感じるようになっています。

　このようにさまざまな効果を生んできた産直市の活動を，今後も継続していきたいところですが，負担が大きいのも否めません。どのような形になっても，地域のために継続していきたいと考えています。

（浜　洋子）

▶施設概要：P.92参照

地域サービス

利用者，実習生が一緒に行う地域清掃

主催：社会福祉法人池上長寿園　大田区立下丸子高齢者在宅サービスセンター
活動地域の住所：東京都大田区下丸子　　地域の特徴：P.40参照

- ●活動時期：10月下旬～12月　●実施頻度：週2～3日　●開催時間：概ね30分程度
- ●活動場所：大田区立下丸子高齢者在宅サービスセンター 施設周辺
- ●対象者：実習生（主に大学生）および認知症対応型通所介護の利用者
- ●1回あたりの参加者人数：2～3人　●活動予算：なし　●活動経費：なし
- ●収支：なし　●活動までの準備期間：半年間

　当センターに実習に来る学生へのカリキュラムに，認知症対応型通所介護の利用者と協働して行う地域清掃を取り入れて，世代間の交流を図っています。施設周辺の清掃を通じて，通行する地域住民から声をかけていただいたり，こちらから声をかけたりすることで，双方間コミュニケーションが生まれ，デイサービスセンターの見える化にも役立ちます。さらに，利用者にとっては役割を発揮するプログラムとして組み込むことができ，学生にとっては認知症ケアのコミュニケーション手法を学ぶ場として取り組むことが可能です。

開催までの流れ

❶ 落ち葉拾いをきっかけに

　毎年10月下旬から施設近隣の銀杏並木をはじめ，公園周辺の木々が紅葉し，風と共に落ち葉が舞い道路が汚れてしまいます。その道は通学路など，地域住民の生活道路としても使われています。さらに公園横の道路脇には，空き缶やお菓子の袋，ポイ捨てされたごみなどが散乱している状態でした。地域にある施設として，利用者が買い物や通院などで道路を常に活用していることからも，定期的に清掃を実施することで，地域と利用者間の親近感や信頼関係を深めることができないかと考えました。この清掃を通じて，利用者個々が地域に役立つことで満足感を得ること，利用者自身の健康の維持につなげることも目的としています。

　この活動は，職員が空いている時間を見つけ清掃したのが始まりで，その後，この清掃を利用者と一緒に実施するプログラム活動として展開し，さらに現在では，利用者と職員だけが対応するのではなく，実習生も一緒に実施しています。清掃を通じて

環境整備に努め，防犯の視点から施設周辺を点検している効果もあります。

❷ 利用者のプログラム活動として

　この清掃活動を家事動作プログラムに置き換えることで，清掃を通じて，利用者にさまざまな心身的効果が表れています。人の役に立っているという自信の回復や役割の確立，地域の人から声をかけていただくなど，地域交流の場としても機能していると考えます。あくまでも利用者のプログラム活動の一つであることから，実施中の利用者の顔つきや言動などの変化をケース記録に記載し，通所介護計画書等に反映させること，利用者の体調などにより中止する場合があることなどを，プログラム会議にて職員と共有することが大切です。そして，次のことを目指し活動していくことを職員全員で共有します。

- 清掃プログラム活動を通じて，地域の人と直接顔を合わせる機会を大切にすること
- 清掃プログラム活動を通じて，地域に開かれた施設を目指すこと

地域清掃活動 in 下丸子

目的	地域清掃を通じて、施設周辺の美化活動と防犯活動に取り組む 利用者のみならず実習生の学生や地域住民とも連携を図り 地域交流「顔の見える関係」づくりを推進します。
活動内容	施設周辺、公園の清掃活動をし 利用者の方ご自身が住み慣れた場所で活躍できる活動を行います。 雨天時は中止となります。
活動場所	大田区立下丸子高齢者在宅サービスセンター施設周辺と隣接する公園等
持ちもの	センターで用意します
活動時期	10月下旬 ～ 12月中旬
活動時間	概ね30分程度
実施頻度	週2 ～ 3日
特記事項	地域清掃活動に興味があるかた気軽に当センターに声をかけて下さい。始めての方でも安心です。スタッフがサポート！ まずは一緒に楽しむことから。どなたにとっても、これまでやりなれた清掃活動を一緒に行うことから自然に交流ができます。清掃活動を通じて、「顔の見える関係」づくりを地域の中で作っていきませんか？ 一緒に清掃活動を楽しんでいただければと思います。

地域の人と顔を合わせることでコミュニケーションが生まれる

❸ 清掃活動の流れ

担当職員数：1人

準備物：ほうき，手袋，ごみ袋，エプロン，小タオル

- 職員と一緒に利用者への声かけ：職員・実習生
- 誘導：職員・実習生
- 清掃用具の準備：利用者
- 清掃範囲の確認：職員からの声かけ
- 清掃開始，ごみ・落ち葉回収：利用者・職員・実習生
- 休憩：利用者・職員・実習生
- 修了と片付け：利用者・職員・実習生
- 実施記録：職員

参加者の声

- 家の庭先を箒で掃くのと同じ。疲れたけど，楽しかった。道をきれいにすることはとてもよいこと。（利用者）
- 清掃を通じて，利用者との距離が縮まり，コミュニケーションがスムーズにできた。（実習生）
- 清掃プログラムを通じて，地域の人とも交流が持てることを知った。（実習生）

まとめと今後の課題

　この活動により，利用者個々が地域の役に立つことで満足感を得ること，利用者自身の健康の維持ができるなどの効果が見られることから，現在は期間限定で設定しているため，今後は年度を通じての活動にしていきたいと考えています。地域で活動するデイサービスにとって，清掃中に出会った時に気軽に話しかけられる関係を築くことにより，利用者の社会性の拡充や心身機能の維持，地域の人との交流が担保され，さらに施設と地域のつながりだけではなく，利用者・職員・実習生と地域の人たちとのつながりにしていくことが必要です。

　この地域清掃をきっかけに，施設が地域の中の一員であり，地域へ出ることが日常の一部であると意識できるように，地域との共生を目指したいと思います。（比嘉充吉）

▶施設概要：P.44参照

地域サービス

利用者自ら企画し社会参加できる遊びに出かけよう倶楽部

主催：社会福祉法人あけぼの会　　住所：秋田県大仙市大曲栄町
地域の特徴：P.55参照

- 活動時期：初夏～秋　● 活動頻度：年2回　● 活動場所：日帰り旅行できる範囲
- 開催時間：9：00～15：30（6時間30分）　● 対象者：通所リハビリテーション利用者
- 1回あたりの参加人数：9人　● 活動予算：1人3,000円程度（外出先により変動）
- 活動経費：10,000円　● 収支：▲10,000円　● 活動までの準備期間：約2カ月

　「遊びに出かけよう倶楽部」は，通所リハビリテーション（以下，通所リハ）利用者が通所日以外に自主的に日帰り旅行を企画し，できない部分だけスタッフがサポートし社会参加するための仕掛けです。在宅生活支援を強化し，在宅復帰機能を整えていく中で，「元気になった利用者が地域で何をするのか？」という課題が出てきました。そこで，通所リハの利用者に声をかけて，インフォーマルな本活動が誕生しました。

　活動を始めるにあたり，まず，リーダーになりそうな通所利用者さんに声をかけたところ，その人が好きな通所リハに通う利用者に声をかけて，自主的に倶楽部を作りました。スタッフは企画などを手伝うこともありますが，あくまでもサポーターという役割に徹します。形を変えながら現在に至っていますが，基本的な活動内容は，好きな利用者仲間たちで出かけ，利用者から職員にサポートを依頼します。しかし，施設では誘われた職員だけが，参加してよいというルールにしています。出かける時は施設の車両を貸し出しますが，ガソリン代などの費用は倶楽部にきちんと請求しています。このように，ただ機能訓練だけをするのではなく，通所日以外に社会参加のプログラムまで組むことで，初めて生活機能向上リハビリテーションと言えるのではないでしょうか。実際に参加された時の利用者の表情は，絶対に事業所では見られない笑顔をしています。

　まさに利用者の社会参加，主体性の向上，自立支援が本活動のねらいでもあります。

リーダー的な利用者さんへの仕掛け

　私が通所リハの支援相談員をしていた頃，リハビリホリックと思えるほど，リハビリを頑張る利用者Bさんと出会いました。その会話の中で，次のようなやりとりがありました。

相談員：「自宅ではどんなふうに過ごしていますか」
Bさん：「何もすることないから，横になっていることが多い」

相談員:「それなら,なんであんなにリハビリを頑張っているんですか」
Bさん:「良くなりたいから…」
相談員:「それって変じゃないですか。良くなった力でしたいことをするのが大切だと思いますが」
Bさん:「そんなこと言っても,1人暮らしだし,何もできないし…」
相談員:「もし何でもできるとしたら,何がしたいですか」
Bさん:「どこかに遊びに行きたい…」
相談員:「じゃあ,それやりましょう」
Bさん:「連れて行ってくれるの」
相談員:「嫌です。Bさんがどこに行きたいか考えて,仲間を誘って,スタッフにお願いしてください。僕はあくまでもサポート役です」
Bさん:「(ちょっと考えて)分かった,やってみるから手伝って」
相談員:「はい,喜んで(と言いつつ内心はドキドキでした…)」

　2010年の話なので詳細は覚えていませんが,これらのやりとりから,純粋に利用者支援をしたかったこと,機能訓練の先のリハビリプログラムの開発を目指して「日帰り旅行を利用者自ら企画し社会参加できる」取り組みをすることにしました。

開催までの流れ

　次に,最終的にこの活動を通して実現したい3つのポイントとミッションを明確にしました。
- リハビリすることが目的ではなく,リハビリを通して得た能力を活かし,日常生活の充実や社会参加できるようになる。
- 利用者自ら活動を企画し,それを実現できることで達成感を得る。
- 介護保険外プログラム開発にチャレンジし,新しい価値を創る。

1 人材を集める

　必要な人材を集める際,ここでのポイントは,介護保険外プログラムという未知の活動の中で,「リスク管理」ではなく「新しい価値創造をしたい」「チャレンジしたい」という視点を持てる人材をメンバーにできるかどうかが大切でした。また,利用者から誘われることも条件にしましたので,普段の信頼関係も影響しました。結局,前者と後者は一致し,私が思っていたスタッフが選ばれたことが面白い現象で,利用者はスタッフをよくみていることを学びました。

そして，通所リハの介護福祉士，作業療法士，支援相談員の4人で6人の利用者をサポートすることになりました。

❷ 遊びに出かけよう倶楽部の実施方法の決定

本活動では，次のことを軸に進めていくこととしました。

- 「事故なく帰ってくる」が一番の絶対的ルール（何かあったら終わってしまう危うい企画であったため）
- 企画は利用者が行い，一緒に行くメンバーや内容は決めていただく
- スタッフは利用者から声かけされた場合のみ参加可（当初，スタッフはボランティアとしていた）
- 参加費は実費
- 車両は貸し出すが，ガソリン代は実費請求
- 他社広報折りの仕事で活動費を稼ぐ仕掛け（現在は未実施）
- 絶対に下見をする
- スタッフはサポーターとして参加し，余計な介助はしない（本当にできないところのみサポートする〈運転，危険回避など〉）
- 通所リハのリハビリ実施のモチベーションを倶楽部活動へ紐付ける
- 参加スタッフも楽しんでやる（運転手以外は一緒にお酒を飲むこともある）

予算については，当法人の通所リハが月〜土曜日で営業（当時）しており，日曜日しか空いている日がなく，当初はボランティアで行っていましたので，人件費，食事代などもスタッフ負担で行っていました（それでもよい人だけ参加）。

現在は土曜日の介護保険での通所営業をやめ，介護保険外プログラムを実施する日にしたため出勤扱いとし，出張日当を予算化し対応しています。その他は実費分を利用者数で割り，負担してもらっています。

❸ 下見をする

基本的なことですが，事前の下見，前日のフローの確認や物品，各役割について，旅行コースに基づいて，参加スタッフ全員でミーティングすることで，運営側の自信や安心感にもつながります。

❹ 本番を楽しむ

活動が始まったら，そのイベントを運営側が思いっきり楽しむこと，参加者に喜ん

でもらうというおもてなしで，やりきるだけです。この活動の醍醐味は，介護保険事業では味わえない利用者との距離感です。礼儀はわきまえますが一緒に旅行するわけですので，普段できない会話やエピソードがたくさん生まれます。遊びに出かけよう倶楽部の第1回のツアースケジュールは，次のとおりでした。

〈スケジュール〉
第1回遊びに出かけよう倶楽部
「わらび劇場観劇・お食事会」ツアー
運営人数：4人（利用者6人）

- 8：30〜　集合・準備開始・ブリーフィング
  役割：車両点検，物品チェック，送迎・旅程コースチェック
- 8：50〜　出発（利用者をピックアップしながら現地へ）
- 10：00〜　わらび劇場着
- 10：30〜　観劇開始
- 12：30〜　お食事・懇親会
- 14：00〜　記念撮影，わらび劇場発（自宅へ送迎しながら帰路へ）
- 15：15〜　施設着，後片付け，反省会
- 15：45〜　解散

　第2回以降は，「ちょっと遠くまで出かけよう！　ハーブワールドと海辺ドライブ」ツアー，「錦秋湖紅葉見学」ツアー，「大人の隠れ家〜鮎の家〜グルメ」ツアーなど，年2回企画しツアーを楽しんでいます。

　実施後，参加スタッフ一人ひとりから，良かった点，改善点について意見を出してもらうと共に，旅行中の利用者の普段とは違う点や思い出エピソードについて情報を共有し，通所リハのプログラムに活用できるところを申し送ります。良かった点は次回も自信を持って行い，改善点は解決できることかどうかを評価します。改善できることはすぐに改善し，すぐにできないことは，声として受け止め，すぐには改善できない旨をしっかりと伝えることが大切です。

利用者が自主的に日帰り旅行を企画

　また，反省の中から次に活かせることをリスト化し，次回の企画に戦術として盛り込みます。オススメなのが，活動の様子を写真に撮り，家族や介護支援専門員に活動報告をすることで喜んでもらえます。

参加者の声

- 本当にできると思ってもいなかったけど，みんなで出かけられてうれしかった。
- 本当に楽しかった。職員さんのおかげです。
- なごみのさとは，介護サービスだけじゃないから楽しい。
- 自信になった。もっとリハビリを頑張っていろんなところに出かけたい。

まとめと今後の課題

　「遊びに出かけよう倶楽部」の取り組みは，利用者との会話の中から生まれた企画でしたが，2010年9月からスタートし10回開催しました。この企画は，リハビリテーションを軸とした運営をする当法人にとって，機能訓練偏重のプログラムから活動や参加という，利用者の生活機能を向上させることの大切さに気づかせてくれました。また，介護保険外のプログラムという新たな分野を歩み出す第一歩にもなりました。

　現在では，生活行為向上リハビリテーションや混合介護など，本取り組みは普通のことになっていますが，2010年にこのことに気づけたことで，今日の当法人の運営に大きな影響を与えていることは間違いありません。

　今後の課題としては，活動グループをもっと増やしていく取り組みが必要と感じています。2017年度より総合事業も始まりますので，そこと上手く絡めながら本活動を進化させていきたいと思います。

（小原秀和）

▶施設概要：P.60参照

> 地域サービス

スポーツクラブをイメージしたリハビリ支援—あすなろクラブ

主催：社会福祉法人小茂根の郷　　活動地域の住所：東京都板橋区小茂根
地域の特徴：P.109参照

- 活動時期：通年　●実施頻度：週4回（火・水・金・土）　●活動場所：リハビリ室
- 開催時間：15：30〜17：00　●対象者：地域に在住する住民（年齢は問わない）
- 1回あたりの参加人数：1〜5人前後　●活動予算：0円　●活動経費：0円
- 収支：サービス営業時間後の有効活用にあたり，計上していない
- 活動までの準備期間：約6カ月

活動の目的

地域で生活する虚弱高齢者や地域住民が，いつまでも元気に地域活動に参加し，健康で活動的に年を重ねられる場所と運動プログラムを提供しています。

活動内容

デイサービス利用者向けに導入した運動機器によるリハビリプログラムを，2007年からデイサービス提供時間終了後に地域に開放しました。当初は，ボランティアに協力していただいていた人のみを対象としていましたが，現在では，活動日に3〜5人ほど定期的に参加され，OT，PTの身体評価により，個別リハビリプログラムと集団ストレッチを行っています。所要時間は1時間程度です。終了後は，参加者同士のコミュニケーションタイムなどもあり，みなさん楽しんで参加されています。

―――――― 開催までの流れ ――――――

❶ デイ利用者の声をきっかけに

活動を開始するきっかけは，デイサービスの利用者から「近所に，ここに通った方が元気になれる人がいるのに，『お国のお世話になりたくない』と言って参加しようとしない。どうしたもんかね」と相談されたことでした。ちょうど地域のボランティアの人が運動機器のリハビリ支援をしていたことも重なり，リハビリをしたいけどできない人を対象に「スポーツクラブ」をイメージしてこのプログラムを立ち上げました。町会の会合の中で，この提案をすると大勢の人から参加希望があり，開始を決定しました。

② 地域に向けたリハビリプログラムの企画

　デイサービスのリハビリ担当者を中心に，デイサービス利用者に提供している個別リハビリプログラムを活用して，地域向けに運動機器リハビリプログラムを提供していく方針としました。職員の負担増にならない範囲で協力を求め，職員配置の関係や日程，提供時間帯の調整を進めました。デイサービス利用者の意見から，無償では参加してほしい人が来ないのではないかと判断して，1回500円または月3,500円の利用料金設定をしました。すでに，ボランティアの人に利用していただいていたこともあり，スムーズに実現ができました。

③ 施設内調整

　施設内では，運動機器を使用しているデイサービス職員を担当部署に指定し，地域貢献委員会がサポートするという形をとりました。職員の勤務時間も時間外とならない範囲に決め，日程や時間帯なども現場に一任して行いました。将来の利用者確保にもつながるためか，反対意見はほとんどなく実施に至りました。

④ 地域への説明

　近隣町会の役員会で趣旨を説明し，協力を求めました。日頃からボランティア活動や町会行事，防災訓練などで親密な連携のある地域なので，住民からの反対もなく，「自分が元気になるなら参加したい」との希望が多数でした。介護予防事業に参画しなかったので，直接，板橋区との調整はせず，地域への周知と承諾を得ることで進めました。

⑤ 準備・募集

準備した物：ストレッチDVD（OT，PTが作成），利用者名簿，利用説明書，領収書，
　　　　　　　個別評価表
参加者に持参してもらう物：汗拭き用タオル

　事業を進める段取りとして，OT，PTが中心に，1回30～60分でできるプログラムを作成し，日々の担当職員を1人決め，役割分担を行い，責任を持って対応できる体制を整えました。また，初回利用の時に，体力評価，機能評価をOT，PTが行い，個別プログラムを作成してから利用開始とする申し合わせをしました。

広報・募集

　町会の会合の中で，趣旨および利用の方法をパンフレットにて説明しました。この

リハビリ前に行う参加者の健康チェック

プランは，掲示板での広報は実施せず回覧板のみで行い，法人サービスを利用している家族などへ，担当者が直接パンフレットを持参して募集するようにしました。また，1回の利用者数にも限度があるため，対応できる人員を募集することとしました。

❻ 当日の運営と活動紹介

リハビリ職員：1人。当日の準備から参加者の健康チェック，プログラムの進行，終了後の健康チェックまでを担当

スケジュール

15：10〜　テーブル，いす，個別記録表，血圧計，体温計，水分，茶菓子の準備
15：20〜　受付準備
15：30〜　準備運動を開始，随時受付順に個別プログラムを実施
16：30頃　プログラム終了
16：40頃　終了後のバイタルを測定し，水分補給。談話など
17：00終了

参加者の個別評価としては，歩行に不安を持っていた人が1ヵ月継続することにより，自信を持って散歩に出かけられる姿が見られ，特に下肢筋力の強化はできたように感じられます。実施後の評価表については希望しない人が多く，作成はしていません。病気の悪化などで入院された人を除いて，皆さん元気に参加しています。また，

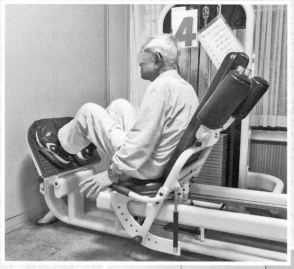

運動機器の体感説明
(それぞれの機械に付けている)

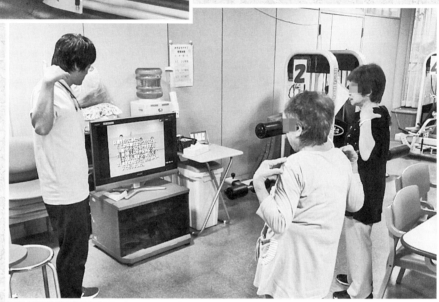

個別プログラムと集団ストレッチを実施

　参加者が仲間を誘ってきたり，運動後の茶話会で情報交換したりするなど新たな仲間づくりにもつながっています。

参加者の声

- Aさん（女性，70代後半）―私はもっと足の力があると思っていたら痩せてるBさんよりなくて，おもりが軽いのから始めたよ。でも，毎回ここへ通っていたら足が軽くなって歩くのが苦じゃなくなった。
- Bさん（女性，80歳）―段々，歩くことが億劫で散歩をやめていたんだけど，Cさんに誘われてここへ来るようになってとても足が楽になったよ。ホットパックもしてくれるからうれしいね。私と同じような部分が痛いという人もいて，自分だけじゃないと思ったら気持ちが楽になった。

- Cさん（女性，70代後半）―私はここにボランティアで来ていて，利用者さんのお世話をしながら自分もやりたいなーと思っていました。お手伝いをしている時より，自分でする方が最初は大変でした。おもりがこんなに足に重く感じたのもびっくりしましたし，ボランティアをするより体が痛かったですね。でも，これだけ続けていると随分足も楽になって，歩くのも早くなりましたよ。本当に体が元気になりました。新しいお友達も増えたしうれしいわ。

まとめと今後の課題

　この活動は，デイサービス利用者の一言から始まったサービスです。社会福祉法人の役割として，地域貢献をすることが強く求められている中，介護保険事業の推進を重要視して運営を進めていましたが，介護保険サービスを受けている人も地域の一員として地域の仲間を心配し，地域の中で役割を果たしたいという気持ちを持っていることを痛感させられました。

　開始当初は，「どうかな。本当にここにサービス外で参加する人がいるのだろうか」と半信半疑でしたが，地域の要望も強く，自分の体力や歩行に最も興味があり，「最後の時まで一人で歩きたい」という欲求が強いことを感じ，シニアスポーツジムをイメージした環境を整えました。個別プログラムは作成しますが，自主性に任せるという手法を選択しました。個人の尊厳と自由を守ることも，個々の継続につながっていると感じていますが，難病の人や持病の悪化により，あすなろクラブを脱退される人もいて，何か中途半端な気持ちも残っています。そのため，あすなろクラブ脱退者が継続してサービスを利用し，最期の時までかかわりが持てる関係が継続できないかと考えています。

　また，今まで積極的な募集ではなく，町会の集会や紹介により参加者を確保していましたが，今後はもう少し積極的な広報活動を行い，介護予備軍のヘルスリカバリーを積極的に進めていくことが重要だと考えています。そのために，運動機器によるリハビリばかりではなく，ヨガ，ボール体操，カラオケ体操，民謡リハビリなど多様な運動ができるプログラムの開発と，職員教育を進めていきたいです。あすなろクラブの予算も「地域貢献委員会」の活動として，ランチクラブと同様に二本立てで進めています。

（杉田美佐子）

▶施設概要：P.113参照

> 地域サービス

プロの専門知識をお届けする地域生活応援セミナー

主催：社会福祉法人あけぼの会　　住所：秋田県大仙市大曲栄町
地域の特徴：P.55参照

- ●活動時期：不定期　●活動頻度：年3～4回
- ●活動場所：歩行と言葉のリハビリ空間なごみ（通所介護）
- ●開催時間：14：00～15：30（1時間30分）　●対象者：地域住民（基本誰でも可）
- ●1回あたりの参加人数：20人　●活動予算：13,000円程度（講師により変動）
- ●活動経費：13,000円　●収支：▲13,000円　●活動までの準備期間：約2カ月

地域生活応援セミナーは，医療・介護の知識だけではなく，『プロの専門知識』をお届けし，地域の人の生活が豊かになる，役立つことをセミナー形式で応援する活動です。

もともと地域公開セミナーとして，医療・介護の知識・技術を地域の介護事業所のスタッフ向けに提供していた取り組みを，対象と内容を変え「地域生活応援セミナー」として実施しています。

これまでは，医療法人・社会福祉法人として，医療や介護にまつわることで貢献できればよいと考えていましたが，「地域包括ケアシステム」の概念がキーワードとなった昨今，もっと生活に密着して，地域住民の困りごとを解決・応援することに役に立たなければならないという思いが強くなりました。そうした中で，医療・介護以外の各分野の専門職の知識や技術をお届けすることで，地域住民の課題を解決できるのではないかという考えが浮かびました。また，本活動を行うことで，地域の課題調査窓口としての機能を法人内に持ち，その解決を図ることを目的として取り組んでいます。

地域住民にはさまざまな課題がある

ソーシャルワーカーとして利用者，家族と数々の面接を行い，相談を受けてきた経験や，管理的な立場になり，スタッフから相談される支援内容との間にある共通点があることに気づきました。例えば，表面的には介護問題でも実は金銭的な問題だったり，虐待的な問題に見えても実は相続を巡る兄弟間の争いだったり，必ずと言ってよいほど，生活上の課題が絡んでいるということでした。

そして，それは医療・介護のスキルだけでは解決できない課題でもあり，より専門的なスキルが求められます。そこをヒントに法人内にその生活課題解決の窓口（きっ

かけづくり），これからトラブルにならないよう情報提供する場所をつくり，「地域の困っている人の役に立てる」取り組みをすることにしました。

開催までの流れ

最終的にこの活動を通して実現したい3つのポイントとミッションを明確にしました。
- 医療・介護にとらわれず，地域の人の生活に役立つ「プロの専門知識」をお届けし，地域住民の皆様の生活が豊かになることを応援する。
- 各専門家による個別相談までフォローし，課題解決を応援する。
- 住民ニーズの調査とデータベース化をし，地域課題の発掘につなげる。

❶ 人選と役割分担

人選のポイントは，地域課題の抽出が大きな目的でもありますので，「コミュニティソーシャルワークができる」ことを最優先とし，支援相談員を中心として進めることにしました。

さらに，本活動では支援相談員を中心としながら，円滑なセミナー運営のために企画事業推進課スタッフの構成でプロジェクトを組みました。参加人数によっては，併設居宅介護支援事業所のケアマネジャーにも応援を頼んでいます。

❷ 地域生活応援セミナーの実施方法の決定

本活動では，次のことを軸に進めていくこととしました。
- 住民目線での課題抽出，テーマ設定を行う
- 中途半端ではなく本当のプロの講師でセミナーを開催する（広く浅くではなく，深堀りする）
- 時事や情勢との連動も考慮する
- セミナー後の講師との個別相談をセットする
- セミナー後のカフェタイムでくつろい

でいただく
- 講師，参加者，職員の懇談を通し，あけぼの会の取り組みを知ってもらい地域住民との絆を深める
- 外部の人があけぼの会に訪れてくれるチャンスとして，おもてなしの心で迎える
- 利用者家族，ケアマネジャー，行政，ボランティア，民生委員，広報誌（施設発行，市の広報），SNSでの広報をする
- 運営側も楽しんでやる（時にはスタッフが相談することもある）

　予算については，参加無料なので完全に法人の持ち出しとなっていますが，地域の人が集まり，当法人の取り組みを知ってもらうことや，セミナー内容から満足感につながることでのシナジー効果と考えれば，決して高くはない支出と考えています。

❸ 練習する

　セミナーを開催するにあたり，事前の講師との打ち合わせや，前日の物品準備，シナリオに基づいて，実際に声を出しながらリハーサルをしっかりやることで，運営側の自信や安心感にもつながります。また，会場を運営者で周ることで不備や環境面（汚れや物品の乱れ）のチェックにもなりますので，とてもオススメです。

❹ 本番を楽しむ

　セミナーが始まったら，そのイベントを運営側が思いっきり楽しむこと，参加者に喜んでもらうというおもてなしで，やりきるだけです。この活動は段取りと当日の司会進行さえできれば，あとは講師の力が大きいので，スタッフもセミナーや講師との交流を楽しむことができます。セミナーのスケジュールは，次のとおりです。

医療・介護以外の専門職を講師としてまねき，セミナーを開催

〈スケジュール〉

運営人数：4人

12：30〜　集合・準備開始
　　　　　役割：会場作り，各メニューの担当ごとにチェック
13：00〜　ブリーフィング（目的の確認，当日の流れ確認，会場チェック）
13：30〜　お出迎え・受付
14：00〜　開始
　　　　　講師紹介，セミナー，質疑応答，アンケート記入
15：00〜　なごみカフェでの講師を囲んでの語らいタイム（講師は個別相談で別室の場合もあり）
15：45〜　閉会，お見送り

これまでのセミナーは，下記のようなテーマで開催しています。

開催実績		
第1回	「弁護士のつかい方」	弁護士
第2回	「Jリーグブランドを活用した地域活性化」	Jリーグチーム社長
第3回	「弁護士のつかい方　〜知って得する弁護士の活用方法〜」 ※収穫祭特別リクエスト企画	弁護士
第4回	「言語聴覚士って？　〜言葉のリハビリで変わる生活〜」 ※リクエスト企画	言語聴覚士
第5回	「一級建築士によるインスペクション 　　〜住宅診断のいろはを教えます〜」	一級建築士
第6回	「資産の有効活用法 　　〜セカンドライフの充実のさせ方〜」	銀行員
第7回	「ヘルスエクササイズ〜健康と運動〜」 ※温水プール歩行リハビリ棟なごみ夢WALK 　オープン記念収穫祭特別企画	医師

　実施後，参加スタッフが一人ひとりから，良かった点，改善点について意見を出してもらうと共に，アンケートの中からも同様のポイントを拾い，良かった点は次回も自信を持って行い，改善点は解決できることかどうかを評価します。改善できることはすぐに改善し，すぐにできないことは，声として受け止める，すぐには改善できない旨をしっかりと伝えることが大切です。

　また，反省の中から次に活かせることをリスト化し，次回の企画に戦術として盛り

込みます。オススメなのが，活動の様子を写真に撮り，次回以降の案内にその写真を掲載すると集客効果が増します。もちろん個人情報にはご配慮ください。

参加者の声

- 弁護士への相談の仕方，どんなことが解決できるか分かった。
- 借金返済や相続のことなど，専門的なことを学ぶことができた。
- 弁護士との距離感が縮まった。
- 専門家の話を聞く機会がなかったため，参考になった。
- 投資信託に興味を持った。
- お金は大切にしていきたい。
- 将来について今から資金づくりをしていきたいと思った。

まとめと今後の課題

　デイサービスセンターに出入りする人は，利用者，家族，介護支援専門員，介護関係者が一般的です。しかし，当法人の「歩行と言葉のリハビリ空間なごみ」には，弁護士，Jリーグチーム社長，一級建築士，警備会社所長，建設会社2代目，児童民生委員会長，高校サッカー部の生徒，中古住宅購入検討中の若夫婦，地域住民（老若男女），行政職員，医師，薬剤師，病院PT・OT・ST・MSWなど，通常はデイサービスセンターに出入りしない人が多く訪れます。

　これが何を意味するか，私は次のように考えています。

　『介護事業所を「HUB化」（人が集まる接点化）できたら…』

- いろいろなニーズを調査できる
- データベース化できる
- サービス開発ができる（プロダクトアウト）
- 職員の視点が広がる
- 化学反応が起きる（未来創造のチャンス！）

　皆様はどのようにお考えになりますか。

　介護業界も変革の時代を迎えています。当法人はこれからも，既存の枠にとらわれず，「地域のために成る」に挑戦していきます。

（小原秀和）

▶施設概要：P.60参照

地域サービス

介護予防のための自主グループ活動支援

主催：医療法人社団東北福祉会　介護予防通所介護せんだんの丘ぷらす
住所：宮城県仙台市青葉区国見ヶ丘　　地域の特徴：P.72参照

- 活動時期：通年
- 実施頻度：必要に応じて
- 活動場所：地域の集会所や市民センターなど
- 開催時間：グループのニーズに応じて
- 対象者：地域住民
- 1回あたりの参加人数：会場に応じて
- 活動予算：なし
- 活動経費：なし
- 収支：なし
- 活動までの準備期間：なし～2カ月程度

　当事業所における自主グループ活動支援は，大きく分けて2つの取り組みがあります。
　1つ目は，地域包括支援センター（以下，地域包括）や市民センター，町内会と連携しての自主グループの立ち上げの支援です。これは地域包括主催の介護予防教室と抱き合わせで行う場合もあります。
　2つ目は，立ち上げた自主グループのアフターフォローおよび地域の既存の自主グループに対する活動支援です。
　これらの自主グループ活動支援を実施するまでの経緯として，当事業所では，開設当時より，より良い地域をつくっていくためには，介護保険事業と地域支援事業の双方が必要であり，先を見据える際には特に地域支援事業が重要になると考えています。
　そのため，介護保険事業所でありながらも，地域支援事業に取り組むための時間を設定し，地域資源の充実に向けた土台づくりを展開してきました。総合事業が始まる今，これまでの成果が問われると考えています。

開催までの流れ

❶ 開催地域・日時・頻度決定

　自主グループ立ち上げ支援は，基本的に地域包括や市民センター，町内会と連携して実施していますが，それぞれの持っている地域特性や地域課題，人材などの情報を照らし合わせ，開催地域や日時，頻度を決定しています。ポイントは2つです。
　1つ目は開催場所の選定です。これまでの例では，市民センターや町内会集会所が主ですが，今後は地域の民間企業より会議室などを借用する場合も想定し，日頃より地域資源を知り，連携を取っておく必要があります。
　2つ目は人材です。開催地域にグループの核となり得る人材が存在するのかどうか

によって，支援の進め方も変わっていくため，開催前より地域住民とコミュニケーションを図っておくことが大変重要です。

❷ 実施内容検討・決定

決定した開催地域に合わせて，自主グループ立ち上げに向けた実施内容を決定していきます。主となる活動はストレッチおよび運動ですが，開催場所の環境（広さ，和室か洋室か，いすの有無など）に合わせて，実施内容を検討していかなければなりません。これまでは，畳の上での長座位中心のプログラムやいすにつかまっての立位プログラムなどさまざまで，現在の主流は，いすに座ってのプログラムです。

また，介護予防の視点から口腔，栄養，認知症，うつ，閉じこもりといった講話を取り入れています。

ここで，実施内容を決定するにあたっては，さまざまな環境でのプログラムを実施する中でも，当事業所のプログラムをベースにして統一しています。それは，先々を見据えた際に，地域の自主グループと介護保険事業の通所介護，二次予防事業の運動教室が同様のプログラムを実施することで，状態の変化による移行がスムーズにできればよいという考えからです。実際に，この3つの事業間の移行例も多数の実績があります。

このように，さまざまな地域の資源が切れ目なしにつながっていけるシステムの一つとして，自主グループの存在の重要さが分かります。

❸ 実施人員確保と募集

実施内容が決定すると，次は人員の確保が必要で，自主グループの立ち上げにはさまざまな人員が役割を持ってかかわることが理想と言えます。

直接的な運動の指導員，会場確保や参加者募集などの周辺作業を行う人員，各種講話を行う専門的人員など，一事業所のみでそれを補うことは困難であるため，ここでも関連事業所の連携が重要です。

参加者の募集に関しては，地域包括が中心となって募集チラシを作成し，関連事業

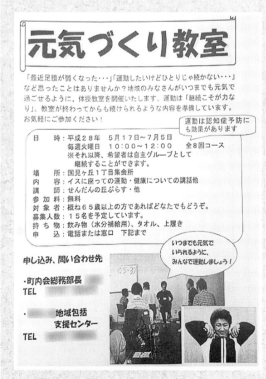

所がそれぞれの方法，それぞれの対象に展開していくことで，一般住民から虚弱層，要介護認定取得者まで幅広く募集することができます。当事業所でも，利用者や二次予防事業の参加者へも紹介することで，前述したさまざまな事業間の移行を図っています。

また，当事業所の職員は直接的な運動の指導を担当するという立場から，関連事業者の広報活動への参加や詳細を知りたいといった個人への説明も実施しています。

❹ 活動開始・進め方

ここまでの準備が整い，いよいよ自主グループ立ち上げに向けた介護予防教室が開始となります。開催地域により差異はありますが，受動的な意識を持って参加する方が大半です。つまり，「講師がいるから参加する」といった「講師ありき」の意識で，ここをいかに変えていけるかがポイントとなります。

まず重要なことは，運動の必要性，有用性を伝えることです。介護予防は短期間やればいいものではなく，日常から定期的に行うことが必要であり，そうしてこそ成果が表れるという理解が必要なのです。

そのためには，ただ黙々と運動を繰り返すだけではなく，一つひとつの運動が日常生活のどの部分に影響があるのか，またその能力が低下することで，日常生活がどのように変化してしまうのかを丁寧に説明しながら進めることが重要です。

参加者が必要性と有用性を理解したところで，参加者のニーズに合わせて実施内容の見直しを行います。自主グループとして立ち上がった際に，自分たちで安全にできる運動種目および運動方法を設定します。

ここまで来ても，参加者には自主グループとして継続できるかどうかの不安が残っているため，最終段階として自主グループ立ち上げに向けた提案を始めます。当事業所の方法としては，特定のサポーター，リーダーが存在しなくても全員で進めていける方法を模索した結果，運動種目ごとに写真と説明文が記載されたプログラムシートを用いています。そうすることで，特定の誰かだけに負担がかかることを避けることができているのも，これまでの実績の礎になっています。

運動指導以外の要素の大まかな立ち上げまでのスケジュールは，次のとおりです。

第1回　体力測定　　　　　　　　　　　自主化についてのアンケート
第2回　講話（運動の必要性）　　　　　プログラムシート導入
第3回　講話（栄養について）　　　　　第1～5回
第4回　講話（口腔について）　　　　　・核となりそうな人材を見つける。
第5回　講話（認知症について）　　　　・運動は講師主導で実施。

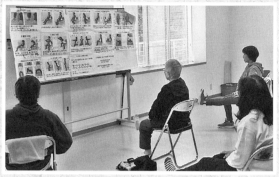

第6回	講話（うつ・閉じこもりについて） アンケートの結果をもとに， 徐々に参加者主導で実施 実施内容見直し		実施内容見直し 自主化に向けてのグループワーク
第7回	参加者主導	第8回	体力測定 参加者主導 自主化に向けてのグループワーク

❺ 実施内容見直し・立ち上げ

　前述のとおり，自主グループ立ち上げに用いるプログラムはベースを決めておきながらも，各グループの特性に合わせて調整する必要があります。例えば，虚弱層の参加が多ければ，プログラム自体も基礎的な要素を増やし，近隣の環境として，坂道や階段が多ければ，下肢プログラムを充実させます。円背，腰痛の参加者が多ければ，体幹プログラムを取り入れるなどといった見直しが必要です。

　また，各運動に対する理解度に合わせて，プログラムシートの説明文を変更していく作業も見直し項目の一つです。見直しを的確に行うためにも，やはり黙々と運動をするのではなく，参加者とのコミュニケーションを重視して進めていくことが重要です。

　立ち上げに向けた見直しが終わるころには，大半の参加者は運動の必要性と有用性や定期的に実施することへの希望を持つようになっています。そこで，最終段階の後押しが重要です。

　ポイントは参加者の不安要素を一つひとつ聞き出し，取り除いていくことです。

❻ アフターフォロー・活動支援

　参加者から引き出した不安要素を一つひとつ解決した先に自主グループが立ち上がりますが，支援はここで終わってはいないことを説明します。

　多くの自主グループは，「マンネリ化」と「参加者の状態変化」といった同じ課題にぶつかることが多く，これらに対応せずして，自主グループの立ち上げにかかわる

べきではないと考えます。「マンネリ化」に対しての追加プログラム，「参加者の状態変化」に対しての実施内容の見直し，そのほかにも，グループごとにぶつかる課題を想定し，アフターフォローができる環境を整えておくことが必須です。

また，立ち上げた自主グループのみならず，地域で活動している既存のグループに対しても支援ができる準備を整えておくことも，地域支援事業を実施する事業所の役割であると考えます。

参加者の声

- 『継続こそ力なり』ということを実感できている。
- 一人じゃ続かないけど，皆で集まることで楽しく続けられている。
- 近所に住んでいるのに，知らなかった人とも知り合えて，交流の幅が広がった。

まとめと今後の課題

ひと言で自主グループ活動支援といっても，地域ごとに「十所十色」の特性がありますので，これという必ずあてはまる答えはないと考えます。必要なことは，その地域を知ること，そしてさまざまなケースに対応できる「引き出し」を持つことです。

今後，地域支援事業の重要性が大きくなっていくことは間違いない事実であり，特定の事業所や団体，特定の地域がやればいいというものではなくなっているため，より多くの「仲間」をつくることが大切になっていると考えます。

医療法人社団東北福祉会　介護予防通所介護せんだんの丘ぷらす

施設紹介：開設から介護予防（要支援認定者）のみを対象とする通所介護（定員30人）。
設立：2007年7月　　職員数：6人　　法人理念：総合的なリハビリテーションの実践

多田友則　医療法人社団東北福祉会　介護予防通所介護せんだんの丘ぷらす
管理者／リハビリテーション体育士／介護福祉士／生活相談員

他施設での，リハビリ助手や通所リハビリテーション管理者を経て，当事業所へ入職し，2015年より現職。障害者スポーツ，リハビリテーション，介護，相談などさまざまな業務に従事し，その経験をもとに地域支援事業にも携わる。

> 地域サービス

「くらしの安心のーと」の普及活動

主催：NPO法人福祉コミュニティ大田　　住所：東京都大田区蒲田本町
地域の特徴：P.88参照

- ●活動時期：通年，毎月第3日曜日のほか適宜　　●実施頻度：年間4回程度
- ●活動場所：施設内デイサービス他大田区内各所　●開催時間：2時間
- ●対象者：地域住民など　　●1回あたりの参加人数：15～20人
- ●活動予算：1回2万4,000円程度（ココらっこの場合），「安心のーと」改訂印刷代20万円程度
- ●活動経費：講師1万円，体操講師5,000円程度（ココらっこの場合），フライヤーの作成2,000円程度。当日運営スタッフ，ボランティアの謝金7,000円
- ●収支：助成金収入を消化　●活動までの準備期間：1カ月程度

　2000年8月に地域の仲間と立ち上げた介護保険事業，障がい福祉サービスの提供を行う当法人では，地域活動を広げるにあたり，助成金申請が地域活動の一歩となりました。

　「くらしの安心のーと」は，2007年WAM独立行政法人福祉医療機構の福祉基金「地方分」助成事業として，「緑・水・ひと」と題した「地域活性化プロジェクト らっこ」の活動から助成金を受け，生まれました。これは2000年より開業した当法人のサービスをどう地域で実践していくかの足がかりと，さらに大田区が元気になり，住民がいつまでも住み慣れた地域で生活し続けるために，自分の緊急連絡先，疾病の記録，服薬や使っているサービスの連絡先などを記載したノートの普及活動です。

開催までの流れ

❶ 介護保険講座の開催

　当法人では，健康なうちに年齢を重ねていく準備として介護保険を知ってもらいたいと，地域住民に向けた「認知症予防」と一緒に「介護保険制度」講座を開催しました。そのような講座を開催していくうちに，「急に介護が必要になった時の介護保険申請には，主治医の意見書を書いてもらうかかりつけ医の存在が大きなハードルになっている」こと，「これまでの大きな病気や手術，経過観察している病気についての情報を整理していない人がほとんど」ということが分かりました。個人情報保護の時代，そして地域コミュニティが崩壊している今，自分の情報が緊急時に周囲に提示

できないことは命も危険にさらすことになりかねません。そのような思いから「くらしの安心のーと」を考えました。最初は、コピーをしてホチキス留めの簡単な冊子でしたが、その後いくつかの助成金によって2010年には、自分の緊急連絡先、疾病の記録、服薬や使っているサービスの連絡先などをまとめていく現在の製本されたノートになっています。

　一方で、そのころから、「エンディングノート」が流行りだし、行政（大田区）でも障がい者用の緊急時ノートを作成し始め、現在の東京都の障がい者の「ヘルプカード」につながっていくなど、自分で自分の記録を誰かに伝えるために作る大切さが世の中でも浸透し始めました。

2 普及活動の展開

　2012年、「くらしの安心のーと」は大田区地域力応援基金助成金を得られたことから、町会や自治会単位での記入講座を開始し、記入の仕方のDVDも作成しました。さらにこのようなノートは、「こどもの安全」にも必要性が

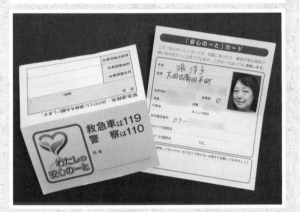

記入例

あることが分かり，キッズ版カードの作成をし，大田区NPO／区民活動フォーラムでの子ども向けペープサート（紙人形劇）の発表などで普及活動を行いました。

　また，東日本大震災後の宮城県東松島市では，大田区民のボランティア活動が継続されていることもあり，避難者への訪問活動に利用されたり，コミュニティ再生の取り組みなどにも利用されたりしました。

　2013年にはノートの記入活動と共に，大田区地域力応援基金助成金の継続事業として元東京都防災課長で防災塾を継続していた故齋藤實氏や，被災した障がい者の避難状況に詳しい国際救急法研究所の宇田川則夫氏を招き，地域で連続講座を開催しました。

　このように大田区内ばかりでなく，近隣の世田谷区をはじめ，周辺地域も含め記入講座を続けてきましたが，このノートを記入し，定期的に書き換えながら地域の仲間づくりに利用しなければ，ノートは家にしまい込まれて終わりになってしまうことを痛感しました。単発のイベントでの取り組みだけでは，なかなかノートによる「安心」を継続できないことが分かってきました。

❸ 継続的な普及活動の場の企画

　「くらしの安心のーと」には継続的な普及活動が必要と考え，試行的に2015年9月より毎月第3日曜日にデイサービス（休業日）駐車場で行っているガレージセールと同時開催で，デイサービス施設内でコミュニティカフェを開催することを考えました。

　2016年からは再度大田区地域力応援基金助成金を得て，定期的な地域住民の健康，仲間づくりの場としてコミュニティカフェ「ココらっこ」（毎月第3日曜日）を開催し，このノートの記入を定期的に促しながら展開することにしました。

❹ コミュニティカフェ「ココらっこ」の広報

　コミュニティカフェ「ココらっこ」では，地域の健康づくり，仲間づくりのための場となるよう介護講座を開催しており，毎回講師の選定と日程の調整を行います。また，地域住民への広報にはフライヤーの印刷発注（助成金事業となるため助成金マークを使用し，区に許可を取る）をし，町会掲示板，回覧板のほか，区の助成金事業のため区交換便制度（書類の届け便）を使い，区施設（図書館，文化センター，老人いこいの家，地域包括支援センター，社会福祉協議会など）に一斉配布しています（約2,000枚）。

❺ 外部関係機関との連携と調整

コミュニティカフェを開催するにあたり，デイサービスで日常的に福祉給食の提供を行ってきたため，休業日でも飲食許可を取らずに飲食物の提供ができると考えていましたが，保健所より営業飲食許可を取るよう指導が入ってしまいました。そのため2016年度前期は飲食許可に向けて準備をし，大田区で「こども食堂」を生み出した団体でもある「気まぐれ八百屋だんだん」と連携をとり，配食でのランチ提供を行っています。

また，介護講座の講師は，地域で活躍する往診医，歯科衛生士，薬剤師などの医療専門職や地域活動を行う団体などから選定しています。大田区は区民活動が盛んな地域で，区役所のホームページ内「オーちゃんネット」にさまざまな活動を行う400弱の区民活動団体が登録を行い，活動内容を発信していることから，これまで，次のような団体に講師を依頼しています。

- 中国家庭マッサージの普及を行っている団体「iCassa 愛かっさ」
- 誰でもいきいき暮らせるための活動を行う「ふぇみねっと・おおた」のカラーセラピー
- NPO法人ジャパンユニバーサルスポーツ・ネットワークの体操教室
- NPO法人ピボット・フットの体操教室

❻ 当日のスケジュール

当日は，デイサービス管理者・副管理者である当法人理事が運営スタッフとして，常連となっている利用者などが運営ボランティアとして，次のようなスケジュールで活動を行っています。

10：00　理事集合：外はガレージセールの品出し（こちらの運営はほかの理事が担当し，ボランティアが販売を行っている）。室内はコミュニティカフェ準備。講師の集合，確認。

10：30　介護講座：集まる受講者の「安心のーと」のホルダーに入れているスタンプカード押し。ランチ代の徴収。

11：30　体操

町会での記入講座

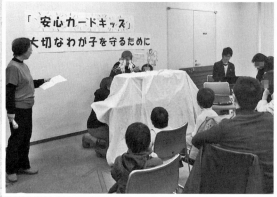
紙人形劇によるキッズ版カードの発表

12：30　ランチ
13：30　解散　後片付け

参加者の声

- ここが福祉の事業所だって知らなかったけれど，有名な先生のお話が聞けるので参加し始めました。身体を楽しく動かす体操と仲間になった人たちとのランチが楽しくて，毎月来ています。ノートがあるおかげで何かあっても安心です。
- 「安心のーと」がきっかけで通うようになりました。定期的に記入の修正や書き方が聞けてありがたいです。
- 平日デイサービスに通っている母が日曜日にも通えると喜んでいるので，送り迎えをして毎月楽しんでいます。私も安心ノートを持っています。
- 町会内に健康のお話が聞けて，身体を動かしておいしいランチを食べられる場所があって，夫婦で毎回必ず参加しています。「安心のーと」も記入して持っています。

まとめと今後の課題

　「くらしの安心のーと」は緊急時に大切な役割をしてくれるツールですが，日常的には必要性を感じません。このツールをいかに役立つものとして，日常的かつ必要時に取り出せるよう実現させるために行っているのが，2016年度からのコミュニティカフェの活動です。

　今役に立つ情報，仲間と楽しく身体を動かす機会を提供することとセットにしながら，今後も地道な「くらしの安心のーと」活動を続けていこうと考えています。
（浜　洋子）

▶施設概要：P.92参照

地域サービス

地域住民参加型の施設見学
―本能トレジャーハンター

主催：京都市本能特別養護老人ホーム＋立命館大学産業社会学部乾ゼミ生
住所：京都府京都市中京区蛸薬師通油小路東入元本能寺南町　　地域の特徴：P.45参照

- 活動時期：毎年11月に10日ほど開催
- 実施頻度：年1日　●活動場所：施設全館　●活動時間：13：30～16：00
- 対象者：地域住民　●1回あたりの参加人数：8人×4パーティー
- 活動予算：GAM総予算10万円　●活動経費：トレジャーハンターは1万円程度
- 収支：－10万円（カフェの売り上げ，助成金，施設予算の地域福祉推進費）
- 活動までの準備期間：約2カ月

　この企画の大きな目的は，地域の人に高齢者施設と施設の利用者のことを正しく理解してもらうことです。7年ほど前から，地域の市立博物館の主任学芸員（当時）に協力をお願いし，歴史勉強会や，アートとコミュニケーションを融合した活動を行っています。その活動の中ででき上がった作品はどれも素晴らしく，利用者の感性にあふれています。その作品を多くの人に見てもらいたいと思い，4年前から，高齢者施設を美術館化する取り組みであるGAM（Grand Art Museum）を，地域のフリーマーケットの開催に合わせて開催しています（GAMの期間は10日程度）。

　GAMの期間中，地区社協や民生委員，文化協議会による企画や施設スタッフによる企画，学生による企画を提案してもらい，協働開催しています。その企画の一つで，学生が提案した企画が「本能トレジャーハンター」です。この企画の前身として，本能ぐるぐる探検ツアー（学生と施設スタッフが，地域の子どもや親たちを引き連れ，施設見学をしながらクイズを出していき，施設をもっと身近に感じてもらう企画です）があり，その翌年に実施したのが，本能トレジャーハンターです。この企画は，地域住民が施設の中にある宝物を探しながら，利用者や施設スタッフと交流を図り，高齢者福祉の楽しさや高齢者のすごさに気づいてもらうことがねらいです。

---------------- **開催までの流れ** ----------------

❶ 開催までの歴史と地域の声

　施設利用者の中には，習字がしたい，絵を描きたい，勉強したいなど，文化的な暮らしを望まれている人が多くいるため，施設開設当初から，京都検定勉強会や謡の会

高齢者施設の美術館化計画（GAM）では，さまざまな企画が行われる

〈今までに行った企画〉

- NPO法人で活躍する，プロレスラーのビリーケンキッドさんによる講演会
- 町の芸術家によるギャラリートーク（招き猫作家，野菜剥きもの，ドールハウス，家紋協会理事長がそれぞれの芸術について語ったり実演をします）
- 生け花の展示（地域の本能池坊クラブの作品展）
- 地域住民の作品展（学区社協）
- 愛の傘下写真展（介護士にスポットを当てた写真展）
- JAZZカフェ

など，サークル活動を行っていました。

　施設の近くには市立博物館があり，施設で行っている京都検定の勉強会の取り組みの一環として，博物館に利用者と行くことがあります。地域行事の懇親会で主任学芸員と話をする機会があり，そこで展示品の説明をしていただくことをお願いしたところ，こころよく引き受けていただきました。それ以来，世界遺産の勉強会や博物館の特別展の解説，地域の出土品など，いろいろな講義をしていただいています。これをきっかけに臨床美術（アートコミュニケーション）を行っている人を紹介していただき，施設の高齢者や認知症のある人と一緒にアートの作品づくりができないかとの提案があり，アートコミュニケーション活動が始まりました。

　その頃（2009年頃），私は在宅介護課でデイサービスとショートステイの課長をしながら，施設のボランティア受け入れを担当しており，地域の人たちとの交流を積極的に行っていました。すると「施設があることは知っているが，どんな人が何をしているのかが分からない」「施設に入っている人を見ていいのか？　かかわりを持っていいのか？」という声が聞こえてきました。この時，地域の人の遠慮や誤解があることを痛感し，施設と地域の垣根をなくしたいと強く思いました。

❷ 展示会の企画

　アートコミュニケーションの活動を続け，利用者が作った感性豊かな作品をたくさん見ると，「展示会しよう！」という話が出てきたのは，ごく自然な流れだったと思

います。展示会を行うのであれば，中途半端ではなく本格的に展示し，作品に敬意を示し，利用者ではなく，芸術家としての展示会にしたいと思いました。

　展示した作品を，多くの利用者の家族や地域の人に見ていただくためにはどうしたらよいかと考え，施設で行っているコミュニティカフェや，そのほかのボランティアさんに相談をし，展示会の期間中にいろいろなイベントを企画してもらうことになりました。地域行事として，施設の前の芝生でフリーマーケットを行うことが自治会で承認されていたので，期間もそれに合わせ，より多くの人が来場できるようにしました。

❸ 準備から開始まで

　えんがわカフェを実施している，立命館大学産業社会学部乾ゼミの学生たちは，カフェの運営（P.50参照）を通して数人の利用者のことは知っていますが，介護施設のことはあまり知りません。そこで，施設見学と利用者体験，介護保険についての勉強会を行いました。

　施設見学や利用者体験などを通して，感じたことを話してもらうと，「思ったより，車いすの操作が難しい」「普通に話ができる利用者が多い。思っていたより元気な人が多い」「スタッフさんが，とても優しく接している」「ソフト食やミキサー食を初めて見た」「とろみのついたお茶も初めて飲んで，いろいろな工夫がされていることを知った」などの意見が出ました。

　そこで，私たちの支援に対する考え方と学生の感想を合わせ，施設の中にある大切なもの「宝物を探す」企画をしよう，ということになりました。施設と学生がお互いに企画を持ちより，合同会議を3～4回重ね，次の内容が決まりました。

- 8人程度の参加申し込み者を1グループとし，施設の高齢者と交流を行う。
- パーティー（グループ）には，施設スタッフ1人と学生1人が一緒に回る。
- 利用者のプライベートな生活空間は使用せず，セミパブリックなスペースを利用する。
- 最後に，5Fのひだまりカフェで，何の宝が見つかったかを話す，グループワークを行う（スタッフと学生は，ファシリテートをする）。

❹ 地域の人への宣伝

　GAMのチラシ作成は，NPOフィールド文化研究所で行い，今回の「本能トレジャーハンター」のチラシ作成は学生が行いました（約200枚作成）。それらを施設内の掲示と，各町内の掲示板で案内しました。また，本能学区の陸上部や長寿会，一人暮らしの方の会（若葉会）などにもチラシを渡し宣伝をしました。地域包括支援センターや

居宅介護支援事業者の利用者にもチラシを配ってもらいました（約100枚）。また，施設利用者や家族には別途手紙を作成し，トレジャーハンター実施の説明と，チラシを請求書に同封して案内しました。

❺ 当日の運営・実施

　当日は，当施設の職員が案内役として4人（手伝いを含めると8人），学生が6人で運営しました。GAMでは，隣接する高校のグランドの芝生でフリーマーケットが実施されているので，そこに来るお客さんに学生が企画を説明し，参加者（ツアーメンバー）を募りました。また，施設からもフリーマーケットに出展しているので，そこのスタッフにも声かけをお願いしました。

　当日は，地域の小学生のパーティーが2グループ，地域の60〜70歳代のパーティー1グループ，外国（台湾）の人で，障がいを持つ兄弟の世話をしながら，教鞭を取られている人と，その関係者の1グループの4つのパーティーができました。

〈トレジャーハンター当日のプログラム〉

1F　デイサービスの高齢者と，卓球バレーの試合をする
　　　※卓球バレーという競技は，卓球台をバレーのコートと見立て，2チーム各6人ずつが，卓球台に張られたネットの下に球を通し，相手が返すことができなければ加点されるゲーム。

2F　3人の入居者とお話をし，誰が一番お姉さんかを当てるクイズ
　　ユニットの入口にかけてあるのれん（地域からの寄贈，古代色で染めている）に漢字で書かれた色を読むクイズを実施。

3F　103歳（当時）のお茶の先生がいらっしゃるので，その人からお点前を学び，お茶を楽しむ

4F　施設で提供しているミキサー食を食べてもらい，料理の素材と味付けを当てる味覚クイズ
　　車いすを操縦しゴールを目指す，車いす体験

5F　ひだまりカフェでお茶をしながら，どんな宝物が見つかったかを話すワークショップ

当日の参加者受付ブースに貼られた案内

参加型見学会
特養のトレジャーハンター

共催：高齢者福祉施設　本能　／　本能社会福祉協議会　／　本能文化協議会
NPO法人フィールドミュージアム文化研究所　／　立命館大学乾ゼミ

 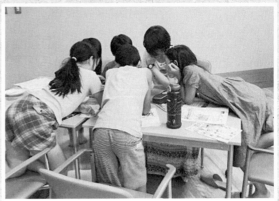

参加者の声

- 施設がオープンした時に内覧会で見ただけで,高齢者がどんなふうに過ごしているのかは知りませんでした。こんなに近くに住んでるのに,なかなか入ることはないですから。私も,いずれお世話になるので,よろしく頼みます！
- うちの弟は,ヘルパーさん（学生ボランティア）に来てもらって食事を食べさせてもらっているが,固かったり,味付けが合わず残したりします。今日クイズで出た食べた物が食べやすかったので,どんな工夫をしているのか,一度,弟とヘルパーさんと一緒に来てもいいですか？（障がい者の兄弟の世話をされている人）
→後日,一緒に食事提供の工夫や,支援方法の勉強会を行いました。

まとめと今後の課題

　この取り組みに限って言えば,派手なイベントと思われるかもしれません。しかしながら,人は楽しい所や役割のある所に集まってくると考え,「一緒に地域福祉に取り組みたい,地域住民と関係をつくりたい」という思いから企画しました。おかげさまで地域の人と一緒に大笑いする機会もたくさんできました。

　今後もこのような取り組みを続け,人と人とがつながっていけば,自然と地域福祉力は高まっていくと思います。それでも,地域の中には見落とされてしまう,支援が必要な人がいます。私たち社会福祉法人の使命として,できるだけ早期にそのような人と手をつなぐ必要があります。地域行事への参加者ではなく,参加できない人に焦点を当てる思考転換のための地域福祉教育やアプローチ方法を見つけ,地域全体で考えを深めていく必要があると考えます。

（森　賢一）

▶施設概要：P.49参照

> ボランティア支援

喫茶ひだまりにおける
ボランティア活動支援

主催：社会福祉法人四天王寺福祉事業団 四天王寺悲田院　　**住所**：大阪府羽曳野市学園前
地域の特徴：羽曳野市は人口約11万人で14の小学校区に分かれている。その中の一つであるH小学校区は，市が管理するコミュニティセンターなどがなく，隣近所の関係の希薄化が地域課題となっている。

- **活動期間**：通年　● **実施頻度**：週2回
- **活動場所**：四天王寺悲田院ケアプランセンター建物1階
- **開催時間**：14：00～16：00　● **対象者**：地域住民および施設入居者等
- **1回あたりの参加人数**：約20人　● **活動までの準備期間**：約1年間

　四天王寺悲田院では，施設建物1階部分の一部を地域に開放してできた，地域主体のコミュニティサロン「喫茶ひだまり」（以下，ひだまり）の活動を支援しています。
　これは，当院が地域の総合相談窓口として設置している部署「地域支援係」に配置される，専任のコミュニティソーシャルワーカー（以下，CSW）が，地域住民や関係機関などと協働することで創られた取り組みです。ひだまりでは，喫茶サロンをベースに福祉的なニーズを持つ人のボランティア受け入れ支援から，社会参加ができる居場所づくりの実践も行っています。この活動は，ひだまり創設当初からの「誰もが気軽に集まれる居場所づくり」をコンセプトにしており，誰も排除されることのない地域づくりを目指して取り組んでいます。

開催までの流れ

❶ 定例会議から地域の声を聞く

　ひだまりの活動は，筆者自身がCSWとして参加している校区福祉委員会（複数の住民や団体で構成される地域福祉を進める民間自主組織）と羽曳野市の行政，社会福祉協議会（以下，市社協），その他専門職機関等からなる定例会議から生まれました。会議の中で地域住民から挙がった「隣近所の付き合いが希薄になってきている」「気軽に集まれるような場所がない」などという声がきっかけとなり，CSWが「当院ケアプランセンターの建物1階部分を地域に開放し，地域住民を主体とした居場所づくりができないか」という提案をしました。

❷ 居場所づくりの企画と準備

　この提案に対し，地域住民からは施設の立地条件などからも賛否両論がありました。その中でも当時一番の課題となったのは，居場所づくりという具体的なイメージを誰も持てていなかったことです。そこでまず，市社協に協力を求め，地域住民と一緒にすでに居場所づくりを実践している所へ見学に行きました。見学をすることで「誰もが気軽に集まれる居場所づくり」というコンセプトと共に，具体的なイメージが浮かび，居場所づくりの企画が本格化していきました。

　まずは，民生委員を中心にボランティアの呼びかけを行いました。すると，かつて喫茶店のマスターをしていた人に出会い，その人の協力がきっかけとなり，"喫茶型のサロン"という方向性が決まりました。

　次に場所ですが，地域住民と施設の間をCSWが仲介しながら，施設使用上のルールなどを確認していきます。運用面については，光熱水費などのランニングコストを施設が負担し，それ以外の支出は校区福祉委員会の資金から捻出することになりました。これには，施設の地域貢献とボランティアの主体形成という2つの意味がありました。

　そして，居場所づくりの企画を進めていると，行政から居場所づくりに活用できる補助金の情報が入ってきます。その資金も活用することで，施設の建物の一部を喫茶風に改修することができ，喫茶のできる居場所が完成していきました。

❸ ひだまりの運営とボランティアの確保

　こうして，ひだまりの活動はスタートしました。本格的なコーヒーなどを1杯100円という低価格で提供し，1日に約20人の来客者で賑わいをみせています。

　オープン当初は週1回，14：00～16：00の時間帯で活動をしていましたが，地域住民から「開催の頻度を増やしてほしい」という要望が多く，オープンから半年後には週1回から週2回へと開催頻度を増やしました。それに伴い，ボランティアの人員を今まで以上に増やす必要がありました。そこで，世代間交流の意味合いから地域住民だけでなく，近隣大学にもボランティアの呼びかけを行いました。大学生の協力は，ひだまりのボランティアの負担軽減だけでなく，学生たちにとっても学びの場になるということで，大学の教員たちにも積極的にかかわってもらえるようになりました。

❹ 包括的なボランティア活動支援

　ひだまりでは，福祉的なニーズを持つ人のボランティア受け入れも行っています。例えば，ギャンブル依存性の強い独居高齢者や，バイト経験などがなく社会参加を苦

手とする発達障がいのある学生なども，ボランティアとして受け入れをしてきました。このようなボランティア活動の支援では，いかに本人の思いや不安などをほかのボランティアと一緒に共有していけるかがポイントでした。そのボランティア受け入れまでの流れをスムーズにする工夫の一つとして，「ボランティア受け入れ情報シート」を作成しました。

　このシートには，本人がボランティア活動をする上での目標や不安に思うことなどを記載する欄があり，ほかのボランティアがいつでも回覧できるようになっています。そうすることで，事前に本人のボランティア活動に対する目的や課題などをボランティア全員で共有することができ，本人のエンパワメントを引き出すかかわりがしやすくなりました。

❺ 地域・外部機関との連携

　福祉的なニーズを持つ人のボランティア受け入れでは，受け入れまでのプロセスをほかのボランティアなどと一緒につくり上げていきます。それには，ボランティアコーディネーターとしての専門性と，地域や外部機関を巻き込むといったソーシャルワーカーとしての専門性が必要不可欠でした。

　先の例で言うと，ギャンブル依存性の強い独居高齢者の受け入れ時では，本人から「道も分からんし，行くのがめんどうだ」と，ボランティア活動に対して初めは消極的な発言が目立ちました。しかし，日頃から顔なじみである民生委員が本人宅まで迎えに行き，ほかのボランティアとの間を仲介してくれることで，本人の不安感は少しずつ軽減されていきました。地域住民の共助による支援を活かすことで，結果的に本人の自己有用感を高めるボランティア活動につながりました。

　また，発達障がいのある学生の場合では，自宅と施設までの距離が離れていたことや，本人のやる気よりも不安感の方が大きかったことなどから，ボランティア活動時にはガイドヘルパーを利用することになりました。これには，障害者総合支援センターの相談員やガイドヘルパーとの連携をとらなくてはなりません。そして，年齢の近い学生ボランティアなどにも協力をしてもらうことで，本人の不安を少しでも和らげるようなアプローチが可能となりました。

　家族からの支援もありました。母親からは「ボランティアに行ったら，私から１回

500円を渡すから，仕事だと思って真剣に頑張ってきなさい」という叱咤激励もあり，社会参加を頑張ろうとする本人にとっては，良いインセンティブになったと感じます。

❻ ボランティアの内容と活動の紹介

〈スケジュール〉

13：30　喫茶　準備　　・のぼり設置　　　・テーブル，いす拭き
　　　　　　　　　　　・メニュー，のれん設置　など

14：00　喫茶　開始　　・注文聞き取り　　・飲み物など提供　・食器引き取り
　　　　　　　　　　　・お金の受け取り　・洗い物　など

16：00　喫茶　片付け　・のぼり回収　　　・掃除全般　など

　ひだまりでは13：30から開店準備が始まり，その時間帯はボランティア同士の情報共有や引き継ぎが行われます。福祉的なニーズを持つボランティアにとっては，特に重要な時間帯です。

　14時からの喫茶が始まると，初めは人と直接的に接する業務ではなく，食器の引き取りや洗い物などを中心とした間接業務をまず覚えます。少し慣れてきた頃に，注文の聞き取りやお金の受け取りなどの直接業務が始まります。福祉的なニーズを持つ人の多くは，このコミュニケーションを必要とする直接業務に課題を感じています。

　しかし，周りからの粘り強い声かけやフォローなどから，少しずつではありますが本人の中で変化や自信が生まれてきます。そして，ボランティアを始めて2〜3週間も経てば，周りからの指示がなくとも自分から食器の片付けなどができるようになり，「いらっしゃいませ」「ありがとうございました」などのあいさつも積極的に行えるようになっていきました。

喫茶ひだまりを支えるボランティア

7 施設内活動から地域への展開

開催日は多くのお客さんでにぎわう

ひだまりの活動が始まって1年が経過した頃,ひだまりのボランティアから「うちの町会でもこんな活動をしたい」という声が続々と挙がるようになりました。そして,ボランティアそれぞれが自身の住む町会に戻り,自らがボランティアコーディネーターの役割を担いながら,町会単位でのコミュニティサロンを立ち上げていきました。

ひだまりの活動をすることによって,現在ではH小学校区だけでひだまりを含め,5つの喫茶サロンが運営されるようになりました。一方,ひだまりでは喫茶としての活動以外にも,喫茶で知り合ったボランティアや来客者が集まり,現在では定期的な絵画教室が開催されるようになっています。施設を多様に活用してもらうことで,少しずつではありますが施設と地域との距離が近くなっているように感じられます。

参加者の声

- 一般の喫茶店とは雰囲気が違い,身近で気軽に通えて良い。(喫茶の利用客)
- 家でコーヒーを入れるよりおいしいし,落ち着ける。(喫茶の利用客)
- ここに来れば,誰かに会えるという喜びがある。(喫茶の利用客)
- 地域にこういった場所ができてうれしい。(地域のボランティア)
- 勉強にもなるし,地域貢献にもつながっていると思う。(学生ボランティア)

まとめと今後の課題

ひだまりの活動から,社会福祉法人が運営している福祉施設は,ただそこに建っているだけではなく,地域に必要とされてこそ,その存在意義があると強く感じました。そして,福祉的なニーズを持つ人などのボランティア活動支援では,専門職だけの力ではどうすることもできない現状が多く,地域やその他関係機関等と多様な連携を行うことで,支援の可能性が広がるということも学びました。

これからも,その時世に応じた地域のニーズに応えていき,地域にとってなくてはならない施設を目指していきます。　　　　　(大野真太郎)

▶施設概要:P.82参照

> ボランティア支援

地域の困りごと解決に向けた地域住民扶助活動
―困った時のSOS支援活動, SOSふれあいサロン

主催：一般社団法人困った時のSOS　　**住所**：東京都杉並区北部
地域の特徴：私鉄沿線駅前、都心への通勤・通学圏の静かな住宅街で、小・中・高の7学校と複数の高齢者福祉施設、スポーツ施設などがある

- ●**活動時期**：通年　●**活動頻度**：月～金曜日　9：00～17：00
- ●**活動場所**：駅前商店街にある賃貸アパートの2階　●**対象者**：周辺地域に住む住民
- ●**参加人数**：サロン参加は月に約130人、困りごと支援者数は月に約25人
- ●**活動予算**：約210万円　●**活動経費**：約210万円　●**活動までの準備期間**：約3年半

　地域住民が日々安心して穏やかな日常生活を過ごせることを願い、ささやかな恩送り活動を行っています。その内容としては、①地域住民の日常生活で「ちょっと困っています」と支援を求めてきたことに、出向いて支援をする。②地域住民の持っている力と知識と時間を提供し、気軽に「どれ！　手伝ってあげよう、お互いさまだから」との気持ちでボランティアできるシステムを地域に構築する。③住民がいつでも気軽に集まって交流を深め、お互いの孤立が緩和できる場を提供する。④常時地域住民の困りごとのニーズ発掘に努め、ネットワークづくりに努力する、を目標に、「困った時のSOS支援活動」と「SOSふれあいサロン」の活動（S：サンフレンズ　O：オリジナル　S：サポート）をしています。

―――――開催までの流れ―――――

❶ 地域の高齢者の声

　2007年、杉並区地域包括支援センター"ケア24上井草"は地域の高齢者の買い物実態調査を行った際に、日々の生活で「仏壇の花水の交換ができない」「高い所の荷物が下ろせない」「雨戸の開閉ができない」など、支援を求める声が聴かれました。
　2008年、町会自治会や商店会との懇談会で、これらの声への対応について聞いてみたが、「家族やまちの誰かが面倒みているから…」と、町会として取り上げる具体案は出ませんでした。
　そこで、ケア24上井草だより（会報紙）で「地域の方々の困りごと解決に向けて」と題して、住民に直接意見やアイデアを募集することにしました。

❷ ふれあいサロン上井草の立ち上げ

　介護保険や公的な支援の対象とならない「すきまの困りごと」や、「急に病気やけがで動けなくなった時どうしよう」「手間のかかる家事を手伝って」などの地域住民の声への対応法について、杉並区社会福祉協議会に相談に行きました。また、社会福祉法人サンフレンズの生みの親であり、今から40年前に日本の高齢化社会を予測して「杉並・老後を良くする会」を立ち上げた大先輩方や地域ネットワークの歩こう会のメンバーからも意見を聞きました。

　そのような意見から、2010年に住民の交流の場「ふれあいサロン上井草」を地域包括支援センター内に設置しました。月2回、2時間ほどのお茶会ですが、地域住民の賛同者は多く、参加者は和やかな雰囲気で語り合い、その中からもさらに困りごとの声が聞かれました。サロンを立ち上げたことで、地域の高齢者は、このような憩いの場を求めていることが理解できました。

　一方、「困った時のSOS支援活動」については、法人の社会貢献の役割を再考し、「サンフレンズ新規事業」会議を立ち上げました。杉並社会福祉協議会、地区の民生委員・安心協力員、地域包括支援センターのメンバー総計14人で、毎月1回会合を開き、事業の目的、支援内容（ボランティア活動、安価で短時間な日常生活支援活動、対象者）など、実施へ向けて具体的内容の検討を重ねました。そして、年度末の法人理事会で最終案が承認され、「困った時のSOS地域で恩送り」活動と命名し、1年間に限り300万円の出資で活動許可が下りました。

❸ 活動拠点の設置

　2011年4月、駅前商店街のアパート2階を賃借して事業所を置き、当法人の社会貢献活動の場とし、非常勤職員3人が担当することになりました。それと同時に、法人内で行っていた「ふれあいサロン上井草」も移転させ、社会福祉協議会地域福祉活動費助成金で設備・備品を購入し、毎週金曜日開催としました。

　困った時のSOS支援活動は、困りごと相談にすぐに駆けつけられる距離内に応援隊（ボランティア）を配置する地域システムづくりを目指しましたが、担当応援隊の外出中であったり、いつ支援の相談が入るか分からないなど、条件設定は意外に困難でした。それでも、事業所駐在のコーディネーターが主に対応しながら、地域の高齢者の「日常の買い物」「食事準備」「キッチンの後片付け」「掃除機かけ」「衣類の整理」「電球交換」「庭の草取り」など、介護保険でヘルパー利用開始前の大掃除的片付けを依頼されることもありました。支援希望の内容が、この事業主旨に沿っているかどうか

迷うことも多々ありましたが,「その人の生活維持のための"今の困りごと"か」を判断基準としました。依頼の中にはかなりの大仕事を引き受けたこともあり,また遠く交通機関を利用する地区からの依頼もありますが,体制的に無理であるとしてお断りしています。

❹ 事業活動の法人化

事業を開設し,半年経過後に杉並区から事業報告を求められ,未熟なまま発表しましたが,高齢化していく住民生活に密着した支援活動であることは高く評価されました。2年目以降も当法人の支援を受けて活動を続けてきましたが,5年目に今後の運営をどうするかと問題提起され,閉鎖の危機を迎えるかという一時期もありました。しかし,「老後を良くする会」の大先輩方の「絶対つぶしてはいけない」という声や,当法人後援会が2年間の家賃寄付を約束してくれるなど,絶大な後方支援を得ることができ,また参加住民からの強い声援と協力にも励まされ,法人理事長・事務局の全面的協力を得て,2016年4月「一般社団法人困ったときのSOS」として再出発,自立運営事業となり,現在に至っています。

❺ SOS活動の紹介

〈困った時のSOS支援〉

支援を希望する人から電話などで相談を受け付けます。支援内容を確認し,訪問日時,支援時間,支援者を紹介します。その後,約束時間に自宅訪問し,支援作業が始まって終了するまでを支援時間とします。例えば,買い物支援はリストを聞いて買い物を実施し,戻って会計を済ませるまでの時間を換算しています。料金はチケット制で,100円券10枚綴をセットとしたチケット1枚を1,000円で購入してもらい,支援にかかった時間(10分あたり200円,体力や長時間を要する仕事は30分あたり1,000円)分をチケットで支払ってもらいます。残枚数は次回に使用できます。支援者は,事業所に戻って活動記録,チケット・現金

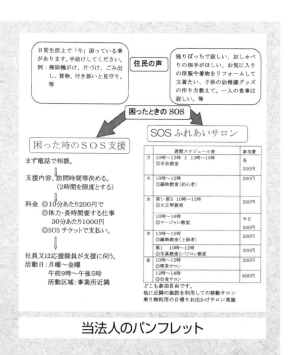

当法人のパンフレット

団地道路の掃除を引き受ける

サロンで行われた歌の会

の報告処理まで行って終了します。

〈SOSふれあいサロン〉

　SOSふれあいサロンは，どの教室にも参加自由で，参加費は1回200円です。スケジュール表はパンフレットのとおりです。会食は季節の食材を利用し，野菜中心の献立で応援隊やコーディネーターが調理し，みんなで食事をします。狭い食卓ですが，毎回楽しみに，常連十数人が参加しています（1食600円）。また，お出かけサロンは車両利用で，季節ごとに日帰りコースを企画します。昼食，車いすも用意し，会費制とし，20人ほど参加しています。

〈サロン活動の効果〉

　参加者の意向で「お出かけサロン」が生まれました。住民の希望を実践に移していったことがサロンの魅力になっています。そのような意味でもサロンに参加してくれる常連の人たちの力は大きく，それぞれの自己の新たな生きがいの場になり，自分らしく生きる力になっているのではないかと考えます。地域住民の声に耳を傾けることで新たな活動が開始できる，この新鮮さは常に大切にしていきたいと思います。

　また，80歳を超えてもサロン活動に参加し，元気さが増すと，新たな活力となって自力の許す範囲内でボランティアを引き受けてくれる人もいます。参加者の一人は，真夏の毎夕方に近所の留守宅の植木に水撒きを1カ月間，引き受けてくれました。これが相互扶助の力になっていきます。

〈SOS支援活動の効果〉

　SOS支援は，個人への支援で，生活上のささやかな支援ですが，誰かに見守られている意識が芽生え，寂しさが緩和される効果があるようです。この活動は単発で頼まれた仕事のみで，本人の生活に入り込むことはしませんが，支援が終わってから，話し相手としてかなり長い時間，家族のこと，過去の出来事などを語る利用者もいます。

気持ちを受け入れてもらえる場を求められているのでしょう。話題によっては，緊急に地域包括支援センターに連絡する必要性を感じることもあり，見守りも兼ねた二次的貢献となっており，地道に活動を重ねていきたいと思っています。

参加者の声

- このシステムはありがたい。介護保険事業システムでは条件つきだが，困った時にすぐかけつけてくれ，希望することをそのままやってくれるので安心。（SOSサロン利用者）
- 家にいると誰とも口をきくことがなく孤独感が強くなっていたが，友達ができてうれしい。毎週金曜日に出かける目的ができて張り合いのある毎日になった。近隣の友達ができて，今では毎日誰かの自宅に集まって食事会をしている。（サロン参加者）

まとめと今後の課題

当法人の事業は，利用者の年会費と支援チケット代，サロン利用料により収入を得ていることから，地域の多数の人々に支えられていることを実感し，感謝しています。応援隊・コーディネーターには，極少額の謝礼しか払えていませんが，今後も事業運営を続けていくためには，何らかの収入源を確保していかなければならないと考えています。

また，社会福祉法人サンフレンズは，この事業の生みの親で，現在も多大な相談相手であり，後援会も人員・経営支援の要を担ってくれています。多くの方々に支えられての活動であることに感謝し，共にこの地域の貢献活動を進めていきたいと切に願っています。

一般社団法人 困った時のSOS

設立：2011年4月　社会福祉法人サンフレンズ　困った時のSOS　地域で恩送り
　　　2016年4月　一般社団法人困った時のSOS
職員数：コーディネーター（社員）5人，理事8人

小暮久美子　一般社団法人 困った時のSOS　看護師／介護支援専門員

大学病院での臨床看護・看護教育の経験あり，介護支援専門員資格取得後は訪問看護と居宅介護支援事業に従事。その後，杉並区の地域包括支援センターケア24上井草に勤務，その後本活動に従事して現在に至る。
趣味：裏千家茶道，読書

〈執筆代表〉
高室成幸 ケアタウン総合研究所 代表
日本ケアサポートセンター 理事長

日本福祉大学社会福祉学部卒業。「元気が湧いてくる講師」として全国のケアマネジャー，社会福祉協議会，地域包括支援センター，施設リーダーの研修で活躍。その指導方法には定評がある。主なテーマは，ケアマネジメント，施設マネジメント，メンタルマネジメント，権利擁護と虐待予防，地域福祉，ファシリテーションなど。主な著書『新・ケアマネジメントの仕事術』(中央法規出版)，『ケアマネジャーの質問力』(中央法規出版)，『ケアマネジャーの仕事力』(日総研出版)，『「選ばれる福祉職場」になるための採用面接―複数面接＆実技観察』(メディア・ケアプラス)ほか多数。日本ケアマネジメント学会会員。日本福祉大学地域ケア研究推進センター 客員研究員。

地域貢献事業 40の実践例 企画・準備・運営メソッド
2016年12月31日 発行　第1版第1刷

執筆代表：高室成幸(たかむろ しげゆき)©

企　画：日総研グループ
代　表　岸田良平
発行所：日総研出版

本部　〒451-0051 名古屋市西区則武新町3－7－15(日総研ビル)　☎(052)569－5628　FAX (052)561－1218

日総研お客様センター　電話 0120-057671　FAX 0120-052690
名古屋市中村区則武通1－38
日総研グループ縁ビル 〒453-0017

| 札幌 | ☎(011)272－1821　FAX (011)272－1822
〒060-0001 札幌市中央区北1条西3－2(井門札幌ビル) |
| 仙台 | ☎(022)261－7660　FAX (022)261－7661
〒984-0816 仙台市若林区河原町1－5－15－1502 |
| 東京 | ☎(03)5281－3721　FAX (03)5281－3675
〒101-0062 東京都千代田区神田駿河台2－1－47(廣瀬お茶の水ビル) |
| 名古屋 | ☎(052)569－5628　FAX (052)561－1218
〒451-0051 名古屋市西区則武新町3－7－15(日総研ビル) |
| 大阪 | ☎(06)6262－3215　FAX (06)6262－3218
〒541-8580 大阪市中央区安土町3－3－9(田村駒ビル) |
| 広島 | ☎(082)227－5668　FAX (082)227－1691
〒730-0013 広島市中区八丁堀1－23－215 |
| 福岡 | ☎(092)414－9311　FAX (092)414－9313
〒812-0011 福岡市博多区博多駅前2－20－15(第7岡部ビル) |
| 編集 | ☎(052)569－5665　FAX (052)569－5686
〒451-0051 名古屋市西区則武新町3－7－15(日総研ビル) |
| 商品センター | ☎(052)443－7368　FAX (052)443－7621
〒490-1112 愛知県あま市上萱津大門100 |

この本に関するご意見は，ホームページまたはEメールでお寄せください。E-mail cs@nissoken.com

・乱丁・落丁はお取り替えいたします。本書の無断複写複製(コピー)やデータベース化は著作権・出版権の侵害となります。
・この本に関する訂正等はホームページをご覧ください。www.nissoken.com/sgh

研修会・出版の最新情報は
www.nissoken.com

日総研

ケアマネとして
生活困窮者に
「どこまで関わるか」
「誰にバトンタッチするか」
が事例でわかる！

市川知律	有限会社With A Will 社会福祉士事務所
西村健二	桑名市中央地域 包括支援センター
樋上和志	松阪市社会福祉協議会
太田眞裕子	明和町障がい者 生活支援センター
広森規泰	有限会社ケアステーションたきび
馬淵晃浩	まぶち介護・社会福祉士 事務所
北 哲史	社会福祉法人おおすぎ
塚本真代	八尾こころのホスピタル

新刊
B5判 2色刷
228頁
定価 2,686円+税
（商品番号 601811）

新制度・新時代の追い風を
活かした事業展開の具体策！
介護報酬に依存した
経営から、

混合介護の
新時代へ！

小濱道博 監修・執筆
小濱介護経営事務所 代表
介護事業経営研究会（C-MAS）
最高顧問
一般社団法人医療介護経営研究会
（C-SR）専務理事 ほか

新刊
B5判 168頁
定価 2,963円+税
（商品番号 601805）

主な内容
- キーワードは「混合介護」
- 介護保険外サービス導入の解説・総論
- 介護保険外サービス
  導入・実践事例 ほか

患者に最適な制度の
活用法がわかる！

制度の仕組みや
使える権利など
患者・家族と
いっしょに見て、
考え、納得できる。

伊東利洋 編著
有限会社いとう総研 取締役

主な内容
・年金 ・医療保険 ・雇用保険
・労災保険 ・介護保険
・老人福祉 ・障がい者福祉
・障がい者総合支援法
・児童福祉 ・生活保護 ・保健
・成年後見制度 ほか全203項目

改訂出来
A4変型判
オールカラー 280頁
定価 4,000円+税
（商品番号 601767）

2015年 介護報酬改定対応
32事例全面改訂

ポジティブな
視点で利用者の
自立支援を
ケアマネジメントする

監修・執筆 **篠田道子**
日本福祉大学 社会福祉学部 教授
執筆 一般財団法人
名古屋市療養サービス事業団

主な内容
- 居宅サービス計画立案の
  ポイントと記述の仕方
  居宅介護支援経過／モニタリング用紙 ほか
- 居宅サービス計画実例集
  誤嚥性肺炎を繰り返す
  寝たきりの夫の介護（M） ほか

改訂出来
B5判 304頁
定価 3,200円+税
（商品番号 601769）

現場実務と法令通知を熟知する
人気著者が具体的に指南！

法令通知を根拠に、
現場の疑問を
分かりやすく解説。

成澤正則
介護支援センター「よつばの里」
管理者／主任介護支援専門員
山形県介護支援専門員養成研修講師

主な内容
・居宅サービスの依頼・予約
・課題分析（アセスメント）
・サービス担当者会議・照会
・利用者からの同意
・個別サービス計画の提出依頼
・居宅サービス計画の変更
・居宅サービス費の算定 ほか

改訂出来
B5判 240頁
定価 3,241円+税
（商品番号 601777）

新たな役割！
地域連携業務がよくわかる！

地域包括ケアシステムの
中でのデイ相談員の
新しい役割を解説！
利用開始から終了までの
業務内容が事例でわかる！

ケアマネ、地域、職種間、
家族との連携・調整業務が
わかる!! できる!!

大田区通所介護事業者連絡会 編

改訂出来
B5判 240頁
+CD-ROM
定価 3,600円+税
（商品番号 601778）

主な内容
・平成27年度介護報酬改定
・デイサービスの生活相談員とは
・経営的側面での役割
・生活相談員に求められる役割
・生活相談員の業務手順 ほか

詳しくはスマホ・PCから 検索 日総研 商品番号 601778

電話 0120-054977
FAX 0120-052690（無料）